INMINENTE

INMINENTE

LA CAZA DE OVNIS DEL PENTÁGONO DESDE DENTRO

LUIS ELIZONDO

Exdirector del Programa Avanzado de Identificación
de Amenazas Aeroespaciales (AAITP)
del Departamento de Defensa

Traducción de José Antonio Álvaro Garrido

MADRID - MÉXICO - BUENOS AIRES - SANTIAGO
2025

edaf

Título original: *IMMINENT. Inside The Pentagon´s Hunt For Ufo´s*

Diseño de la cubierta: Francisco Enol Álvarez Santana, adaptada del original
Maquetación y diseño de interior: Francisco Enol Álvarez Santana

Editorial Edaf, S.L.U.
Jorge Juan, 68,
28009 Madrid, España
Teléf.: (34) 91 435 82 60
www.edaf.net
edaf@edaf.net

Ediciones Algaba, S.A. de C.V.
Calle 21, Poniente 3323 - Entre la 33 sur y la 35 sur
Colonia Belisario Domínguez
Puebla 72180, México
Teléf.: 52 22 22 11 13 87
jaime.breton@edaf.com.mx

Edaf del Plata, S.A.
Chile, 2222
Buenos Aires - Argentina
Teléf.: +54 11 4308 5222 / +54 11 6784 9516
edafdelplata@gmail.com
fernando.barredo@edaf.com.mx

Edaf Chile, S.A.
Huérfanos 1179 - Oficina 501
Santiago - Chile
Teléf: +56 9 4468 05 39/+56 9 4468 0537
comercialedafchile@edafchile.cl

Marzo de 2025
ISBN: 978-84-414-4417-0
Depósito legal: M-3344-2025

Papel 100% procedente de bosques gestionados deacuerdo con criterios de sostenibilidad.

PRINTED IN SPAIN IMPRESO EN ESPAÑA

COFÁS

EXENCIÓN DE RESPONSABILIDAD

Este libro está dedicado a los dos grupos de personas más importantes de mi vida. En primer lugar, a mi amada esposa, Jennifer, y a mis hijas, Taylor y Alexandria. Nunca hubo una persona tan bendecida, como lo soy yo, por contar con el tremendo amor y apoyo que recibo por vuestra parte. Me pase lo que me pase, me habéis dado todo cuanto alguien podría pedir, y mucho más.

Y, en segundo lugar, a todos aquellos que permanecen en la sombra. Tanto si has tenido un encuentro con un FANI[1] *como si conoces hechos que crees que deberían ser conocidos por todos, debes saber que tienes voz propia. Cuando los gobiernos mienten a su pueblo, la democracia entera está en peligro. Mantén la esperanza, te escuchamos.*

[1] Fenómeno Anómalo No Identificado. Acrónimo que ha sustituido al más antiguo de OVNI (*N. del T.*).

ÍNDICE

NOTA DEL AUTOR

Quizá os preguntéis por qué le he dado a este libro el título de *Inminente*. La propia palabra se asocia a veces con otra: «amenaza». Aunque, a primera vista, pueda parecer que este libro se centra en la amenaza potencial de los *fenómenos anómalos no identificados* (FANI), u ovnis, en la jerga popular, esa no es mi intención. Según algunas de las definiciones comunes de la palabra «inminente», esta suele significar que algo está a punto de suceder, o que es inmediato o inevitable. Precisamente por eso elegí el título. Independientemente de si uno cree que los FANI representan una amenaza para nuestra seguridad nacional o si, por el contrario, tal vez los FANI representan una nueva oportunidad para nuestra especie, estamos en el punto en que la realidad de los FANI está ya a punto de alcanzarnos.

La palabra «inminente» puede significar muchas cosas, según a quién se pregunte.

Dado que el Congreso se está tomando en serio este tema, cabe suponer que la conversación sobre los FANI es ahora inminente como debate nacional. Algunas personas de las comunidades religiosas pueden ver el tema como algo que requiere un diálogo inmediato a medida que emerge un nuevo paradigma para la humanidad, mientras que otros pueden ver los FANI como el comienzo de una nueva e inminente visión mundial sobre nuestro lugar en el universo. Además, muchos en la comunidad OVNI, pueden ver esto como una señal de la inminente revelación por parte del Gobierno acerca de la existencia de inteligencias no humanas.

En último término, dejo que tú, lector, decidas qué significa para ti la *inminencia*. Tal vez, después de leer este libro, salgas de esto con un nuevo significado para ti.

Lue Elizondo
Abril de 2024

PRÓLOGO

16 de mayo de 2024

Existe un debate entre los historiadores sobre eso que denominan la teoría histórica del «gran hombre». Según tal enfoque, la historia puede explicarse, en gran medida, gracias a la acción de individuos valientes e inspirados que desafían el *statu quo*, dando lugar a cambios irreversibles que alteran para siempre el curso de los asuntos humanos. Dejaré al lector que evalúe por sí mismo si Lue Elizondo es una de tales personas. Como mínimo, puedo afirmar sin temor a equivocarme que Lue ha desempeñado un papel clave e indispensable en el cambio definitivo en la forma en que la humanidad ve la cuestión de los Fenómenos Anómalos No Identificados (FANI). De hecho, las revelaciones relativas a la cuestión de los FANI pronto podrían hacer que la humanidad se replantease su concepción sobre ella misma y sobre nuestro lugar en el cosmos. Esta increíble historia verídica explicará, entre otras cosas, cómo la cuestión de los FANI ha pasado recientemente de ser un tema escabroso, propio de la prensa sensacionalista, a una cuestión de seguridad nacional reconocida e importante.

Para apreciar en toda su plenitud el impacto que Lue y algunos de sus colegas han causado en nuestra comprensión sobre los FANI, primero hay que entender la situación que se vivía en el momento en que Lue comenzó su periplo. Cuando coincidí con Lue por primera vez en una reunión a puerta cerrada en el Pentágono a principios de 2017, la cuestión de los FANI seguía siendo considerada con desprecio y desdén por parte de la prensa generalista, la comunidad científica y el Gobierno estadounidense. No era nada nuevo; la cuestión de los FANI había estado inmersa en un lodazal de controversias, ruedas girando en el vacío y acusaciones cruzadas desde la década de 1940. Hay que admitir que no ayudaba el hecho de que todo un desfile de charlatanes y farsantes del mundo de los FANI trataban de explotar el asunto para hacerse famosos y ganar dinero. El caso es que desde 1970, que fue cuando la Fuerza Aérea de los EE.UU. (USAF) abandonó el Proyecto Libro Azul (su plan de relaciones públicas para investigar y desacreditar los informes sobre FANI), hasta finales de 2017, cuando Lue renunció a su puesto como personal del secretario de defensa, no se produjo ningún cambio significativo, ni en la posición manifiesta del Gobierno de EE.UU. ni en la percepción pública sobre los FANI.

Es cierto que de vez en cuando aparecían en la prensa noticias sensacionalistas sobre la actividad de los FANI; también tuvieron lugar algunos esfuerzos ineficaces para involucrar al Congreso en el tema, e incluso existió una importante, pero efímera, partida del Congreso para la investigación de los FANI. Sin embargo, no hubo ningún progreso significativo en el reconocimiento de la validez de la cuestión de los FANI desde 1970 hasta 2017. De hecho, el estigma que sufrían los FANI seguía siendo tan serio en 2017 que la mayoría del personal comercial y militar temía informar acerca de sus observaciones por temor a perjudicar su carrera y dañar su reputación. Del mismo modo, la mayoría de los testigos civiles eran reacios a comentar sus experiencias con amigos o familiares, y mucho menos a presentar un informe oficial sobre avistamiento de FANI. Mientras tanto, el puñado de personas en el Departamento de Defensa que tenían un interés serio en el tema tuvieron buen cuidado de ocultarlo a todo el mundo, excepto a unos pocos amigos de confianza. Hasta 2017 cuando el personal del Departamento de Defensa hablaba de FANI solía hacerlo a puerta cerrada o en voz baja.

Este clima de hostilidad hacia el tema de los FANI era consecuencia directa de las políticas del Gobierno estadounidense formuladas por el Panel Robertson de la CIA, en 1953. Alegando que temían que las comunicaciones de defensa aérea de los EE.UU. se vieran desbordadas por los informes sobre FANI, este panel de la CIA aconsejó a la Fuerza Aérea que reclutara a Walt Disney Company y a los medios de comunicación de masas para una campaña destinada a *desacreditar* el tema de los FANI. Un estudio posterior, financiado por la Fuerza Aérea en la Universidad de Colorado, fue todavía más allá, declarando que el tema carecía de interés científico. Presidido por el físico Edward Condon, llegó incluso a recomendar que las instituciones académicas se aseguraran de que los estudiantes no pudieran recibir créditos académicos por estudiar el tema de los FANI. El informe del Dr. Condon proporcionó a la Fuerza Aérea la excusa que buscaba para cerrar el Proyecto Libro Azul, su polémica investigación sobre ovnis. A medida que pasaba el tiempo, el desprecio y la hostilidad de la Fuerzas Aérea hacia la cuestión de los FANI se volvieron más abiertos. Hacia 1970, a pesar de los miles de informes creíbles e inexplicables sobre FANI, la Fuerza Aérea adoptó la posición poco sincera de que los FANI eran simplemente el resultado de «una forma leve de histeria; individuos que fabrican informes para perpetrar un engaño o buscar publicidad; personalidades psicopatológicas, e identificación errónea de objetos naturales». En otras palabras, según la Fuerza Aérea estadounidenses, cualquiera que informara acerca de un FANI estaba loco, era un fraude o un tonto.

Durante décadas, a pesar de los testimonios de muchos veteranos del ejército estadounidense y de la documentación desenterrada por investigadores de ovnis, que confirmaban las intrusiones de ovnis en el espacio aéreo fuertemente restringido que rodea las instalaciones de armamento nuclear de los Estados Unidos, la Fuerza Aérea siguió manteniendo, a rajatabla, que «ningún ovni sobre el que se haya informado, investigado y evaluado, por parte de la Fuerza Aérea de los Estados Unidos, ha dado jamás indicio alguno de amenaza para la seguridad nacional». A la Fuerza Aérea no le bastaba con negar una amenaza; la Fuerza Aérea incluso afirmaba que no había indicios de tecnología «más allá del alcance de los conocimientos actuales». Tales eran las posturas oficiales del Gobierno estadounidense en 1970, y seguían siendo las posiciones del Gobierno estadounidense en 2017, casi medio siglo después, cuando conocí a Lue. En resumen, nos enfrentábamos a una mentalidad imperante en el *establishment*, que asociaba la cuestión de los FANI con creencias irracionales sobre temas tales como los *poltergeist* o la astrología.

En 2017, cuando nos conocimos, yo era un consultor no remunerado de la Oficina de Inteligencia Naval, que trabajaba con la esperanza de seguir contribuyendo de alguna manera, tras haberme retirado del trabajo a tiempo completo que ejercía, en cuestiones de seguridad nacional, en el Pentágono y el Congreso. Un amigo común de la CIA, Jim Semivan, me llamó la atención sobre Lue. Tras superar por fin los desconcertantes e ineficaces procedimientos de seguridad que atormentan a cualquiera que trabaje en cuestiones de inteligencia para el Tío Sam, al cabo del tiempo, pudimos reunirnos en el despacho de Lue en el Pentágono.

Fue un encuentro extraordinario. Lue es un hombre fornido, intenso, enérgico, carismático y efusivo. Luce tatuajes llamativos y coloridos en los brazos, y se comporta más como un luchador que como un burócrata. Muestra una determinación y una intensidad que se encuentran más a menudo en las filas de las unidades de combate que en la burocracia civil. Llevaba varias insignias e identificaciones de seguridad en una cadena alrededor del cuello, siendo cada una de ellas un pequeño tótem de acceso y poder en el reino de la seguridad nacional. Además, tiene un don natural para la comunicación verbal que enseguida se hizo patente.

Lo que descubrí, a medida que avanzaba la reunión, fue a la vez asombroso e indignante. Asombroso, porque Lue me presentó pruebas irrefutables de que extrañas aeronaves no identificadas violaban sistemáticamente el espacio aéreo militar secreto de los Estados Unidos. Tales naves, extrañas y silenciosas, carecían de identificación perceptible o medios de propulsión. Ambos sabíamos, en base a los mensajes de la flota y a nuestros amplios contactos y acceso al mundo de los programas de acceso especial (SAP, según sus siglas en inglés) clasificados, que no se trataba de aviones experimentales estadounidenses. Por lo tanto, parecía haber tres posibilidades principales: un adversario potencial de EE.UU., muy probablemente Rusia o China, había logrado un gran avance tecnológico que podría inclinar la balanza global de poder en contra de los EE.UU. y el mundo libre; 2) teníamos visitantes de una civilización extraterrestre que estaban muy interesados en la capacidad militar de los EE.UU.; 3) muy posiblemente, los FANI eran una combinación de misteriosas naves terrestres y no terrestres.

A partir de lo que sabíamos sobre la capacidad militar rusa y china, así como de la ubicación y naturaleza de algunas de estas intrusiones, la hipótesis extraterrestre parecía realmente la explicación más viable para algunos de los casos. Esto fue ciertamente así en una serie de encuentros en los que estuvo implicado el grupo de ataque del portaaviones USS Nimitz, en noviembre de 2004. En ese momento, el *USS Princeton*, un crucero de misiles guiados de clase Aegis, que iba escoltando al poderoso portaaviones *USS Nimitz*, detectó un gran número de objetos en maniobra que parecían descender desde una órbita terrestre baja. Descendían en vertical, desde altitudes extremas y a velocidades fantásticas, hasta una altitud de unos seis kilómetros; planeaban brevemente y luego aceleraban instantáneamente, a veces a velocidades extremas. Tras varios días de observación, dos F/A-18 de la Marina de los EE.UU. procedentes del USS Nimitz consiguieron interceptar de cerca una de estas extrañas aeronaves en condiciones de perfecta visibilidad. Para el comandante de la Marina, Dave Fravor, la aeronave blanca de unos 15 metros de largo y sin alas que observó desde la cabina de su F/A-18 era tan diferente, tanto en comportamiento y apariencia, y tan superior en capacidades que cualquier aeronave conocida, que a aquel oficial de alto rango y a sus compañeros pilotos les pareció evidente que «no era de este mundo». Antes de que acabara el día, seis aviadores navales habían avistado aquel vehículo asombroso, silencioso y casi con forma de huevo, al que varios radares habían rastreado en distintas plataformas y grabado en vídeo gracias un avanzado sistema militar de infrarrojos. Durante estos encuentros el objeto hizo cosas hasta entonces consideradas imposibles para cualquier aeronave, demostrando alcanzar velocidades y una maniobrabilidad sin precedentes, y sobreviviendo a fuerzas que destruirían muchas veces cualquier avión o misil fabricado por el hombre. Hasta la fecha, nadie ha sido capaz de ofrecer una explicación convencional creíble de estos asombrosos sucesos.

Lue no solo me informó sobre aquel caso y me mostró un informe oficial, sino que, más tarde, me invitó a participar en sesiones informativas oficiales con el comandante Fravor, el teniente Alex Dietrich y otros miembros del personal de la Marina que habían visto FANI de cerca o en sistemas de sensores militares. Cualquier duda que pudiera persistir sobre la legitimidad del tema de los FANI se evaporó rápidamente. Una cosa es leer sobre un incidente con un FANI, y otra muy distinta oírlo de primera mano por parte de militares estadounidenses cuya formación, integridad y fiabilidad hacen de ellos testigos ideales. Estas personas no tenían ningún incentivo para denunciar estos incidentes. De hecho, tenían grandes motivos para no denunciar lo que vieron, por miedo a perjudicar sus posibilidades de ascenso. Ante esas circunstancias, sumado a sus habilidades y patriotismo ejemplares, habría sido una grave irresponsabilidad ignorar sus relatos.

Mientras Lue describía estos encuentros militares y me mostraba auténticos vídeos militares de FANI tomados con «cámaras de armas», a veces me sentía como si estuviera teniendo una experiencia extracorpórea. Aunque había estudiado mucho el tema de los FANI, como ciudadano particular, presenciar estas convincentes pruebas oficiales en una reunión secreta del Pentágono fue una experiencia casi surrealista. A veces me sentía como un personaje de una película de ciencia ficción de Hollywood. Hacía tiempo que me intrigaba la cuestión de los FANI, aun así, antes de esta reunión, los FANI eran un concepto abstracto. Ahora, de repente, la cuestión se volvía concreta y profundamente preocupante. Por momentos, me costaba concentrarme mientras Lue presentaba los datos sobre FANI que había acumulado a lo largo de muchos años. Mi mente se agitaba, intentando recalcular y reparar su mapa de la realidad, repentinamente alterado. ¿Podrían habernos encontrado una o varias especies inteligentes de otro sistema solar? Si era así, ¿por qué los alienígenas se interesaban de forma tan intensa y persistente por la capacidad militar de los Estados Unidos? ¿Se trataba de mera curiosidad por nuestras tecnologías más avanzadas? ¿Era para calibrar cualquier amenaza potencial que pudieran encontrar al operar en la atmósfera terrestre? ¿O estaba ocurriendo algo más tenebroso? ¿Estaban estos dispositivos recopilando información sobre las fuerzas militares estadounidenses en apoyo de algún plan siniestro? ¿Qué podíamos hacer para determinar las capacidades de estos vehículos y las intenciones de quienes los operaban? ¿Cómo podríamos superar la hostilidad burocrática que impedía que esta información llegara a los altos responsables políticos de los poderes ejecutivo y legislativo del Gobierno?

Cuanto más reflexionaba sobre la información que me presentaba Lue, más se transformaban mi fascinación y asombro en indignación y enfado. Después de todo, había pasado la mayor parte de mi vida adulta dedicado a la supervisión de los servicios de inteligencia. Sin embargo, la información que Lue estaba presentando dejaba claro que la comunidad de inteligencia estaba fracasando, una vez más, a la hora de incorporar las lecciones que debería haber aprendido de una serie de trágicas catástrofes anteriores. En mi opinión, se trataba de una flagrante falta de integridad intelectual ante la clara evidencia de que los Estados Unidos estaban en peligro debido al despliegue de una nueva capacidad por parte de uno o varios actores desconocidos. Sin embargo, aparte de Lue y un puñado de sus colegas, a nadie del Gobierno parecía importarle.

Como el lector sabrá, no es raro que los bombarderos rusos «oso» crucen ocasionalmente el estrecho de Bering en dirección a Alaska, lo que provoca que aviones de combate estadounidenses, en *strip alert*[2], se lancen a interceptarlos en el espacio aéreo internacional. En el momento en que se detectan esas pesadas aeronaves rusas, se activan de inmediato los mecanismos de información de inteligencia para garantizar que se notifica con prontitud a los mandos militares y civiles de los Estados Unidos. Normalmente, la prensa también se hace eco de estas intrusiones de bombarderos «oso». En cambio, frente a nuestra

---

[2] Protocolo militar en el que las aeronaves y sus tripulaciones permanecen en estado de máxima alerta, listas para despegar en cualquier momento (*N. del T.*).

costa este, Estados Unidos sufría violaciones recurrentes de su espacio aéreo restringido, semana tras semana, mes tras mes, sin que se informara formalmente de ello a los servicios de inteligencia o a la prensa. De hecho, me sorprendió saber que ni tan siquiera se notificaba de tales intrusiones al Mando Norteamericano de Defensa Aeroespacial (NORAD, según sus siglas en inglés), responsable de vigilar el espacio aéreo estadounidense. Ya fuera que se tratase de Rusia, China o cualquier otro país, era inaceptable.

Pronto quedó claro que, en lo que respecta a los FANI, el poderoso aparato de inteligencia estadounidense estaba paralizado y era ineficaz. No pude evitar acordarme de la legendaria historia del traje nuevo del emperador. Solo que, en este caso, en lugar de que el pueblo llano fingiera admirar una ropa que no existía, algunos miembros del personal de defensa e inteligencia simulaban no darse cuenta de la existencia de aviones avanzados. De hecho, los encuentros con estas naves se estaban convirtiendo en algo tan habitual que una base aérea militar comenzó a publicar advertencias sobre la posibilidad de colisiones en pleno vuelo en una zona que debería haber estado desierta de aviones militares no estadounidenses.

Como profesional de los servicios de inteligencia, yo era muy consciente de las trágicas pérdidas asociadas a los fallos de inteligencia del pasado. El 7 de diciembre de 1941, un joven teniente, que operaba una batería de radar en Hawái, detectó la llegada de aviones de combate japoneses, pero no alertó a sus superiores, asumiendo a la ligera que los aviones detectados por el radar que operaba eran probablemente aeronaves estadounidenses que regresaban de una misión de entrenamiento. Como todos sabemos, sobrevino el desastre.

El 11 de septiembre de 2001 Estados Unidos sufrió la pérdida de miles de vidas que podrían haberse salvado si la CIA y el FBI hubieran estado dispuestos a compartir información. Yo estaba en el Pentágono cuando el vuelo 77 de American Airlines impactó contra el edificio, así que ese fracaso quedó grabado a fuego en mi memoria. No solo se perdieron miles de vidas aquel 11 de septiembre de 2001, sino que miles de militares estadounidenses murieron más tarde, junto con decenas o cientos de miles de civiles inocentes, porque esta tragedia fue explotada para justificar una invasión de Irak totalmente innecesaria, que podría haberse evitado si la comunidad de inteligencia estadounidense hubiera discernido correctamente que Sadam Husein no tenía un programa viable de armas de destrucción masiva.

Para agravar estos fracasos, tristes y costosos, la comunidad de inteligencia no advirtió a los responsables políticos de que ninguna cantidad razonable de fuerza militar estadounidense podría conseguir pacificar Afganistán, y mucho menos convertirlo en una nación defensora de los valores y creencias convencionales estadounidenses. Uno podría haber pensado que habíamos aprendido una lección sobre los límites del poder militar convencional contra los insurgentes en Vietnam o, en su defecto, habernos dado cuenta de lo que les ocurrió a los británicos y, posteriormente, a la Unión Soviética cuando invadieron Afganistán. Recuerdo con claridad el haber llamado a mi querido tío James Mellon, que había pasado mucho tiempo cazando en regiones remotas de Afganistán, el día en que los soviéticos invadieron ese país tribal, asolado por la guerra. Cuando le pregunté si creía que el empobrecido pueblo afgano tenía alguna posibilidad contra el poderoso ejército soviético, me contestó de inmediato y sin vacilar: «Los soviéticos nunca derrotarán a este pueblo». Esto debería haberle resultado evidente para cualquiera que conociera ese país salvaje y montañoso, y hubiese estudiado su historia. ¿Por qué pensábamos que tendríamos éxito nosotros allí donde los soviéticos, los británicos y todas las demás naciones que intentaron dominar Afganistán habían fracasado? El filósofo George Santayana bien podría haber estado refiriéndose al Tío Sam cuando escribió su tan citada frase: «Aquellos que no son capaces de recordar el pasado están condenados a repetirlo». Estas catástrofes demuestran un historial de resultados escandalosamente pobre para la comunidad de inteligencia más generosamente financiada del mundo.

Lo que estaba aprendiendo de Lue me recordaba aterradoramente a estos desastres anteriores. Una vez más, como en Pearl Harbor, se detectaban aviones no identificados, en este caso no una vez, sino repetidamente, mes tras mes, durante años, pero no se transmitía ninguna advertencia a la cadena de mando. Había un fracaso total en la trasmisión de esta información vital a los altos funcionarios o incluso al Mando Norteamericano de Defensa Aeroespacial.

Además, tal como ocurrió con el atentado de Al Qaeda del 11 de septiembre de 2001, era obvio que múltiples agencias y departamentos disponían de importante información sobre FANI que no estaban compartiendo. Por ejemplo, los aviadores de la Marina estadounidense se encontraban habitualmente con FANI frente a la costa este en zonas designadas para entrenamiento militar. Sin embargo, los F-22 de la Fuerza Aérea estadounidense con sensores aún más potentes, utilizaban las mismas zonas de entrenamiento. Es evidente que tenían que estar detectando también estas extrañas naves. Estaba claro que los pilotos de la Fuerza Aérea tenían miedo de informar de lo que estaban viendo o la Fuerza Aérea se negaba a compartir sus informes. Mientras tanto, la Oficina Nacional de Reconocimiento (NRO), la Agencia Central de Inteligencia (CIA), la Agencia Nacional de Inteligencia Geoespacial (NGA), la Oficina Federal de Investigación (FBI) y la Agencia de Seguridad Nacional (NSA) también parecían tener importantes datos sobre FANI que no estaban compartiendo. Esto parecía ser una obvia repetición del problema que tan costoso había resultado el 11 de septiembre de 2001, cuando la comunidad de inteligencia no pudo evitar el mortífero ataque terrorista que destruyó el World Trade Center. Lue y yo estábamos decididos a hacer todo lo posible para evitar otro desastroso fracaso de los servicios de inteligencia.

Además de las pruebas que Lue presentó sobre los recurrentes encuentros militares con los FANI, también me puso al corriente de una investigación sobre la cuestión de los FANI que había emprendido un contratista aeroespacial, usando 22 millones de dólares de fondos del Departamento de Defensa destinados al análisis de los FANI por el líder de la mayoría del Senado, Harry Reid, en 2008. Para mis propósitos, la información más notable y útil que desarrolló el Programa de Aplicación de Sistemas de Armas Aeroespaciales Avanzadas (AAWSAP, según sus siglas en inglés) fue su exhaustivo informe sobre el caso del USS Nimitz. Desgraciadamente, a pesar de ser el resultado de un esfuerzo de buena fe por parte del poderoso líder de la mayoría del Senado, el honorable Harry Reid, la Fuerza Aérea estadounidense, así como la mayoría de los componentes de la comunidad de inteligencia estadounidense, se negó a apoyar esta investigación sobre los FANI financiada por el Congreso. De hecho, el Departamento de Defensa se esforzó por acabar con este efímero programa a la primera oportunidad. Cuando nos conocimos, lo que quedaba del inspirado esfuerzo del senador Reid era una iniciativa sucesora que Lue denominó Programa Avanzado de Identificación de Amenazas Aeroespaciales (AATIP, según sus siglas en inglés). Lue y sus colegas estaban haciendo todo lo que podían para abordar la cuestión, pero carecía de un defensor de alto nivel dentro o fuera del Pentágono.

Para que la comunidad de inteligencia funcione eficazmente, sus líderes deben aprovechar los procesos analíticos rigurosos y estar dispuestos a decir verdades desagradables a quienes ostentan el poder. Sin embargo, aparte del grupo de Lue, es evidente que esto no ocurría en el caso de los FANI. Nadie en la comunidad de inteligencia informaba siquiera de estos incidentes, y mucho menos investigaba su origen, intención o tecnología. Como ya ha ocurrido con demasiada frecuencia, en Vietnam, Afganistán y otros lugares, parecía que demasiada gente estaba dispuesta a «seguir la corriente para llevarse bien» en lugar de desafiar el *statu quo*. Afortunadamente, Lue estaba dispuesto no solo a enfrentarse al sistema, sino incluso a *clavarse su propia espada* y dimitir en señal de protesta.

Naturalmente, como veterano del Departamento de Defensa, mi primer impulso fue el de trabajar siguiendo la cadena de mando. Parecía una posibilidad remota, pero pensé que tal vez podría ayudar a Lue a abrirse paso a través de la asfixiante burocracia del Departamento de Defensa y conseguirle una audiencia con el secretario de Defensa. En circunstancias normales esto habría sido imposible, pero yo era amigo de dos jóvenes muy capaces y patriotas que trabajaban casi a diario directamente con el secretario de Defensa, James Mattis.

Cuando ese esfuerzo acabó resultando infructuoso, como se verá en las páginas siguientes, Lue se enfrentó a una drástica elección: abandonar sus esfuerzos por despertar desde dentro a una burocracia de seguridad nacional aletargada, o dar el paso, a tumba abierta, que suponía dimitir en señal de protesta para llamar la atención sobre estas alarmantes intrusiones. Era una decisión muy perjudicial para Lue y su familia. Discutimos las opciones y mantuvimos algunas conversaciones sinceras, mientras Lue sopesaba esta trascendental decisión. También discutimos un plan que desarrollé para llevar el asunto ante el Congreso y el pueblo estadounidense, en caso de que Lue dimitiera. Afortunadamente, Lue no estaba dispuesto a quedarse callado e ignorar las recurrentes violaciones del espacio aéreo estadounidense por misteriosas aeronaves sin identificar. Una vez que Lue tomó la fatídica decisión de dimitir en señal de protesta, pusimos en marcha, de inmediato, un esfuerzo concertado para conseguir que esta información crítica sobre los FANI y él mismo llegaran al Congreso, a la prensa y al pueblo estadounidense.

En las páginas que siguen, el lector tendrá la oportunidad de seguir el periplo de Lue por el tema FANI desde el principio, muchos años antes de que nos viéramos por primera vez en el Pentágono, hasta nuestras malhadadas reuniones en el Pentágono y en el Congreso y, por último, hasta el día de hoy. Se trata de una historia fascinante, no solo por la naturaleza última y desconocida de los FANI en sí, sino también por las numerosas y variopintas personalidades implicadas; las dificultades y sacrificios personales de Lue; y las ideas y lecciones aprendidas en relación con el Departamento de Defensa y la comunidad de inteligencia.

Por fortuna, la verdad se ha impuesto; el Departamento de Defensa y la comunidad de inteligencia reconocen ahora que los FANI son reales y que el fenómeno es global. Están llegando informes militares; más de mil desde 2004, según el último recuento. Se están llevando a cabo investigaciones serias. Incluso la Administración Nacional de Aeronáutica y del Espacio (NASA), antaño bastión del desprecio hacia los FANI, se los toma ahora en serio. Esto también es un resultado directo de nuestros esfuerzos, ya que el director de la NASA, Bill Nelson, era miembro del Comité de Servicios Armados del Senado en el momento en que organizamos que los aviadores de la Marina informaran a los miembros y al personal del Comité. Estas sesiones informativas de los aviadores de la Marina fueron el acontecimiento fundamental que legitimó la cuestión de los FANI ante el Congreso y, posteriormente, ante la NASA.

En resumen, nadie puede negar que en el breve periodo de tiempo transcurrido desde que Lue abandonó el Pentágono en señal de protesta, y nosotros nos dirigimos al Congreso y a los medios de comunicación nacionales, la cuestión de los FANI se ha transformado. En la actualidad, la prensa generalista se hace eco del tema, el Congreso lo defiende y el Departamento de Defensa, la NASA y la comunidad de inteligencia estadounidense lo consideran una misión legítima e importante. Confiamos en que, gracias a ello, se obtengan por fin respuestas definitivas a este gran misterio.

¿Cómo se ha producido este giro después de tantas décadas, y en un momento en que la cuestión de los FANI parecía irremediablemente sumida en la controversia y la conspiración? ¿Qué sabe realmente nuestro Gobierno sobre la cuestión de los FANI? ¿Es cierto que naves no identificadas operan en el espacio aéreo militar restringido de los Estados Unidos? Si es así, ¿hasta qué punto debería preocuparnos?

Nadie está en mejores condiciones para contar la historia de la reciente y dramática transformación del tema de los FANI que Lue Elizondo, el autor de este libro. Después de leer este relato, estaréis en mejores condiciones para evaluar por vosotros mismos las preguntas anteriores. También podréis juzgar si Lue es un ejemplo de la teoría del «gran hombre» de la historia, es decir, un individuo singular cuyas intrépidas acciones cambiaron el curso de la historia. En mi opinión, sin la persistencia y el coraje de Lue, el Gobierno de los Estados Unidos seguiría negando la existencia de los FANI y no investigaría un fenómeno que bien podría resultar ser el mayor descubrimiento de la historia. Resulta alentador comprobar que, a pesar de lo grande y compleja que se ha vuelto la sociedad estadounidense, las acciones individuales pueden marcar la diferencia.

Christopher Mellon
Exsubsecretario adjunto de Defensa para Inteligencia
y exdirector del Gabinete de la Minoría del Comité
de Inteligencia del Senado

INTRODUCCIÓN

A finales de 2008 empecé en un nuevo trabajo en el Pentágono, tras varios períodos en otras agencias estadounidenses de inteligencia. Poco después, mi vida cambió para siempre cuando me reclutaron para un programa de inteligencia estadounidense extraño y muy delicado del que nunca había formado parte. El programa investigaba el misterio global de los «fenómenos anómalos no identificados», también conocidos por muchos como ovnis. Durante casi una década, me encontré en primera línea del mayor cambio de paradigma de la historia de la humanidad y aprendí cuál es la realidad de nuestro lugar en el universo.

Naves no identificadas, equipadas con tecnología de última generación —incluida la capacidad de moverse de formas que desafían nuestros conocimientos de física y de hacerlo en el aire, el agua y el espacio—, han estado operando con total impunidad en todo el mundo desde, por lo menos, la Segunda Guerra Mundial.

Estas naves no las han construido los humanos. Lo cierto es que la humanidad no es la única vida inteligente en el universo, y *tampoco* es la *especie alfa*. Sí, ya sé que va a llevaros cierto tiempo procesar algo así, pero abrochaos los cinturones porque hay mucho más.

Los FANI y la inteligencia no humana que los controla representan, en el mejor de los casos, un gravísimo problema de seguridad nacional y, en el peor, la posibilidad de una amenaza para la existencia de la humanidad.

Aunque he tenido muchos trabajos que me han supuesto un reto personal y profesional, este trabajo en concreto transformó mi vida. Cambió mi forma de ver el universo y el lugar de la humanidad en él. Cambió mi visión de cómo se llega a ser un buen padre, marido e hijo. También me recordó lo que significa ser un patriota y servir de verdad a tu país, con la obligación que tenemos en el Gobierno de actuar siempre en el mejor interés del pueblo estadounidense, independientemente de lo que esté en juego a nivel personal.

Con el tiempo, mis colegas y yo fuimos comprendiendo *cómo* funcionan estos misteriosos FANI, así como las intenciones de la inteligencia no humana que hay detrás de ellos.

A pesar de que existen razones válidas para mantener en secreto algunos aspectos sobre los FANI, no creo que la humanidad deba ignorar el hecho fundamental de que no somos la única vida inteligente del universo. El Gobierno de los Estados Unidos y otros gobiernos importantes han decidido que sus ciudadanos no tienen derecho a saber, pero yo no podría estar más en desacuerdo con algo así.

Puede que penséis que todo esto parece una locura. No digo que no parezca una locura, digo que es real.

CAPÍTULO 1

MALDITO SI LO HAGO, MALDITO SI NO LO HAGO

A los veinte años me alisté en el ejército estadounidense y me reclutaron para diversos programas clave de inteligencia militar. Más tarde, hice tres misiones de combate en Afganistán y Oriente Medio y trabajé por todo el mundo con las unidades de operaciones especiales e inteligencia de élite de los Estados Unidos.

Como oficial de operaciones y oficial superior de inteligencia, se me asignaron misiones en todo el mundo centradas en la lucha contra la insurgencia, el narcotráfico y el terrorismo, y contraespionaje. Dirigí actividades de inteligencia contra enemigos como el ISIS, Al Qaeda, Hezbolá, los talibanes y las FARC. Dirigí investigaciones clasificadas pot todo el mundo junto a socios como la Oficina Federal de Investigación (FBI), la Agencia Central de Inteligencia (CIA) y el Departamento de Seguridad Nacional (DHS). Trabajé en el Departamento de Defensa (DoD), la Oficina del Ejecutivo Nacional de Contrainteligencia (ONCIX), la Oficina del Director de Inteligencia Nacional (ODNI) y la Oficina del Secretario de Defensa (OSD). Por último, gestioné programas de acceso especial (SAP) para el Consejo de Seguridad Nacional (NSC) y la Casa Blanca.

Finalmente, en 2008, volví a trabajar en el Departamento de Defensa. Mientras estuve en ese puesto, trabajé para la Oficina del Subsecretario de Defensa para Inteligencia [OUSD(I)], centrada en una operación de intercambio de información entre el Departamento de Defensa, el Departamento de Seguridad Nacional y las autoridades policiales estatales, locales y tribales.

Los federales habían empezado hacía poco a ayudar a estos organismos policiales más pequeños a acceder a bases de datos nacionales más grandes y sofisticadas para que la gente que estaba sobre el terreno pudiera hacer mejor su trabajo y, tal vez, localizar a narcotraficantes, terroristas o espías que operan dentro de los Estados Unidos y en territorios tribales .

Por aquel entonces, yo tenía un gran despacho en la esquina de un edificio alquilado por el Pentágono en ████████ ████████ Arlington, Virginia. Entre otras cosas, el edificio albergaba varios departamentos de Boeing Aerospace, incluido Phantom Works, la división encargada de idear la tecnología futura de Boeing.

Mi despacho, situado en la esquina de la undécima planta, daba al Pentágono. A lo lejos, veía el Capitolio, el Monumento a Lincoln, el Monumento a Washington y la Casa Blanca. Mi mobiliario dotaba a mi despacho de un aire claramente náutico. Mi familia y yo vivíamos en Kent Island, Maryland, una pequeña comunidad pesquera en medio de la bahía de Chesapeake.

Vine al mundo en Texas, pero en el fondo soy un chico de Florida, al que desde siempre le han atrido los misterios y la belleza del mar. Pescar, bucear, ver el sol centelleando en las olas... esos eran mis placeres culpables. Mi mujer, Jennifer, y yo intentábamos ir al mar todos los fines de semana que podíamos, pero como no podía estar en Kent Island todo el tiempo, se me ocurrió traer Kent Island a mi oficina. Tenía fotos de mi mujer y mis hijas, así como paisajes marinos pintados por mi suegro, que había sido un gran artista aficionado en su juventud. En la pared frente a mi escritorio, había una rueda de timón de madera.

También tenía algo que probablemente nunca se encontraría en los escritorios de la mayoría de la gente: una granada de mano. Asustaba muchísimo a los visitantes, porque a simple vista la mayoría de los civiles no percibirían que había sido transformada en un artefacto seguro por algunos de mis compañeros de Desactivación de Explosivos (EoD), en Afganistán.

Había que desenroscar el detonador para ver las tripas vacías que antes habían contenido los explosivos. Lo guardaba como recordatorio de lo frágil y violenta que puede ser la vida.

Una mañana temprano, mientras revisaba una propuesta del DHS, mi asistente asomó la cabeza por mi despacho para decirme que tenía dos invitados esperándome en nuestra recepción. Fue a principios de 2009. No esperaba a nadie, y solo iba por mi primera taza de café.

Recuerdo que tenía la mirada perdida en los remolinos de mi café, esperando a que se encendiera uno de mis sistemas informáticos clasificados, deseando no tener visitas inesperadas. El cifrado que gobernaba parte de la tecnología que yo utilizaba era ridículamente seguro y, a menudo, tardaba diez minutos en consultar un solo correo electrónico.

Mi asistente volvió a llamar a mi puerta y me presentó a Jay Stratton y a su colega, a la que llamaré Rosemary Caine.

Levanté la vista de mi café y vi a un hombre serio de unos treinta años, bien afeitado y de mirada penetrante. Jay me resultaba familiar, pero nunca antes me había topado con él. Llevaba un buen traje, pero parecía fuera de lugar. De manera instintiva, me pareció un tipo que estaría más cómodo con una ametralladora y una bandolera alrededor del pecho. Detectar a alguien como tú resulta un juego para aquellos que hemos estado en el ajo. Algo sale mal cuando uno de nosotros se pone un traje. Es como obligar a un pastor alemán a ponerse un jersey de esmoquin para perros. Puede llevarlo, pero no resulta natural.

Rosemary me pareció fría, tranquila y hermosa. Solo más tarde supe que también hablaba ruso con fluidez y que había sido agente de inteligencia. Rosemary era una de las pocas profesionales de los servicios de inteligencia que se habría sentido tan cómoda en la portada de la revista *Vogue* como vistiendo ropa de camuflaje y empuñando un AK-47. Podía trabajar en cualquier entorno, y eso era lo que la hacía letal.

—Buenos días —dijo Jay—. Hemos oído hablar mucho de ti. Me alegro de conocerte por fin.

Sin darme cuenta, los saludé con un gruñido monosilábico.

—Disculpadme —añadí—. No he tomado suficiente café esta mañana.

—Ah, ¿café Bustelo? —dijo Rosemary—. Me encanta el café cubano.

Pensé: «¿Cómo sabe que bebo esa marca de café?» La lata no estaba por ninguna parte. ¿Había sido un golpe de suerte o algo más? ¿Me habían estado investigando estos dos desconocidos?

—Muy bien —dije—. ¿Qué he hecho ahora?

Lo dije medio en broma, pero no del todo.

—¿Perdón? —dijo Rosemary.

—Está claro que habéis venido por algo, así que ¿qué es lo que he ahora?

Jay y Rosemary se miraron. Las credenciales azules que llevaban al cuello delataban que ambos eran funcionarios de los servicios de inteligencia del Gobierno.

—No has hecho nada malo —dijo Jay.

Rosemary se acercó a mi mesa.

—Hemos venido a hablarte de algo muy importante. Un asunto de seguridad nacional.

Nada nuevo para mí. Todo lo que he hecho tiene que ver con la seguridad nacional. Aun así, mis visitantes habían despertado mi curiosidad. Poco después, café cubano recién hecho en la mano, Rosemary dijo:

—Estamos interesados en tu experiencia en contrainteligencia y seguridad para un programa altamente clasificado dirigido desde nuestra oficina en la DIA.

Habían venido a reclutarme para apoyar un programa de inteligencia de la Agencia de Inteligencia de Defensa. Cuando un programa del Departamento de Defensa necesita una nueva persona, a veces recurre a su red de colegas para encontrar al candidato adecuado. En este caso, el equipo de Jay y Rosemary necesitaba un oficial superior de inteligencia para desarrollar la contrainteligencia y la seguridad de uno de sus programas.

Jay me explicó que había ayudado a crear algo llamado AAWSAP (Programa de Aplicación de Sistemas de Armas Aeroespaciales Avanzadas, según sus siglas en inglés), que más tarde se convertiría en el AATIP

(Programa Avanzado de Identificación de Amenazas Aeroespaciales, según sus siglas en inglés). Yo nunca había oído hablar de aquel programa y, cuando los dos salieron de mi despacho, *seguía* sin tener ni idea de cuál era su misión. Lo describieron como un programa pequeño, pero muy secreto, centrado en «tecnologías no convencionales», y afirmaron que dependía directamente del director de la Agencia de Inteligencia de Defensa (DIA) y del Congreso. Algunas de mis experiencias anteriores trabajando para los servicios de inteligencia del Ejército habían tenido que ver con la protección de tecnologías aeroespaciales sensibles y de alta gama, así que supuse que eso me había convertido en candidato. Si ese era el caso, esperaba que la burocracia fuese mínima. La burocracia es la pesadilla de cualquier funcionario.

A lo largo de las semanas siguientes, los tres nos reunimos dos veces más. Siempre en mi despacho, tomando más café. Entramos en detalles sobre mi forma de trabajar, mi filosofía de liderazgo y algunas de mis misiones anteriores. Sin embargo, nunca hablamos directamente de su misterioso programa. Sobre todo, evaluaron mi personalidad y mi nivel de confianza. ¿Era yo la persona adecuada para su programa? Probablemente no, pero de todos modos no me importaba mucho. No buscaba asumir más responsabilidades profesionales que las que ya tenía.

Semanas más tarde, superado ya al parecer el obstáculo de la investigación de antecedentes, me invitaron a conocer a su colega. Los detalles de la reunión eran tan misteriosos como el propio trabajo. Me indicaron que acudiese temprano, aparcara en el aparcamiento de enfrente de un edificio de oficinas aparentemente civil en Virginia. Mostraría mis credenciales al segundo guardia de seguridad (no al primero) y tomaría el ascensor hasta la décima planta. Esto me pareció un poco exagerado. Desde el 11-S, la seguridad se había reforzado, pero no suele haber muchas razones para fingir que eres James Bond mientras aparcas tu Crown Victoria negro.

En la décima planta, me encontré en un pasillo largo y vacío con una puerta de seguridad y una cámara al fondo. Rosemary respondió a mi llamada. Me ofreció un café y me acompañó a través de la puerta hasta una maraña de cubículos del Gobierno, llena de gente trabajando. Finalmente, en un despacho de cristal situado en la pared del fondo, conocí al Dr. James Lacatski.

Era un auténtico científico de cohetes, doctor en ingeniería, y tenía toda la pinta de serlo. Gafas y pelo revuelto. Corbata aflojada. Lo sabía todo, desde la mecánica de fuerza bruta de los misiles Scud hasta los pormenores de los motores para cohetes de combustible sólido de primera y segunda etapa. Más tarde supe que era uno de los mejores científicos de cohetes de nuestro Gobierno.

—Llámame Jim —dijo.

Con voz tranquila, me informó de que el AAWSAP trabajaba con tecnología aeronáutica sensible y necesitaba un agente de contrainteligencia de alto rango para bloquear toda la información sobre el programa procedente de los antagonistas habituales, los adversarios extranjeros. Empleaban a muchos contratistas externos, pero Jim había elegido ex profeso a un pequeño grupo de agentes de inteligencia para gestionar y supervisar el trabajo realizado por los contratistas.

Encuadrada en el seno de la DIA, siendo miembro de la Comunidad de Inteligencia estadounidense (la IC), el AAWSAP recibía su autoridad directamente del Congreso, según Jim.

Nada de lo que había oído hasta ese momento me había parecido extraño, salvo que seguía sin saber a qué se dedicaba realmente el programa.

Tras una breve conversación sobre mi experiencia protegiendo tecnología aeroespacial avanzada, Jim hizo una pausa. El silencio entre nosotros se hizo cada vez mayor. Entonces preguntó:

—¿Qué opinas sobre los ovnis?

«¿Cómo? —pensé—. ¿Se trata de una broma? ¿Me está poniendo a prueba de alguna manera?».

—Yo no... —empecé a decir.

A lo que Jim me espetó:

—¿Qué? ¿No crees que los ovnis sean reales?

—No he dicho eso —respondí—. Lo que iba a decir es que no tengo motivos para pensar en ellos. Todo mi trabajo se ha centrado en otros temas.

Ninguno de mis proyectos profesionales había abordado tal tema ni me interesaba especialmente. En mi vida personal, nunca me había fascinado un asunto así. Nunca fui aficionado a *La guerra de las galaxias* ni a *Star Trek*, y ni siquiera había visto *Encuentros en la tercera fase*.

Jim me miró por encima de sus gafas.

—Me parece bien, pero no te dejes llevar por tus prejuicios analíticos. Puede que veas cosas que cuestionen tu percepción actual del universo; de la realidad. *Debes* estar preparado para cambiar tu opinión ante nuevos datos y pruebas.

Lo que él podía o no saber es que yo tenía cierta experiencia en mirar más allá de la comprensión de la realidad que tiene una persona normal, y eso es algo a lo que me referiré más adelante.

Me explicó que el AAWSAP se centraba en los «fenómenos insólitos» e investigaba aeronaves no identificadas, en concreto las que parecían mostrar tecnología y capacidades que iban más allá de la siguiente generación, lo que ahora llamamos fenómenos anómalos no identificados, o FANI, que es lo que durante mucho tiempo se denominó ovnis. Jim me explicó que, durante décadas, civiles, militares y agentes del orden habían informado de avistamientos extraños en todo el mundo y que, en realidad, había datos que respaldaban lo que veían. Datos recogidos por los mismos sistemas de recopilación de inteligencia utilizados para mantener a nuestro país a salvo de nuestros enemigos, y que son posiblemente los más avanzados del mundo. Jim hizo hincapié en que lo que veían no se ajustaba a la física, tal y como la entendemos.

La cabeza me daba vueltas. Por todos los demonios... ¿aquello iba en serio?

Jim me sugirió que me tomara un tiempo para pensar. Si quería saber más, tendríamos una segunda conversación.

Me pareció la entrevista de trabajo más discreta y práctica que había tenido nunca. Cuando me disponía a marcharme, Jim me dio un consejo más.

—Una advertencia —me dijo—. Si quieres trabajar con nosotros, no puedes aferrarte a nada, es decir, a ninguna idea preconcebida.

Creo que no sonrió ni una vez en todo el tiempo que estuvimos juntos. Se mantenía muy serio.

[3]

Mientras me dirigía a mi oficina, los largos y anodinos pasillos aumentaron mi escepticismo. ¿Por qué me pedían que participara en este programa?

Ahora bien, he trabajado en algunos de los programas más extraños que el Gobierno de los Estados Unidos ha ideado jamás. Me vino a la mente un amigo que conocía lo largo de mi currículum; un antiguo compañero del ejército, John Robert. Éramos amigos desde que servimos juntos en Corea en los años noventa. Nuestra hermandad se había extendido del combate a la vida civil. Él y su familia también vivían en Kent Island, así que compartíamos coche todos los días. Al igual que yo, cuando dejó el Ejército, John siguió trabajando en inteligencia para una de las agencias gubernamentales de tres letras. Conocía todos mis secretos, incluido el hecho de que había estado expuesto a un programa gubernamental excepcionalmente «raro» a los veinte años. Un programa que, de hecho, me ayudó a abrir mi mente a la idea de que hay muchas cosas sobre nuestro universo que no conocemos o entendemos, cosas que suenan a ciencia ficción, que no se ajustan a la visión occidental de la realidad del siglo XX, pero que, de hecho, son reales.

Al día siguiente, de camino al trabajo, le pregunté a John si era el responsable de que se hubieran puesto en contacto conmigo.

—Oh, hablaron contigo, ¿verdad?

—¡Ajá! De modo que fuiste tú quien me los echó encima. Gracias, amigo —dije en tono sarcástico.

---

[3] Ciertas ubicaciones son sensibles y están clasificadas, lo que explica la censura realizada por el Departamento de Defensa (DoD).

—Necesitaban a un veterano. A alguien entrenado para dirigir la contrainteligencia, alguien que hubiera participado en programas *confidenciales*. Alguien que sabe que hay más en la realidad que la persona promedio. Ese eres *tú*, hermano.

—Así que... —le dije— ¿les hablaste de aquel *otro* proyecto mío en el que trabajé en su día?

Sonrió.

—Puede que haya salido un poco a colación, sí.

Confiaba en John incluso más de lo que lo hacía en mí mismo. Él y yo habíamos estado en muchas de las mismas misiones por designación directa. John me reveló que era un enlace entre la agencia de tres letras para la que trabajaba y el AAWSAP. Oírle dar fe del programa me hizo replantearme todo aquello.

Desde un punto de vista práctico, conociendo el funcionamiento del Pentágono, supuse que el trabajo no sería a tiempo completo. Sería un complemento, un trabajo adicional mientras continuaba con mis obligaciones actuales. El Pentágono, a menudo, presionaba a agentes como yo para que prestaran servicio de este modo, amparándose en la laguna legal de «otras tareas de libre designación». Típica prudencia fiscal del Gobierno. ¿Por qué contratar a una persona nueva cuando tienes a alguien que puede desempeñar dos trabajos?

Sobre el papel, la mía era una buena vida. Mi trabajo era interesante y tranquilo. En este punto de mi carrera, un trabajo sin incidentes tenía sus ventajas. Digamos que un trabajo en el que no me disparaban era un buen trabajo. En mis trabajos anteriores, había estado en todos los lugares del planeta donde Estados Unidos se enfrentaba a sus enemigos: Afganistán, Irak, Kuwait, Corea del Sur, Centroamérica, Sudamérica y el Caribe. Uno de mis varios tatuajes reza *Acceptum Painetio*, que en latín significa «aceptado a la fuerza». Es un homenaje a mi servicio durante las guerras de Afganistán y Oriente Próximo. Hay cosas que muchos de nosotros hicimos por nuestro país que desearíamos no haber tenido que hacer; pero no os equivoquéis, si estuviera en la misma situación, lo volvería a hacer todo, si fuera necesario. Yo no era un belicista que otorgase glamur a la guerra; nunca olvidaré los rostros de los que perecieron, y respetaba lo que significaban todas las vidas perdidas por ambos bandos.

Al cabo del tiempo, había alcanzado el codiciado nivel salarial GS-15, el rango más alto al que un civil puede llegar trabajando para el Pentágono antes de llegar al cuadro ejecutivo superior (SES) o a un nombramiento político. De joven, en el Ejército, soñaba con llegar a GS-15 y, por fin, lo había conseguido.

¿De verdad quería estropearlo todo persiguiendo platillos volantes?

Bueno... tal vez. ¿Por qué? Ahora veía con claridad que GS-15 no era ningún panteón de dioses. Por el contrario, estos profesionales tan cacareados solían tomar decisiones basadas en favores políticos, no en hechos. Eso me enfurecía sobremanera. Detestaba la burocracia. Las incontables horas de tráfico diarias, las luchas intestinas entre departamentos y la burocracia me estaban cansando, a pesar de los aspectos cómodos del trabajo. Casi prefería participar en un tiroteo que jugar con los oportunistas de Beltway[4]. Al menos, en el campo de batalla, sabes dónde está el enemigo.

Cinco años antes, había regresado de unas operaciones en primera línea en Oriente Medio que me habían dejado al borde del agotamiento y me había rondado un auténtico caso de trastorno de estrés postraumático. Había dejado atrás el teatro de la guerra, pero empezaba a darme cuenta de que también quería algo más en mi día a día.

Comparado con todo lo que me pasaba en la vida, el programa sobre FANI sonaba a algo así como una escapatoria interesante. Un programa de ese tipo podría ser lo que necesitaba para salir de mi perpetuo «día de la marmota».

Unos días más tarde, volví a reunirme con Jim Lacatski. Esta vez, Jim me reveló que el programa contaba con el apoyo del entonces director de la DIA, el teniente general Michael D. Maples, y que se financiaba gracias a los esfuerzos de un grupo bipartidista de senadores: el senador Harry

---

[4] *Beltway bandits*: expresión coloquial que se refiere a contratistas gubernamentales o lobistas que rondan por Washington D.C., particularmente los que operan alrededor del Beltway (la autopista de circunvalación de la ciudad) (*N. del T.*).

Reid (demócrata por Nevada), el senador Ted Stevens (republicano por Alaska) y el senador Daniel Inouye (demócrata por Hawái).

El programa me pareció una *rara avis*, en el sentido de que senadores de ambos bandos habían cooperado para hacerlo realidad. En Estados Unidos, los dos partidos imperantes rara vez se ponen de acuerdo en algo. Sin embargo, para este tema, los líderes habían hecho una excepción.

Durante la Segunda Guerra Mundial Stevens había servido como piloto en el Cuerpo Aéreo del Ejército, llevando carga militar estadounidense por encima de la llamada Joroba del Himalaya, desde la India hasta China, donde podía utilizarse en el conflicto de los Estados Unidos con Japón. El Himalaya es la cadena montañosa más imponente, más peligrosa y posiblemente más aislada del mundo. Sobrevolarla en avión en la década de 1940 no debía de haber sido pan comido. Stevens admitió abiertamente que una vez había visto un *foo fighter* mientras volaba en una misión. Ese es el término que utilizaban los pilotos aliados en la Segunda Guerra Mundial para describir fenómenos aéreos anómalos: extrañas bolas de luz, esferas que seguían a los aviones, objetos que desafiaban lo que nuestros propios aviones podían hacer; En otras palabras, FANI.

El patriota Inouye había dado, literalmente, un brazo a por su país. Había sido testigo de las dos caras de la experiencia asiático-americana durante aquella guerra. Sirvió en el Ejército mientras los campos de internamiento eran, al mismo tiempo, la vergonzosa solución que dio nuestra nación a la paranoia contra los estadounidenses de origen japonés.

Reid se había criado boxeando y había trabajado como policía del Capitolio de los Estados Unidos mientras estudiaba Derecho. También era senador del estado que albergaba el Área 51, lo que le proporcionaba un conocimiento privilegiado que despertaba su curiosidad. En el Capitolio, el senador Reid era considerado un bulldog en un foso de víboras. Amaras u odiaras su política, no te metías con Harry Reid.

Juntos, estos tres hombres controlaban el gasto del Congreso en programas del Pentágono de presupuestos opacos.

En esta segunda reunión, Jim Lacatski me pidió formalmente que me encargara de la contrainteligencia y la seguridad del programa. Seguía mostrándose misterioso y no me dijo el nombre de la tarea en la que me centraría. Llamé a Jenn y le comenté de pasada que estaba pensando en asumir esta tarea adicional. Eso fue todo lo que pude decirle, dado el secretismo que regía mi vida laboral. Ella me apoyó, como siempre. Cuando volví a mi oficina en Crystal City, telefoneé a Jim a través de nuestra línea segura y acepté el puesto:

—Cuenta conmigo.

—Lo que hacemos aquí es muy extraño —me dijo Jim—. Debes estar preparado para la posibilidad de que algo de esa extrañeza repercuta en tu vida personal. Estas carteras son embarazosas.

Fruncí el ceño. ¿«Embarazosas»? Qué extraña elección de palabra.

Sabía a qué se refería con la palabra «carteras». Una cartera es un término tomado de Wall Street para describir la totalidad de un programa, de cabo a rabo, como se suele decir.

Sin embargo, nunca había oído a nadie utilizar la palabra «embarazosa» para describir una cartera. No tenía ni idea de lo que quería decir. ¿Quizá quería decir «polémica»? En retrospectiva, creo que debería haberlo preguntado.

CAPÍTULO 2

COLARES

Poco después de aceptar el cargo, Jim y Jay me invitaron a una cena junto a todo el equipo, que se celebró en la sala de reuniones privada de un hotel de Roslyn, Virginia. No tenía forma de preparar la reunión ni tampoco tenía idea de qué podía esperar. La dirección del programa y algunos de los contratistas de Nevada se reunían por primera vez. El principal contratista vendría en su jet privado Gulfstream V para asistir también.

Como ahora sabía que mi amigo John trabajaba como enlace entre su agencia y el programa, fuimos juntos allí. En el vestíbulo, nos encontramos con Jim y Jay, que nos condujeron a un comedor privado, engalanado con una larga mesa dispuesta para la cena.

Aquella cena fue un bautismo de fuego. El multimillonario hotelero, promotor y magnate aeroespacial Robert Bigelow se unió a nosotros. Era el contratista del que me habían hablado. Alto, bigotudo y desgreñado, Bob entró en la sala con semblante serio, pero amable. Nunca había conocido a un multimillonario y suponía que todos eran iguales: egocéntricos y engreídos. Bob no lo era. Saludaba a todo el mundo cordialmente y participaba en la conversación de forma reflexiva. Fue en esta reunión cuando supe de Bob y de su larga obsesión por los sucesos paranormales y los FANI, así como que no le preocupaba gastar su propia fortuna para desentrañar estos misterios en beneficio de la humanidad. El *National Institute for Discovery Science* (NIDSci), su organización de investigación, había estudiado los FANI y lo paranormal en los años noventa. El senador Harry Reid contaba con Bob entre sus amigos, y la empresa de Bob, Bigelow Aerospace Advanced Space Studies (BAASS), era el principal contratista del programa.

También asistió Harold *Hal* Puthoff, una figura legendaria en los círculos de investigación del Gobierno y de inteligencia. Es físico, ingeniero y un hombre profundamente reservado cuando se trata de algunos de los proyectos más delicados y controvertidos de los Estados Unidos. Trabajó durante más de cincuenta años como científico jefe en proyectos altamente clasificados para el Gobierno. En varios cargos anteriores, dependía directamente de la Casa Blanca y del director de la CIA. Es un hombre que se pasea con conocimientos a los que la inmensa mayoría de la población humana nunca accederá. Mi respeto y admiración por Hal son inconmensurables. Él era el científico jefe del programa.

Hal se doctoró en la Universidad de Stanford en 1967. Su trayectoria profesional abarca décadas de investigación en General Electric, Sperry, la NSA, la Universidad de Stanford y SRI International, y ha trabajado para casi todas las entidades gubernamentales (por ejemplo, el Departamento de Defensa y organismos de inteligencia, como la NSA) como asesor científico superior. Ha publicado numerosos trabajos sobre física cuántica, láser y propulsión espacial, y ha obtenido patentes en los campos del láser, la energía y las comunicaciones, cuya lectura sugiero.

Cuando aún era un joven soldado en el Ejército, mi trayectoria profesional se había cruzado brevemente con la de Hal, pero aquella tarde le conocí por primera vez en persona. El hecho de estar a punto de codearme con Hal Puthoff me impresionó por la importancia del encuentro. A pesar de su estatus legendario, Hal me pareció un caballero amable, con el que era fácil hablar, de voz suave, humilde y profesional.

Jim nos presentó a un general brasileño llamado Paulo Roberto Yog de Miranda Uchôa, y a su hija y traductora personal. El general Uchôa, que ocupaba un alto cargo en el Gobierno y gozaba de gran prestigio, era el principal zar antidroga de Brasil y un general de cuatro estrellas. En los años setenta, su difunto padre, el general Alfredo Moacyr de Mendonça Uchôa, puso en marcha el Centro Brasileño de Estudios sobre FANI, y dedicó más de treinta años de su vida a ese tema y a otros estudios paranormales y místicos. El mayor de los Uchôa era conocido como «el general estrella».

Al igual que su padre, el joven Uchôa abrazaba intereses que iban más allá de su trabajo militar y antidroga. Se había convertido en el responsable de un enorme archivo relacionado con los encuentros más inquietantes con FANI en Brasil. La pregunta que yo me hacía era: ¿Estaba Uchôa implicado en este caso por su linaje familiar y su predisposición para el tema? ¿O era el hombre considerado por sus compañeros como el más cualificado para «manejar» los grandes incidentes con FANI de Brasil?

En ese momento, el programa de Jim no compartía los datos sobre FANI con otras naciones por cuestiones de seguridad nacional. La reunión con Uchôa fue diferente. Se encontraba en la ciudad para asistir a otra reunión y Jim pudo organizar la cena en el último momento, que resultó ser una de las más interesantes de mi vida.

El general Uchôa se había hecho amigo de un coronel brasileño, aún vivo, que había investigado de primera mano los casos más fascinantes de Brasil a lo largo de treinta años. Esperaban reunir la mayor cantidad posible de datos para compartirlos con nosotros, en un notable acto de cooperación internacional. El equipo de Bob Bigelow tenía previsto crear una base de datos que recogiera todos y cada uno de los datos de los sucesos de Brasil, de forma que se pudieran realizar búsquedas instantáneas y escanear en busca de puntos en común. Una vez completado, este proyecto resultaría extraordinariamente útil. Encontrar patrones en los datos es la clave del análisis.

Me enteré de que a mediados de la década de 1970, a lo largo de varios años seguidos, los habitantes de la costa del noreste de Brasil estuvieron observando extrañas luces y aeronaves que zumbaban por la noche sobre sus pequeñas ciudades y pueblos. El tamaño de los objetos oscilaba entre esferas del tamaño de pelotas de béisbol y enormes aeronaves que parecían capaces de transportar a los ocupantes de una ciudad entera. Discos voladores, esferas, triángulos, cilindros... la variedad de objetos era muy amplia. Los ciudadanos de estos pueblos rurales no estaban acostumbrados a la iluminación nocturna más allá de las luces de los coches y camiones que pasaban. Ahora, de repente, un aldeano que iba a visitar a un vecino al anochecer podía verse bañado por el resplandor de algo enorme que se cernía en el cielo. Durante siglos, los seres humanos de todo el planeta han informado de estos fenómenos. Sin embargo, en Brasil, estos fenómenos voladores parecían tener como objetivo a los seres humanos.

La gente afirmaba haber sido perseguida por un orbe amarillo. Tras varios metros de persecución, la luz se volvía azul antes de lanzar una desagradable ráfaga láser que quemaba a las víctimas o las dejaba inconscientes. Otras personas afirmaron que aeronaves planeadoras intentaron levantarlas del suelo –con redes y ganchos– y arrastrarlas hasta las naves. ¿Eran estos ganchos y redes una metáfora de alguna tecnología avanzada, como un rayo tractor, o se estaban utilizando realmente herramientas primitivas como ganchos y redes? Todo aquello me parecía muy extraño.

A medida que aumentaban los ataques, la gente abandonaba su curiosidad natural y pasaba al terror absoluto. Si aparecía una nave, un orbe o una luz, corrían para salvar las vidas. Los perros ladraban. El ganado se dispersaba. Los motores de los coches se detenían, obligándoles a escapar a pie o a lomos de un animal de carga. Una persona relató que su burro se había quedado paralizado por el miedo y que él se había metido debajo del cuerpo del animal para protegerse.

No importaba dónde buscaras refugio. Las luces perseguían a la gente hasta sus casas y granjas. Los haces atravesaban los tejados de tejas como si fueran de gasa y recorrían inteligentemente las habitaciones interiores como si buscasen algo. ¿Una víctima u otro objetivo? No se sabía seguro.

La gente vivía con miedo. Sabían por experiencia o de oídas que si el «láser» tocaba su piel, se quemarían. Los informes hablaban de succión de sangre. Todos llamaban a las luces *chupa-chupa*, que significa «chupar-chupar» en portugués.

En 1977, la rama de inteligencia de la Fuerza Aérea Brasileña mandó a la zona a veinte investigadores y médicos dirigidos por el teniente coronel Uyrange Hollanda. En un principio, tenían previsto entrevistar a las víctimas, catalogar los relatos de los testigos y tratar a los heridos. Cuanto más tiempo permanecía el equipo de Hollanda en la zona, más testigos eran de aquellos horrores. Tomaron filmaciones y cientos de fotografías de objetos y aeronaves misteriosas, siendo una de ellas de aproximadamente noventa metros de largo. En cierta ocasión, cuando una aeronave apareció durante el día en una playa local, los aldeanos huyeron, pero la Dra. Wellaide Cecim Carvalho, que había estado tratando a los aldeanos de la zona, permaneció, armada de valor. Se escondió y estuvo observando porque, como dijo más tarde, el objeto brillante en el cielo era demasiado hermoso para apartar la vista. La deslumbraba de un modo casi hipnótico.

Brasil es el quinto país más grande del mundo, el mayor de Sudamérica y Latinoamérica, y está densamente poblado. Tan solo sus humedales tienen diez veces el tamaño de los Everglades de Florida. Los investigadores estiman que hasta 371 lugares de varios estados brasileños se vieron afectados por estas visitas, pero el epicentro y la zona donde tuvo lugar la actividad más intensa entre 1977 y 1978 fue la pequeña isla costera de Colares, que entonces contaba con una población de unas diez mil personas. En la actualidad, los investigadores se refieren a estos encuentros, de manera genérica, como «el Incidente de Colares».

Hasta aquella noche, nunca había oído hablar de estos sucesos. Al principio, mi mente racional luchaba por explicar lo que estaba oyendo. Tenía que haber otra explicación, ¿no? Tal vez un fenómeno de histeria colectiva, en el que las personas de una pequeña comunidad se influyen mutuamente y exacerban las experiencias de los demás. O pruebas producto de una tecnología de lo más humana. En la década de 1960, tanto los EE.UU. como la Unión Soviética coquetearon con el desarrollo de armas psicotrónicas. Querían ver si era posible situarse lejos de su enemigo, apuntarle con algún tipo de rayo e influir en su comportamiento y percepción. ¿Había sido Colares el resultado de la tecnología psicotrónica soviética de finales de los 70? ¿Habían librado los soviéticos una guerra por delegación contra Estados Unidos en Brasil? ¿Había sido todo una aterradora operación psicológica?

Sin embargo, lo que Uchôa describió no se correspondía con ninguna estrategia o capacidad que se supiese que tenía los soviéticos. Aquel escenario se parecía más a *La guerra de los mundos*, de H. G. Wells. Una invasión alienígena aérea.

Yo me mostraba claramente escéptico, pero, como ya he dicho, algunas cosas de mi pasado me habían preparado para mostrarme abierto a lo que oía. También sentía un gran respeto por las pruebas recogidas por científicos e investigadores cualificados. Como agente especial, había llegado a apreciar la necesidad de preservar los datos como pruebas y de orientarme hacia los hechos. Todo lo que oí aquel día había sido examinado por investigadores que iban mucho más allá de la Fuerza Aérea Brasileña. Un investigador estadounidense llamado Robert Pratt había entrevistado, él solo, a quinientos catorce testigos. El científico francés y consumado investigador Jacques Vallée también había verificado de manera independiente los sucesos. A estos les siguieron oleadas de investigadores desde entonces. Según una estimación, el conjunto de pruebas recopiladas sobre Colares incluye más de tres mil quinientos expedientes.

La voz de Uchôa se quebró al hablar del coste humano. El Dr. Carvalho trató a unas cuarenta personas en 1977. La mayoría presentaba quemaduras debidas a la exposición a energía bien térmica o dirigida; las quemaduras sanaban una vez la piel se caía, pero algunas quedaron con cicatrices importantes. Otras presentaban erupciones cutáneas. En las heridas recientes de veintitrés personas, Carvalho observó que el centro de la quemadura presentaba dos heridas punzantes. Además, cuando analizó la sangre de las víctimas, descubrió que todas tenían la hemoglobina baja, lo que sugería que su miedo a las *chupa-chupa* no era del todo infundado.

Los hallazgos de Pratt me parecieron especialmente desgarradores. Durante este tiempo, registró más de trescientos animales encontrados muertos por causas desconocidas. Treinta y cuatro ciudadanos se quejaron de ojos irritados; cinco informaron de ceguera temporal; ocho lo hicieron de un empeoramiento en su visión. Cuarenta y uno se quejaron de una sensación prolongada de náuseas y, a veces, de vómitos. Cincuenta y cinco personas informaron de fuertes dolores de cabeza. Me preguntaba si estas personas habrían sufrido algún tipo de daño debido a la radiación. De ser cierto, el tipo de daño del que hablaban era coherente con los efectos nocivos de, por ejemplo, la radiación de microondas y la manipulación inadecuada de isótopos médicos o combustible radiactivo empleado en armas.

Cuarenta y seis personas describieron haber sentido calor cuando las luces del avión les enfocaron. Veintiocho personas se sintieron como en una bolsa de aire frío. Unas dieciocho personas insistieron en que habían sido abducidas por rayos que las arrastraron hacia el interior de la nave. Pratt también verificó que a algunas de estas personas fueron recogidas lejos del lugar del encuentro original, sin tener recuerdos de haber viajado hasta allí.

Catorce personas permanecieron en estado catatónico durante un breve periodo tras un encuentro; cincuenta y cuatro sufrieron una parálisis temporal en alguna parte del cuerpo. Treinta y seis personas afirmaron haber padecido enfermedades crónicas durante años. De ese grupo, diez personas murieron. Aquello me impresionó. Esas personas estaban *muertas*. Obviamente, a causa de un FANI.

En algunos casos, los testigos consiguieron ver a sus agresores. Las descripciones de los ocupantes de estos vehículos de otro mundo se dividían en dos tipos. Seres que parecían humanoides adultos, altos y pálidos, y seres con cabezas desproporcionadamente grandes y cuerpos frágiles de un metro o metro y medio de altura. Como aprendería más tarde, esas dos descripciones –los llamados «nórdicos» y «grises»– encajaban con el perfil de los supuestos alienígenas de innumerables encuentros personales en todo el mundo. Si se trataba de una forma de histeria colectiva, llevaba décadas afectando a todo el planeta.

Miles de personas de la región quedaron traumatizadas por sus encuentros. Uchôa distribuyó algunas fotografías antiguas de las pruebas recopiladas por el equipo de Hollanda. Me conmovieron las imágenes de las víctimas mostrando sus heridas y las miradas de resignado horror en sus rostros.

Que se hablase de armas láser me puso los pelos de punta. Cuando estuve destinado en Kuwait, en 2003, fui asignado como agente especial al mando

(SAC). Uno de mis agentes me llamó en mitad de la noche desde una de nuestras instalaciones satélite en medio del desierto, Arifjan. «Señor, tiene que venir aquí *ahora mismo* —me dijo—. Hay algo que tiene que ver».

El trayecto duraba al menos una hora y solo era accesible por una carretera de dos carriles que se adentraba en la oscuridad del desierto, hasta el infinito. Solo cuando el resplandor de neón de la ciudad de Kuwait dejó de verse, más allá del árido horizonte, supimos que estábamos a mitad de camino de Arifjan. Cuando llegué a las coordenadas que me habían suministrado, me encontré con un cordón de soldados estadounidenses, fuertemente armados, que custodiaban un grupo de carros de combate M1. Durante los preparativos para la invasión de Irak, dirigida por los Estados Unidos, el ejército estadounidense utilizó zonas de acantonamiento para estacionar de forma temporal equipos y vehículos militares, y lo hizo usando nombres tales como Campamento Nueva York. En aquel campamento, el ejército estadounidense tenía dispuestos los carros de combate para su inevitable invasión de Irak. Los tanques se colocaban en forma de pelotón, con unos diez tanques a lo largo por profundidad por diez a lo ancho.

En una esquina de la formación había un grupo de policías militares y unos cuantos Toyota Prados acordonando dos tanques en particular. Bajé la ventanilla y pregunté:

—¿Qué pasa?

El suboficial de la policía militar de guardia me dijo:

—Señor, tiene que verlo usted mismo.

Café en mano, le seguí. El militar encendió una linterna.

—Mire esto —dijo.

—No veo nada. ¿A qué se supone que debo mirar? —le contesté.

Enfocó con su luz al costado de un tanque.

—Mire *aquí*, señor.

El rayo reveló un pequeño agujero perforado en el lado blindado del tanque. Perfectamente redondo, sin bordes ásperos. A simple vista, no aprecié signos de perforación por calor o vitrificación del metal. Inclinó la linterna. El agujero atravesaba todo el cuerpo del tanque y salía por el otro lado.

¿Qué demonios...?

Era como si alguien hubiera utilizado un cortador de galletas superafilado para tomar una muestra del núcleo del vehículo. La energía necesaria para hacer algo así habría sido enorme. El tanque M1 es la joya de la corona del arsenal estadounidense, ya que está diseñado para recibir el impacto directo de un misil y aguantar. Los laterales y la parte delantera son las secciones más blindadas del tanque.

Solo conocía algo que pudiera perforar el lateral de un tanque: un proyectil Sabot, que es algo así como una lanza de tungsteno sólido que se mueve a velocidades hipersónicas. De modo que, si un Sabot hubiera dado en el blanco, habría causado la destrucción total y absoluta del tanque, y destrozado su interior. Este incidente era de una categoría inquietantemente distinta. No había otros daños visibles, pero aquel vehículo estaba frito, con su blindaje defensivo dañado.

¿Qué fue lo más aterrador del incidente? En su excitación por mostrarme el agujero, el suboficial no había mencionado que el tanque de al lado mostraba justo el mismo sabotaje. Fuera lo que fuese lo que había causado aquello, al parecer, había penetrado limpiamente por el lateral de dos de nuestros mejores tanques.

—¿Qué sabemos de todo esto? —pregunté.

La única pista que teníamos nos la dio un pastor de cabras, un beduino que había estado cuidando de su rebaño por la noche. Le dijo a la Policía Militar que había visto un destello verde brillante en el cielo nocturno, justo sobre los tanques.

En aquel momento, yo supuse que el pastor de cabras se había equivocado, o que el arma había sido algún tipo de láser de alta energía ideado por los rusos. Sin embargo, los dos tanques fueron llevados de inmediato al puerto, donde los embarcaron en un buque de transporte y fueron enviados para su análisis al campo de pruebas de Yuma, en Arizona. Nunca llegué a conocer los resultados. Los de arriba clasificaron el análisis como *Top Secret SAP*. SAP es la abreviatura de *Special Access Program*[5], uno de

[5] Programa de Acceso Especial (*N. del T.*).

los tipos de información clasificada más delicados y fuertemente custodiados.

Volví a pensar en nuestra cena y en las luces verdes y errantes que habían atormentado Colares, Brasil. ¿Y si el pastor de cabras tenía razón?

En la década de 1970, las autoridades brasileñas cerraron la investigación de Hollanda y difundieron la noticia de que no se habían encontrado fenómenos inusuales. Los archivos permanecieron bajo llave hasta la década de 1990. Hollanda, jubilado desde hacía tiempo, murió, al parecer por suicidio, poco después de la publicación de los archivos.

Uchôa admitió de pasada que el Gobierno brasileño había encubierto lo ocurrido en Colares. Su comentario no sorprendió a ninguno de los presentes en nuestra cena. *Por supuesto* que Brasil ocultó la verdad. Eso es lo que todos los gobiernos han hecho y siempre harán.

Salí de la reunión habiendo aprendido una fracción de la muy secreta guerra fría que se ha estado librando en todo el mundo desde 1947. Gracias a los servicios de espionaje, sabemos que las superpotencias llevan mucho tiempo compitiendo por la ingeniería inversa de alta tecnología *exótica* a través de programas tales como la explotación de material extranjero. Ahora, al parecer, también había una posibilidad de que estuviesen haciendo eso con el FANI estrellado.

Imaginaos una nación en la Tierra con aeronaves que se mueven como ningún vehículo conocido puede hacerlo. Aviones que recorren cientos, si no miles, de kilómetros en segundos. Armas diabólicamente inteligentes que ninguna nación humana posee o es capaz de neutralizar. La capacidad de soportar cargas de fuerza g superiores a 1.000G, que es algo que convertiría a un humano en un amasijo con la consistencia de un puré. Imaginen una nave capaz de ocultarse, no solo de los radares, sino también del ojo humano. Con capacidad de viajar por el aire, el agua y el espacio.

Una respuesta militar a semejante potencia sería como hacer enfrentarse la cometa de un niño con un F-22 Raptor. La idea me produjo escalofríos. Quien poseyese semejante tecnología podría controlar el mundo; para bien o para mal.

Tenía mucho que asimilar, y los asistentes a la cena estaban demasiado acreditados como para ignorarles. Fue entonces cuando me di cuenta de la importancia del trabajo que Jim dirigía y de la labor que teníamos que hacer por el pueblo estadounidense.

CAPÍTULO 3

UN GUERRERO RETICENTE

Probablemente, no deberían haberme sorprendido las revelaciones que escuché en aquella reunión que cambió mi vida. En retrospectiva, muchos momentos de mi vida me habían conducido hasta allí. Aunque no sabía exactamente dónde estaba aquel *allí*.

Mi trayectoria profesional comenzó en la oficina de un reclutador del Ejército en Miami, en 1995. Tenía veintitrés años. Por aquel entonces, yo la constitución de un tocón de árbol. Hacía ejercicio cuatro horas al día. Cuando quería ponerme guapo, me ponía una chaqueta de la talla 48 y una camisa de manga corta hecha a medida. Trabajé de portero en bares deportivos y clubes nocturnos mientras me pagaba la carrera en la Universidad de Miami.

A pesar de todo lo que había conseguido, me había convertido en un joven airado que luchaba con un resentimiento persistente por el divorcio de mis padres y las dificultades económicas. No podía pagar las facturas ni la matrícula, y sentía que mi vida no iba a ninguna parte. Me peleaba mucho y me metía en líos. No tenía otra opción: el Ejército era mi única salida.

En la escuela secundaria empecé a meterme en peleas dentro y fuera de la escuela. Mi entrenador de lucha libre, el entrenador Jones, vio que estaba tomando un camino problemático y autodestructivo y me instó a considerar el programa Junior ROTC (cuerpo de entrenamiento de oficiales de la reserva juvenil, según sus siglas en inglés) de mi escuela secundaria. Yo no era muy bueno luchando, de hecho, en aquella época no era muy bueno en nada, ni siquiera en los estudios. A mediados de los ochenta, todo el mundo consideraba el JROTC la última parada del tren para los chicos malos, el último paso antes de la expulsión, la detención juvenil o algo peor. Los chicos desfavorecidos y los que, como yo, procedíamos de familias «desestructuradas» íbamos a parar al JROTC. En la década de 1980, mi escuela todavía practicaba el controvertido sistema de *enviar a niños* de otros distritos. Muchos de ellos acabaron en el JROTC. Algunos de ellos se convirtieron en mis únicos amigos de verdad. Algunos profesores desconsiderados se burlaban abiertamente de los niños del JROTC y los tachaban de inútiles descerebrados y buenos para nada sin remedio. Yo quería demostrarles a toda costa que estaban equivocados.

Desde el primer día, me encantó el JROTC. Por aquel entonces, incluso teníamos nuestro propio campo de tiro en la escuela. Eran otros tiempos. Me involucré en el equipo de ejercicios y en los *Cannoners*[6]. El JROTC me salvó. Los instructores militares me enseñaron los beneficios del trabajo en equipo y de vivir según un código. Nos juzgaban por nuestros propios méritos. Nos enseñaron a ignorar las burlas y a estar orgullosos de servir a nuestro país. Para los de fuera, el uniforme verde oliva que portábamos nos hacía parecer zánganos descerebrados que se ajustaban a la propaganda militar, pero, en el fondo, sabíamos que el uniforme era como una sociedad secreta que nos unía a todos. Negros, blancos, latinos, asiáticos, ricos o pobres, hombres o mujeres, de inteligencia mediocre o la reencarnación de Albert Einstein: todos éramos uno. Nos cubríamos las espaldas unos a otros, algo que nunca había experimentado en mi vida. Palabras como lealtad, compromiso y dedicación se convirtieron en un credo para mí. En muchos sentidos, éramos más familia que la que habíamos dejado en casa. La raza no nos dividía; el único color que veía-

[6] En algunas escuelas secundarias de Florida, los programas del *Junior Reserve Officers› Training Corps* (JROTC) pueden tener equipos o unidades denominadas *Cannoneers*. Estos grupos suelen participar en actividades ceremoniales o de entrenamiento relacionadas con la artillería, reflejando tradiciones militares (*N. del T.*).

mos era el verde camuflaje. Chicos duros del centro de la ciudad, frikis, deportistas y empollones se juntaban sin problemas. Si alguien se metía con un compañero recluta, tenía que vérselas con toda una brigada de reclutas *inadaptados*. Uno para todos y todos para uno. Era la protección contra los matones que nunca había tenido, y pronto empecé a sentirme orgulloso de mí mismo.

Acabado casi el instituto, ansiaba sentir de nuevo esa camaradería. Mis únicos amigos de verdad eran de Oriente Medio. Nuestras culturas eran muy similares y la influencia del mundo musulmán en mi herencia española era innegable. Palabras como «pantalón» y «camisa» eran en realidad palabras árabes. Incluso nuestra arquitectura y los *azulejos españoles* se debían a los años de ocupación árabe de España. Mis amigos Khan, Mehmet y David fueron los hermanos que nunca tuve. Todos nosotros fuimos educados en el respeto a los mayores, la cortesía, la deferencia hacia los enfermos y los oprimidos. Nunca antes había tenido una amistad tan profunda con personas de todo el mundo. Forjamos un vínculo y una hermandad que me ayudaron a superar los retos y la soledad de la escuela.

En aquella época, por primera vez en mi vida, también tenía una novia estable y maravillosamente inteligente, Jennifer. Por la noche, Jennifer trabajaba de camarera en el mismo bar deportivo que yo. Experta en lenguaje de signos americano, durante el día enseñaba e interpretaba para niños con problemas de audición en el sistema escolar público de Miami-Dade. Era mucho más inteligente que yo, y eso me *gustaba*. Al principio, congeniamos como compañeros de trabajo y de gimnasio. Su intelecto me dejaba atónito. En un abrir y cerrar de ojos me recitaba sin despeinarse algún concepto científico que yo acababa de aprender en física a nivel escolar, todo ello sin haber gozado del beneficio de una educación absurdamente cara. Ni que decir tiene que ella jugaba en otra liga, pero ambos pensábamos que nuestra relación podía evolucionar y superar la prueba del tiempo. E íbamos a comprobarlo.

No obstante, aún tenía mis demonios. Cada noche, cuando ocupaba mi puesto de portero, escudriñaba la pista en busca de problemas. Fuese en el bar deportivo o en el club nocturno, no tenía que esperar mucho.

Esos lugares atraían a un número fijo de imbéciles que necesitaban un recordatorio de cómo debían tratar a otros seres humanos. Nada me satisfacía más en la vida que darle su merecido a un matón.

En retrospectiva, mi trabajo probablemente me sirvió de válvula de escape para ayudar a igualar las condiciones entre los matones, no tan diferentes de los de mi juventud, y los desvalidos. Para bien o para mal, y por primera vez en mi vida, tenía pleno control sobre mi entorno y podía expulsar a cualquiera que me pareciera un matón. Me sentía con poder.

En cuanto a las muchas técnicas de combate que te puede enseñar el Ejército, ya había aprendido mucho de mi padre y de varios programas de artes marciales a los que me animó a asistir.

En su juventud, mi padre, Luis D. Elizondo III, había luchado con Fidel Castro contra el dictador cubano Fulgencio Batista. Asistió a la Academia Militar de La Habana, en la que también había estado el hijo de Castro, Fidelito. Revolucionario, estaba comprometido con la libertad de Cuba y con Castro, hasta que Fidel mostró sus verdaderos mimbres. Una vez que Castro se alineó con los rusos y se declaró presidente vitalicio, mi padre se unió a la resistencia y, en última instancia, a la Brigada 2506, y participó en la invasión de bahía de Cochinos dirigida por los Estados Unidos. El precio de su decisión fueron dos años en las cárceles castristas, donde se sometió a cirugía bucal sin anestesia y comió, de vez en cuando, pezuña de caballo hervida para sobrevivir. A pesar de lo malo que fue todo aquello, siempre dijo que otros lo pasaron mucho peor que él. El calvario transformó a mi padre en un hombre inestable, siempre deseoso de pelearse con las figuras de autoridad. Durante gran parte de mi infancia, lució una barba negra de estilo paramilitar. Irónicamente, se parecía a Castro.

Crecí en el sur de Florida y era un niño normal. Cuando era joven, iba a la escuela hebrea. Mi madre me vestía con pantalones cortos de pana, jerséis de cuello alto y zapatos de montar. Me adoraba y me llamaba «pastel de calabaza», para disgusto de mi padre.

Para endurecerme, mi padre me expuso al otro lado de la vida. El lado que implicaba reuniones misteriosas en habitaciones llenas de humo con cubanos exiliados que esgrimían armas de fuego. Yo tenía siete años.

Las habilidades prácticas dieron forma a mi temprano aprendizaje. I padre me enseñó el código Morse y a utilizar radios de onda corta y de banda ciudadana. Estuvo examinándome sobre el alfabeto fonético militar hasta que pude trasmitir Alpha-Bravo-Charlie como el mejor de ellos. Me apuntó a taekwondo. Aprendí a leer un mapa topográfico y a usar una brújula. A arreglar el motor de un coche y a hacer un puente si así era necesario. A bucear y a conducir una lancha motora. A hacer reparaciones eléctricas y de fontanería.

Mientras otros niños de mi edad leían el *Manual del boy scout*, yo hojeaba los libros que papá me ponía en las manos: *The Anarchist's Cookbook* (en español, el libro de cocina anarquista) y *How to Survive in Vietnam* (en español, cómo sobrevivir en Vietnam). En años previos, mi padre y mi abuelo habían sido hábiles fabricantes de bombas. Así que mi padre nos llevaba a mí y a algunos de mis amigos a un aparcamiento retirado y nos enseñaba a construir nuestros propios lanzacohetes con tubos de PVC, explosivos y una pila de nueve voltios. O bien me enseñaba a entrar en una casa haciendo palanca en una puerta corredera con un destornillador.

A los siete años, estaba en la mesa de la cocina mirando lo que parecían cien piezas de acero negro ingeniosamente diseñadas. Eran componentes de un misterioso todo mayor.

Miré a mi padre, que estaba cerca. Me hizo un gesto.

—Adelante —me dijo en su lengua materna—. Ya sabes lo que tienes que hacer.

Busqué las piezas que reconocía y las deslicé por el mantel de hasta un lugar donde pudiera trabajar mejor con ellas. Al principio avancé despacio, con reticencia. Cada pieza tenía su propia forma de encajar en el rompecabezas. Algunas se atornillaban. Otras se deslizaban, presionaban o encajaban. Cada sonido satisfactorio significaba que estaba en el buen camino. Cada movimiento despertaba la memoria muscular. Ya lo había hecho antes.

A medida que el rompecabezas iba encajando, mi padre observaba con intensidad a su único hijo, su único vástago. Yo quería que se sintiera orgulloso. Por fin, encajé la tapa del receptor y contemplé un fusil de asalto AR-15 completamente montado.

—Bueno —dijo mi padre con orgullo—. Ahora hazlo de nuevo, más rápido esta vez.

En esa mesa, muchos días de mi infancia, me entrené para montar sus otras armas. Su pistola Beretta calibre 32, que era un arma hermosa de fabricación italiana. Luego su AK-47. Le siguieron su subfusil Ingram MAC-11 Uzi y un KG-99. Cuanto más aprendía, más *quería* aprender.

Un día, me puso por primera vez al volante de un vehículo a motor, un jeep Toyota FJ40 de 1972, y me enseñó a conducir con palanca de cambios. Me senté sobre una pila de almohadas para alcanzar el volante y los pedales al mismo tiempo. A partir de entonces, todos los fines de semana íbamos a la playa o a los bosques cercanos a casa para hacer un poco de todoterreno. Le encantaba meter el Toyota en el barro para que yo aprendiera por ensayo y error a sacarlo.

Cuando yo tenía ocho años, me compró mi primera moto y vio de reojo cómo la estrellaba y me salvaba por los pelos de sufrir quemaduras de tercer grado en las piernas. Resistió el impulso de correr en mi ayuda y esperó pacientemente a ver cómo me las arreglaba. Solo cuando volví a subirme a la moto se acercó a ver cómo estaba. No era un hombre insensible, pero se esforzaba deliberadamente por enseñarme las lecciones de la vida y cómo afrontar un trauma.

A los nueve años subí a bordo de un Cessna alquilado para recibir mi primera lección de vuelo.

—Pon las manos aquí —me dijo— y tira hacia *arriba*. ¿Sientes la reacción? Bien, vamos… no demasiado rápido…

En cuestión de minutos estaba volando a más de mil metros de altura sobre las playas de Sarasota, dispersando gaviotas a mi paso y sintiendo que el corazón me latía con fuerza en el pecho.

De joven, conocía el alcance efectivo y el calibre de casi todos los rifles del inventario estadounidense, y podía montar casi cualquier arma en menos de sesenta segundos.

Si se cree que el niño hace al hombre, entonces podría decirse que el curso de mi vida quedó trazado a los once años.

Parte de mi inocencia infantil se vio robada por la promesa de una nueva invasión de Cuba. Más tarde supe que mi padre me estaba preparando para algo llamado Alpha 66, una Brigada 2506 ligeramente rebautizada, en la que las nuevas generaciones de cubanos se iban a entrenar para la reinvasión de su país. Esto explicaría por qué de pequeño me enseñaron a disparar ametralladoras en los Everglades de Florida. ¡Recuperar la patria y llevar la libertad a Cuba! Pero ese día nunca llegó.

El matrimonio de mis padres había sido el romance del siglo. Parte libanesa, parte judía asquenazí, parte cheroqui, parte francesa, parte todo lo demás, Janise había crecido en Kentucky. Era guapa, y fue modelo profesional y conejita Playboy en Chicago. Según mi madre, su aspecto exótico se debía a que su herencia familiar era una mezcla de persa, nativo americano y escocés. En mis primeros años, decidió criarme como judía. Luis padre, el guapo y tornadizo exrevolucionario cubano, trabajaba, cosa irónica, en el sector de la hostelería en Florida. Ahorró hasta el último céntimo que ganó y abrió lo que se convirtió en un exitoso restaurante italiano llamado Michelangelo´s, situado en el exclusivo St. Armands Circle, en Sarasota.

El restaurante prosperó. Mi padre ganaba dinero para dedicarse a sus actividades paramilitares y engalanar a mi madre con toda clase de prendas, joyas y automóviles de lujo. Entre la tenacidad de él y la elegancia de ella, los dos parecían la personificación de una pareja poderosa. En realidad, tanto Janise como Luis estaban casados con aquel restaurante, quizá incluso más que el uno con el otro.

La locura acechaba bajo la superficie de mi padre. Los años de maltratos en las cárceles castristas parecían haber cambiado el cableado del cerebro de mi padre. A principios de los años ochenta, el director de cine Brian De Palma hizo que su gente conociera a mi padre y a su amigo, ambos exiliados cubanos, cuando De Palma intentó meterse en la mente del exaltado personaje cubano que concibió para la película *Scarface*.

Pendenciero impenitente, el carácter volcánico de mi padre solía estallar en los momentos más inoportunos. En una ocasión, mientras me llevaba a ver una película, empezó a gritarle al adolescente que estaba en la taquilla a causa del precio de las entradas y de las palomitas. En otras ocasiones, me compraba un helado y se lo lanzaba al vendedor si sospechaba que le habían cobrado de más. No le importaba reventarle la cara a alguien por un pequeño desaire. Recuerdo cuando la policía llegó al restaurante para detenerle. «No hay nada que podáis hacerme que Castro no haya hecho ya —afirmó con rabia delante de todos los clientes, mientras le ponían las esposas en las muñecas—. ¡Qué Dios os proteja si me ponéis la mano encima, a *mí*, su carne y su sangre».

A pesar del entrenamiento que había recibido de mi padre, yo era una persona pasiva y seguían acosándome en el colegio. Aún no era un luchador. En la parada del autobús, me sometían a un tormento despiadado debido a mi ropa y a mi pelo estrafalario. Mi madre pensaba que era mono. Los matones me pegaban, me robaban el dinero del almuerzo y me dejaban con lo puesto. Yo cerraba la boca y me aguantaba. Vivía con miedo constante por culpa de mis abusadores. El sonido de la campana final era como un recordatorio premonitorio de que una miríada de chicos mayores me esperaría fuera, junto a los autobuses, para humillarme una vez más. La fatalidad y el miedo llenaban mis horas de la tarde, antes de que sonase último timbre de la escuela.

Al final, mi padre se enteró al verme un moratón. Yo tenía miedo de que, si decía algo, empeorara la situación. A regañadientes, le conté lo ocurrido, pero tan solo después de que me asegurase que no diría nada. Al día siguiente, mi padre me esperaba en la parada del autobús. Entre un torbellino de obscenidades y gestos primarios, amenazó a los matones e incluso al conductor del autobús escolar por permitirlo.

En otra ocasión, cuando estaba en la escuela secundaria, mi padre notó una marca roja en mi cuello. El día anterior, mi profesor de educación física me había agarrado bruscamente por ahí mientras estaba en la enfermería del colegio. Al día siguiente, mi padre se presentó en el campo de fútbol de mi colegio, se enfrentó con saña a mi profesor de educación física y amenazó con matarlo. Los gritos de mi padre llegaron hasta el cielo: «¡Pendejo![7]», chilló, mientras le salía espuma de la boca, y los niños

[7] En español en el original (*N. del T.*).

miraban asustados y se giraban hacia mí; lo único yo quería era que me tragase la tierra y desaparecer.

«Merece la pena luchar por todo aquello que vale la pena amar, que no se te olvide nunca», me decía. Era su código.

No ayudaba nada el hecho de que yo detestase la escuela. No sabía escribir. Apenas sabía leer y no sabía deletrear. Cuando intentaba leer, el mecanismo de descodificación de mi cerebro se negaba obstinadamente a arrojar luz sobre el lenguaje humano. Donde el resto de la clase veía *g-a-t-o*, *p-i-c-a-p-o-r-t-e* y *c-a-s-a*, mi cerebro se burlaba de mí y escupía galimatías envueltos en *d-i-s-l-e-x-i-a*. Muchas veces fingía estar enfermo para evitar tanto a los matones como a los deberes escolares aparentemente imposibles. También vivía con el miedo perpetuo de volver a casa con más malas notas.

Como contrapeso a la volatilidad de mi padre, mi madre tenía un carácter suave y apacible. Era artística y espiritual, y siempre estaba ahí para consolarme.

Mis padres se separaron cuando yo tenía diez años. Mi formación militar infantil terminó. Ambos se vinieron abajo. Mi madre vendió todo lo que teníamos en un mercadillo para mantenernos a flote a ella y a mí mismo, incluidos mis juguetes y mi ropa. Mi padre vendió el restaurante y regentó un concesionario de coches usados hasta que también lo vendió y acabó viviendo en una caravana en una granja de cerdos mientras planeaba el siguiente paso a dar.

El traslado de mi madre a un barrio más barato implicó para mí un nuevo distrito escolar, pero ni siquiera allí cesó el acoso. Un día concreto en el instituto, influido por el estrés añadido del divorcio de mis padres y las circunstancias posteriores, llegué al límite. Un compañero, reincidente en infligirme dolor y vergüenza, se acercó a mí como de costumbre y comenzó su rutina. Sin embargo, esta vez ocurrió algo extraño. Mi instinto de huir ya no existía. Mi instinto de *luchar* en lugar de *huir* se apoderó de mí y, para mi sorpresa, me defendí. El siguiente subidón de adrenalina fue diferente. El miedo, la humillación y el temor se vieron sustituidos por un sentimiento de ira, orgullo y justicia; emociones que, hasta entonces, me habían sido ajenas.

Por suerte, las escuelas saben cómo ayudar a los chicos como yo. En el JROTC aprendí a canalizar mi ira. La lucha igualó el campo de juego en el que me veía obligado a sobrevivir. Como no era popular entre las chicas, hacía casi cualquier cosa para llamar su atención, incluso cosas tontas e imprudentes que se volvían en mi contra. Era un rebelde sin idea.

En la universidad, elegí de manera intencionada las especializaciones más difíciles a pesar de los años de desánimo y críticas que recibí de profesores y familiares. Así que entré en el programa premédico de la Universidad de Miami y me especialicé en microbiología e inmunología. Por aquel entonces, no hablaba mucho con ninguno de mis padres. Todavía estaba muy enfadado. Le había cogido miedo a mi padre tras años de lidiar con su temperamento impredecible. Le quería, pero no quería ser como él. Adoraba a mi madre, pero sus decisiones y las mías, nos separaron durante mis años de juventud. A menudo se aprovechaba de ella su novio de turno.

Sabía que, después de la universidad, tendría que hacer otro gran cambio si quería evitar mi inminente destino de convertirme en uno de esos tipos que *nunca logran nada* y *siempre se meten en líos*. Así que, cuando la mayoría de mis amigos estaban encontrando sus caminos en la vida, yo no vi otra opción que alistarme en el Ejército de los Estados Unidos.

Después de enrolarme, podía decir que mi vida había cambiado a mejor. Por fin tenía el propósito que había estado anhelando desde el JROTC. Al principio, me ofrecieron un puesto de agente, dado que ya tenía un título universitario. No obstante, si seguía ese camino, no tendría opción de elegir mi especialidad militar; en otras palabras, me asignarían según las necesidades del Ejército, que probablemente habrían sido en el cuerpo médico. Por eso, me alisté como soldado raso. Recibí el mejor entrenamiento que se pudiera pedir. Manejo de armas, combate cuerpo a cuerpo, técnicas de salvamento, etcétera.

Una vez cualificado como soldado, recibí formación como agente especial de contrainteligencia, lo que en el Ejército todos llamaban un «97-Bravo». Aprendí a llevar a cabo tareas de vigilancia y contravigilancia, a leer el lenguaje corporal y a realizar captación de informantes.

Mi primer destino fue Corea del Sur, justo después de que Jennifer y yo, ya casados, concibiéramos a nuestro primer hijo. Dejarla en casa, embarazada, fue una de las cosas más difíciles que había hecho nunca. Era el tipo de sacrificio que toda familia militar conoce demasiado bien. Me fui; hice caso a la convocatoria y me perdí todo el embarazo de Jenn. Pasé gran parte de mi tiempo en Corea, trabajando con la CIA coreana (KCIA), con la Policía Nacional Coreana (KNP) o en un equipo de vigilancia de proyectos especiales. Cuando volví a casa, nuestra hija tenía tres meses. Jenn trabajaba en una bolera, en nuestro nuevo destino militar, en la base, y yo tenía dos trabajos extra para aumentar el sueldo de diecisiete mil dólares al año que recibía del Ejército. Obtuve un permiso especial de mi comandante para pluriemplearme como agente de seguridad y, una vez más, como portero de discoteca para poder llegar a fin de mes.

El Grupo MI 902 de Fort Meade (Maryland) era mi segundo destino, pero me asignaron a Fort Huachuca (Arizona). Realicé investigaciones de contrainteligencia en tres estados –Nevada, California y Arizona– para proteger las nuevas tecnologías desarrolladas por nuestro Gobierno. Armas láser, vehículos aéreos no tripulados, motores de cohetes y toneladas de material aeroespacial. Mi trabajo principal consistía en proteger tecnología sensible y de alto secreto frente a espías extranjeros que tenían en el punto de mira a importantes contratistas de defensa, tales como TRW, Raytheon, Boeing y Lockheed. También investigué a cualquier persona con una autorización de seguridad que pudiera haber estado implicada en algún tipo de conducta delictiva, y me ocupé de los *espontáneos*, que a veces daban lugar a lo que se conocía como «expedientes molestia»[8].

Un día, un exmilitar nervioso y desaliñado entró en mi despacho y me dijo:

---

[8] En el contexto del Ejército de los Estados Unidos, el término *Nuisance File* (expediente molestia) se refiere a un expediente o registro en el que se almacenan informes o datos relacionados con individuos que se presentan espontáneamente y que son conocidos como *walk-ins* (espontáneos). Estos espontáneos son personas que, sin previa cita o contacto, ofrecen información, buscan colaborar o proporcionan datos que consideran valiosos para las autoridades militares o de inteligencia (*N. del T.*).

—Tiene que ayudarme. El Gobierno me persigue. Soy contratista de las Fuerzas Aéreas de EE.UU. y mi nombre en clave es «Lobo Solitario en la Pradera».

—¿Por qué le persiguen?

—Quieren que haga invisibles los aviones con mi fórmula matemática especial.

Para mis adentros, puse los ojos en blanco. Los *espontáneos* extravagantes eran unos habituales; los agentes de servicio como yo debíamos examinar y clasificar esos informes.

Lo recuerdo porque, unas semanas más tarde, recibí la visita de dos agentes de la Oficina de Investigaciones Especiales (OSI) del Ejército del Aire.

—¿Ha hablado alguna vez con un tipo que dice que puede hacer invisibles a los aviones?

Casi solté una risita.

—Sí. ¿Por qué? ¿Os ha molestado a vosotros también?

En tono muy serio y sin vacilar, uno de los agentes de la OSI dijo:

—Ese tipo trabaja en realidad para nosotros, y necesitamos cualquier expediente que tengáis sobre él.

Me reí con incomodidad.

—¿Tiene problemas? ¿Ha dejado la medicación?

Su respuesta fue aún más desconcertante.

—Es contratista de una de nuestras tecnologías más sensibles.

Asombrado, les entregué los documentos con reticencia. Se marcharon con el expediente y las porciones de verdad que pudieran contener. No supe nada más del caso. Mirando atrás, sabiendo lo que sé ahora, pienso a menudo en aquello y en las anotaciones que se debieron hacer en *mi* expediente.

Aproximadamente un año después, el teniente coronel Michael Seage, uno de mis mentores, me recomendó para un nuevo puesto en un equipo especializado del que nunca había oído hablar, el programa Great Skills del Ejército.

La llamada llegó una tarde. «Prepárate para una reunión, dentro de dos horas».

En un motel barato, en medio del desierto de Arizona, me esperaba un hombre corpulento con barba gris. Parecía que estaría más cómodo en una chopper Harley que embutido en un traje. Tenía la cara gastada, como una vieja cartera de cuero. Caminaba con una ligera cojera del lado izquierdo.

Eugene *Gene* Lessman, aquel fornido agente de inteligencia, era el principal reclutador de todo lo *estrafalario* que pudiera haber en el Ejército. En Vietnam, Gene había sido miembro del Grupo de Operaciones Especiales (SOG) de élite y Boina Verde. También formó parte del infame Proyecto Phoenix[9], dirigido contra los líderes del Viet Cong. Sus problemas de movilidad se debían a las heridas de bala que sufrió al saltar de un helicóptero en el campo de batalla. Gene era todo un líder y no se podía jugar con él. Gene había volado para verme desde Hanover, Virginia.

—Están pensando en usted para un puesto en el Gobierno —me dijo—. ¿Le importa que te haga unas preguntas?

Así empezó uno de los interrogatorios más rápidos por el que jamás hubiera pasado. ¿De dónde era? ¿Qué hacía cuando no estaba de servicio? ¿Quiénes eran mis padres? ¿Por qué era importante para mí servir a mi país?

Las preguntas se sucedían una y otra vez, a veces volviendo sobre las mismas. Era exactamente el tipo de técnica de elicitación que habíamos estudiado en uno de mis cursos. A los sujetos se les hace una ronda circular de preguntas para ver si sus respuestas son coherentes.

Great Skills era un programa de larga duración que los servicios de inteligencia del Ejército utilizaban para reclutar a jóvenes soldados a los que habían identificado como poseedores de talentos especiales, y a los que podían entrenar y utilizar como soldados espías. Nunca me explicaron cómo descubrían esas habilidades.

—¿Qué tal la visión remota? ¿Sabes lo que es?

—No —respondí.

---

[9] Acción de contrainsurgencia realizada por la CIA, el ejército estadounidense y el de Vietnam de sur contra la infraestructura de apoyo del Viet Cong. Se calcula que, entre 1965-72, el programa asesinó a entre 26.000 y 41.000 personas (*N. del T.*).

Gene me explicaría más tarde que el programa Great Skills también se llamaba Grey Fox. Gene era un MICACP, las siglas en inglés para programa de carrera civil aceptada de inteligencia militar. Gene era un agente de inteligencia civil que trabajaba para el Ejército dirigiendo una red de agentes. Más tarde descubrí que Gene también estuvo localizando y reclutando soldados para otra operación altamente secreta llamada Stargate, o al menos lo que quedaba de ella. Nunca dejó claro si sus esfuerzos en el tema Stargate formaron alguna vez parte de la misión oficial de Grey Fox. Stargate estaba integrada en el Gobierno federal, dirigida durante años por la CIA, y más tarde por la DIA. Los reclutas eran entrenados para espiar a los enemigos, pero no de la forma habitual.

Stargate entrenaba a «supersoldados» para espiar a objetivos difíciles utilizando sus dones psíquicos. No, no estoy bromeando; se trataba de un programa oficial del Gobierno estadounidense.

A esta técnica tan controvertida la denominaron «visión remota». El programa, iniciado en la Universidad de Stanford a finales de la década de 1960, estaba dirigido nada menos que por Hal Puthoff, a quien conocí en la cena que he mencionado anteriormente. Hal había sido investigador de la Universidad de Stanford y era empleado de la NSA cuando la CIA se puso en contacto con él y su colega Russell Targ, y les dijo que Rusia tenía un programa de visión remota. Estados Unidos tenía que ponerse al día y superar sus esfuerzos. Así empezó todo.

El tema de la percepción extrasensorial había ganado adeptos en el Gobierno, aunque al principio dudaban y luego se sorprendieron de que la técnica funcionara. Nadie entendía el mecanismo. A la CIA no le importaba *por qué* funcionaba; lo único que importaba era que *funcionaba.*

Cuando los psíquicos entrenados por el Gobierno centraban su atención en un tema concreto, obtenían imágenes, sentimientos, pensamientos e información que, de otro modo, sería imposible recopilar mediante el espionaje convencional. Stargate tuvo tanto éxito que Hal informaba directamente al director de la CIA y a la Casa Blanca con regularidad.

Como medida del éxito del programa, dentro de lo se puede contar, decir que sus psíquicos localizaron una vez un avión supersónico ruso que se estrelló en algún lugar de África. Nuestros mejores satélites no pudieron localizarlo, y tampoco los rusos. Uno de nuestros videntes remotos «vio» y señaló la ubicación exacta del avión derribado en el Congo. Los EE.UU. fueron capaces de intervenir y salvar este valioso objetivo, basándose únicamente en las visiones del observador remoto. El presidente Jimmy Carter se refirió de manera sonada al caso ante los medios de comunicación. Los videntes remotos también localizaron al general de brigada James Lee Dozier, que había sido secuestrado en Italia por las Brigadas Rojas, en 1981. En la Guerra del Golfo, los videntes remotos identificaron y localizaron almacenes que albergaban mortíferos agentes químicos de guerra. Las historias de éxito de la visión remota eran legión y parecían casi mágicas. Las historias que no puedo compartir con vosotros son aún más alucinantes.

Como todas las cosas del Gobierno y que desafían el *statu quo* actual o hacen que la gente se cuestione su sentido de la realidad, Stargate tenía sus detractores y enemigos. El Congreso había retirado la financiación del programa de espionaje psíquico algún tiempo antes de mi reclutamiento, y Gene trabajaba incansablemente entre bambalinas para mantener operativo un pequeño grupo de videntes remotos. Mientras todavía estuviésemos a tiempo, Gene quería que me convirtiera en uno de sus espías psíquicos.

Recuerdo que me preguntaba si el Ejército me permitiría abandonar mi compromiso actual. Todavía me quedaban dos años más de contrato de alistamiento.

—¿Y si el Ejército no quiere dejarme ir? —pregunté.

Gene se echó hacia atrás en su silla y se echó a reír.

—Hijo —me dijo—, nosotros somos el Ejército. El ejército secreto.

Para que me formase durante algunas horas, Gene compartió conmigo un viejo manual de visión remota, pero el verdadero entrenamiento vendría de ponerme yo mismo a prueba.

Cuando los mejores videntes remotos estaban en la «zona», podían penetrar en las instalaciones enemigas y echar un vistazo. Podían localizar personal o activos vitales. Incluso podían, supuestamente, per-turbar o incapacitar la mente de los adversarios. Durante una sesión de observación, un observador experimentado podía dibujar imágenes, mapas, coordenadas y detalles de todo lo que había visto.

Dudaba que alguna vez pudiera acumular logros tan notables, pero Gene hizo todo lo posible por formarme. Recuerdo que me reuní con Gene en uno de los viejos moteles de Sierra Vista. Me hizo sentar en una silla, con la cabeza ligeramente inclinada y los ojos fijos en un horizonte imaginario. Enfoque suave. Nada demasiado intenso. Nada que tensara un solo tendón de mi cuerpo.

A mis espaldas, oí la voz de Gene. «Adelante —me dijo—. Empieza cuando estés listo».

Mantenía la respiración uniforme y tranquila. En aquel momento no me di cuenta, pero más tarde me contaron que, para entrar en la «zona», a menudo frotaba los dedos pulgar e índice. Era como girar el dial de una radio que solo existía en mi imaginación. A menudo percibía e incluso sentía una ligera corriente o flujo que los veteranos llamaban «señal de trasmisión». Giraba aquel mando invisible y recorría las emisoras, una a una, captando fragmentos inconexos de sonidos, emociones e incluso olores.

El truco de la visión remota consistía en no juzgar. Informabas de lo que te llegaba, libre de juicios. Sin interpretaciones personales. Sin superposición analítica. Solo había que dejarlo llegar.

Un buen observador remoto debe evitar la tentación innata que todos tenemos de identificar patrones. Debe abandonar toda noción preconcebida de lo que algo *puede* ser. En la vida cotidiana, el reconocimiento de patrones ayuda a no sobrecargar nuestro cerebro con demasiados datos. Sirve de filtro, nos permite reconocer y aislar patrones que podrían resultar peligrosos para nosotros. Sin embargo, la tendencia de nuestro cerebro a decir «Eh, ya sé lo que es eso», resulta desastrosa para la visión remota.

A veces, Gene me daba un sobre y me pedía que describiera el lugar mencionado en su interior. Solo que yo no podía abrir el sobre. Un día después, cambiaba ligeramente el procedimiento. Debía dirigir mi atención a una fotografía que Gene tenía en la mano pero que yo no podía ver. Antes de empezar, me dio verbalmente las coordenadas geográficas del objeto en cuestión. Aun así, sin consultar un mapa, no tenía ni idea de en qué lugar del mundo debía enfocar.

El lugar no era realmente relevante. El objeto lo era.

Otras veces, simplemente preguntaba: «¿Qué hay dentro del sobre?».

Sé que parece una tarea imposible. No obstante, si escuchaba a la radio de mi corazón, en mi mente, casi siempre aparecía algo útil.

Respiraba. Lo mantenía firme. El dial de la radio dejaba de girar y empezaba a dirigirse. Imaginaba la señal de transmisión como un río blanquecino y brillante que fluía como un circuito en la dirección que yo debía tomar. No un río físico, sino un río que podía sentir, un río que me llevaría a lugares extraños y a personas extrañas que nunca había conocido.

Con la práctica, mejoré. Más tarde llevaría conmigo las técnicas aprendidas a posteriores misiones. Al cabo de un tiempo, la visión remota se convirtió en algo natural para mí. Era capaz de entrar en la zona sin ningún tipo de protocolo o ritual.

Estaba entusiasmado por unirme a las filas de los pocos videntes remotos de élite cuando recibí la infausta noticia de que el programa había sido completamente desmantelado. Iría a Panamá como agente de operaciones de inteligencia. Estando así las cosas, acepté el trabajo y, sin más, quedé liberado de mis obligaciones con el Ejército como soldado alistado y me convertí en un funcionario civil que trabajaba para el Ejército (aunque en realidad la NSA me pagaba por este trabajo, cosa que nunca entendí). A día de hoy, no tengo ni idea de si Gene tenía la intención original de que yo fuera uno de sus videntes remotos o si simplemente me estaba evaluando. No obstante, aquello no fue en vano ya que las habilidades que Gene me enseñó las utilizaría una y otra vez, mientras dirigía operaciones de contraespionaje, o evaluaba rutinariamente los informes que recibía sobre tal materia. Pongamos que un informante decía que un lugar en particular era importante. ¿Lo era? Me ponía en modo de visión remota e intentaba situarme en ese lugar. ¿Qué pensaba ahora de la información? Una vez, en Oriente Próximo, tuve un mal presentimiento sobre un lugar concreto que cinco de mis hombres tenían que investigar al día siguiente.

—No podemos hacerlo —le dije a uno de mis subordinados—. Hay algo raro en esto. No quiero que entren.

—Bueno, está bien —repuso sin más—, pero alguien va a entrar. Además, los británicos ya despejaron la zona ayer.

Un equipo aliado entró en su lugar y se encontró con un artefacto explosivo casero.

En los años siguientes, tuve el privilegio de conocer a otros cuatro videntes remotos que se habían formado en esta disciplina. A menudo, hablábamos de nuestras experiencias con la técnica. Una tarde, hablamos acerca de la captura de un presunto terrorista que llevaba mucho tiempo en el punto de mira del Gobierno estadounidense. Estaba retenido en un lugar situado a miles de kilómetros de nosotros. Yo ya había estado allí.

A modo de prueba, nos reunimos todos en una instalación segura del Pentágono, con nuestras tarteras, e intentamos llevar a cabo un acto de visión remota en grupo. Dirigimos nuestros pensamientos conjuntos hacia un terrorista concreto en su celda. Ninguno de nosotros sentía simpatía alguna por aquel despiadado asesino, que acababa alegremente con la vida de nuestros camaradas. Me preguntaba si lograríamos un efecto real sobre él.

Y algo pasó. Meses después, supimos que el terrorista había contado a sus abogados que la CIA había enviado a cinco ángeles para perturbar su sueño. Cinco figuras bañadas en una luz blanca se situaron sobre su cama y la sacudieron violentamente, dejándole aterrorizado. Sintió que se le venía encima un juicio divino. Compartió la historia con su abogado, y el relato acabó más tarde en un artículo de un periódico de gran tirada que hablaba sobre un programa secreto de la CIA que se había utilizado para acosar a su cliente. Le conté a Hal Puthoff lo que habíamos hecho. No se sorprendió.

Los mejores practicantes de la visión remota –Pat Price, Ingo Swann, Joe McMoneagle– consiguen resultados increíbles. Desde un sofá de la costa oeste, Price penetró en una ubicación secreta de la NSA en Virginia Occidental y describió correctamente las etiquetas identificativas de las carpetas de archivos de papel de manila encerradas en un armario subterráneo. En una sesión, Swann afirmó haber visto Júpiter a distancia y describió sus finísimos anillos, que solo serían avistados y confirmados por sondas no tripuladas años más tarde.

Gene solía decirme:

—¿Sabes?, la gente con tus dones escasea.

—No soy un superdotado —respondía yo.

—¡Oh, sí que lo eres!

Resulta que ambos teníamos razón. La realidad es que un gran número de la población era y es capaz de ver a distancia. El entrenamiento era lo raro, no el don. Una vez escuché una explicación convincente acerca de la visión remota. Me dijeron que era una habilidad vestigial de los primeros humanos antes del desarrollo del lenguaje hablado. Los animales domésticos confían en este sexto sentido para determinar si otro animal es una amenaza. Antes de que los humanos tuvieran palabras, es posible que nosotros también tuviéramos esta capacidad.

¿Cuántas veces en tu vida has sentido que las palabras no son adecuadas para expresar tus sentimientos? Apuesto a que esa frustración se apodera de ti media docena de veces al mes, sobre todo si mantienes una relación con alguien a quien quieres.

Consideramos el lenguaje un gran logro de la evolución, pero ¿qué pasaría si pudiéramos conectar sin palabras con otros, a grandes distancias?

Una cosa interesante sobre la visión remota es que debe usarse con intenciones puramente buenas, y no malas o para beneficio personal o egoísta. Llámalo karma u otra cosa, pero todos los videntes remotos aprenden esto de una forma u otra. Que lo practiquen o no es otra cosa.

La visión remota merecía ciencia, no desprecio. Sin embargo, los fanáticos de mente cerrada irrumpieron y pisotearon Stargate hasta acabar con el proyecto. En los últimos días del programa, un miembro de Stargate se quedó atónito al escuchar la razón de un supervisor del Gobierno de para oponerse a una mayor financiación. «Estáis trabajando con gente que tiene tratos con el diablo», dijo aquel superior.

Por disparatado que pareciera entonces, más tarde oí tonterías similares de altos funcionarios del Gobierno decididos a cerrar nuestra investigación sobre los FANI, pero ya hablaremos de eso más adelante. Huelga decir que no es bueno ni para Estados Unidos ni para la humanidad contar con este tipo de funcionarios de mente cerrada que, de modo instintivo, combaten y descartan cualquier cosa que cuestione sus creencias religiosas personales. Decir que frena el progreso y el crecimiento es quedarse corto. También da ventaja a nuestros adversarios, que no tienen esos obstáculos morales.

Joe McMoneagle, antiguo médium del Gobierno y autor de un excelente libro sobre el tema, asistió una vez a una reunión en la que recibió dos opiniones contradictorias sobre su don.

Un senador le espetó: «¡Usted, señor, está haciendo la obra del diablo y arderá en las llamas del infierno!». Cuando McMoneagle entró en la sala, se le acercó otro legislador que le abrazó cariñosamente y le susurró al oído: «¡Estás haciendo la obra de Dios, hijo!».

Aunque Stargate perdió su financiación, lo cierto es que el Gobierno y los militares nunca dejan de utilizar una herramienta que funciona. ¿Por qué habrían de hacerlo? Nuestros adversarios no lo hacen. Los programas solo se mueven y cambian de nombre.

Solo amigos íntimos míos como John Robert conocían mi historial laboral. De hecho, le enseñé a John *cómo* ver a distancia y es extremadamente bueno en ello. Podría escribir un libro entero sobre la visión remota, pero la cuestión es que me quedé atónito al saber que podía realizar este trabajo, y que contribuyó extraoficialmente a mis destinos militares.

CAPÍTULO 4

SECRETOS INTERNOS

El nuevo trabajo en el AAWSAP/AATIP era como una de esas muñecas rusas, un pequeño secreto metido dentro de otro. Poco después de empezar a trabajar con ellos, Jay y Jim empezaron a informarme sobre el programa en un SCIF. Esa es la abreviatura en inglés para *Sensitive Compartmented Information Facility*[10]. Son, estas últimas, anodinas salas de conferencias que parecen contenedores de transporte acústicamente acondicionados. Bloquean el sonido y las ondas de radio y electromagnéticas. A veces disponen de máquinas de ruido blanco para ahogar aún más cualquier oportunidad de que alguien te espíe. Cuando se entra en un SCIF para discutir asuntos de alto secreto hay que mostrar las credenciales, entregar el teléfono móvil y no pronunciar palabra hasta que alguien se asegure de que todo el mundo está debidamente autorizado y cierre la puerta acorazada desde dentro.

Aunque el programa se centraba principalmente en los FANI, una pequeña parte del esfuerzo también se dirigía a investigar fenómenos inexplicables en una propiedad de veinte hectáreas en Utah llamada Skinwalker Ranch. Bob Bigelow era el contratista que dirigía la investigación y había comprado el terreno a mediados de los noventa para que sus

10 Literalmente: *Instalación de información compartimentada sensible*. Se trata de una zona segura que usan las agencias de los EE.UU. para manejar, procesar y discutir información altamente clasificada (*N. del T.*).

científicos pudieran estudiar algunos de los sucesos inusuales asociados desde hacía tiempo a la propiedad.

Al principio, eso era todo lo que sabía. Pasarían meses antes de que comprendiera del todo la amplitud del estudio de Utah.

Resulta que, desde que comenzó el contrato en 2008, equipos de investigadores habían estado yendo al rancho para investigar y recopilar datos sobre actividades anómalas, incluidos avistamientos de FANI. Los investigadores del AAWSAP recorrieron la propiedad con una buena cantidad de equipos electrónicos modernos que funcionaban a la perfección, decididos a averiguar por qué los visitantes veían extrañas apariciones e informaban de experiencias terroríficas que no solo herían a las personas, sino que las seguían a casa y empezaban a acosar a sus seres queridos. Más tarde supe que Jay había acuñado el término que ahora describe esto: el «efecto del autoestopista».

¡Qué revelación tan alucinante! El Gobierno estadounidense se había comprometido a estudiar y analizar las actividades anómalas que rozaban lo paranormal. Jim y su equipo habían seguido este camino por la razón más sencilla imaginable: la ciencia justificaba seguir investigando estos extraños fenómenos, y aún no podían descartar la posibilidad de que estos sucesos anómalos y los FANI estuvieran inextricablemente relacionados.

Cuando no estaba siguiendo pistas por indicación de Jim, me dedicaba a leer los registros históricos del Gobierno sobre los FANI, a los que tenía acceso gracias a mis credenciales. Se puede aprender mucho estudiando historia, sobre todo la que no es muy conocida por el público.

A sugerencia de Jim, utilicé mi ordenador del Gobierno para buscar términos como «tecnología desconocida», «rendimiento inusual», «anomalía», «no identificado», «OVNI», «FANI».

Las palabras «luces» y «cielo» dieron buenos resultados. Los términos «no identificado» y «radar» también dieron buenos resultados a la hora de encontrar incidentes que no habían sido señalados por sus autores originales como incidentes con FANI.

Me quedé boquiabierto al ver la cantidad de informes convincentes que se albergaban en servidores de alto secreto a los que tenía acceso. Sin embargo, también era consciente de qué *palabras clave* podían meterte en problemas. Tales palabras podían alertar a otras personas de que estabas metiendo las narices en áreas para las que carecías de autorización. Esto desencadenaría una investigación exhaustiva de tus actividades para determinar si tenías una *necesidad de saber* o si estabas tratando de obtener información sobre el programa de otra persona.

También me propuse aprender todo lo que pudiera de nuestros asesores científicos externos. En el Pentágono, nos referíamos a los funcionarios veteranos o eméritos como «barbas grises». Guardianes del conocimiento, sabios conservadores de información sensible que nunca se escribía en ningún informe. Podía escudriñar los informes hasta el día del juicio final, pero me debía a mí mismo encerrarme en un SCIF y enterarme de lo que decían esos «barbas grises» tomando una taza de café.

La lista de «barbas grises» de aquel programa era corta. Uno de ellos era un hombre al que me referiré en como William *Will* Livingston. Durante años, dirigió la poco conocida oficina de la CIA denominada «Weird Desk», encargada de investigar cuestiones médicas insólitas, implantes y abducciones, todo ello relacionado con encuentros con FANI y cualquier cosa extraña. Era el auténtico Expediente X de la CIA. Era el guardián de todos esos secretos. Will es un patriota de la causa estadounidense, apasionado de su trabajo y de la búsqueda de la verdad. Médico y cirujano afincado en Detroit, Will formó parte de todos los programas que eran demasiado delicados como para ser reconocidos públicamente, y de ahí su implicación.

Cuando nos conocimos, tenía más de sesenta años y había visto lo mejor y lo peor de la burocracia gubernamental, y se le notaba. Parecía un abuelo cascarrabias, hastiado y frustrado por un sistema que había pasado tantos años defendiendo y apoyando. Will tenía poca paciencia con la incompetencia. No obstante, también era extremadamente amable y paciente si estabas dispuesto a aprender. Cuando conectamos por primera vez, le conté que el caso de Colares (Brasil) me había conmocionado. Había supuesto que si los FANI eran reales, entraban y salían de nuestra atmósfera sin causar daños. No sabía que podían dañar o matar a personas.

—Nunca se me ocurrió que pudiera haber efectos biológicos —dije.

Will me dio a entender que me esperaba un duro despertar en tal asunto.

—FANI aparte, cualquier tecnología que pueda funcionar así —dijo—, algo para lo que no tenemos explicación de cómo funciona… ¿Por qué presupones que no *habrá* consecuencias biológicas negativas si juegas con ella?

«Buena observación», pensé.

En el fondo de mi cabeza, por supuesto, me preguntaba si el Gobierno habría capturado o recuperado a FANI o a sus ocupantes. ¿Alguna vez se hicieron autopsias a las víctimas de accidentes? En este país, no se puede comprar un pollo asado y una caja de cerveza sin ver en la caja del supermercado periódicos sensacionalistas que hablan a gritos de otra autopsia alienígena. ¿Serían ciertas? Si hubiera alguien en este planeta que supiera la respuesta a esa pregunta, ese sería Will. De hecho, en aquel momento me pregunté si el propio Will había realizado alguna investigación de ese tipo.

Me contuve de hacer esas preguntas candentes. Era demasiado nuevo en el equipo. Mis colegas compartirían la verdad con el tiempo, cuando me conocieran y confiaran en mí. Estaba seguro de ello.

También pasé todo el tiempo posible con Hal Puthoff. No fue hasta mucho más tarde cuando conocí a Eric Davis, un astrofísico con acreditaciones de seguridad nacional de alto nivel que también trabajaba con Hal como contratista del programa. La reputación de Eric era bien conocida en el CI, y me dijeron que incluso participaba en el *sumario presidencial diario* (PDB). Eric ha sido durante mucho tiempo consultor de varios contratistas aeroespaciales y de defensa, entre ellos el fundado por Hal, EarthTech. Más joven que Hal, el bigotudo y con gafas Davis era conocido por llevar camisas hawaianas en entornos en los que otros vestían traje. Aprendí y empecé a apreciar el hecho de que Eric nunca tuvo miedo de ser quien era, un genio inconformista. Rechazaba los juegos políticos y, en su caso, lo que ves es lo que hay. Con el tiempo, se convertiría en un amigo de confianza.

Considero a Eric uno de los mejores investigadores vivos y uno de los hombres más honrados que he conocido. Tiene una memoria eidética, es decir, *fotográfica*, y su capacidad de recordar detalles está más allá de las capacidades humanas normales. También fue un excelente agente de inteligencia, bueno para descubrir secretos ocultos en el mundo de los FANI. En los últimos años, se le conoce sobre todo en los círculos FANI como el supuesto autor del legendario memorándum Wilson/Davis.

La historia cuenta que, a finales de los años 90, Eric conoció y charló con el Vicealmirante Thomas R. Wilson, que era director de Inteligencia (J2) del Estado Mayor Conjunto. [11]Tras su conversación, Eric redactó un resumen de trece páginas de su charla, que compartió confidencialmente con un pequeño grupo de colegas y funcionarios afines e interesados en los FANI. Hal y Eric entregaron una copia de este memorándum al Dr. Edgar Mitchell, el famoso astronauta estadounidense que formó parte de la misión Apolo 14, y amigo íntimo y confidente de Hal y Eric. Mitchell, la sexta persona que pisó la Luna, fue aviador naval, ingeniero formado en el Instituto Tecnológico de Massachusetts (MIT) y está galardonado con la Medalla Presidencial de la Libertad. También fue, durante mucho tiempo, un ferviente defensor del tema de los FANI, debido al hecho de haberse criado en un rancho en la zona de Roswell, Nuevo México, y a lo que había aprendido desde entonces como astronauta. Cierta vez confió, a Hal y Eric, que su propia familia se encontraba entre las de Roswell amenazadas por el FBI tras los famosos accidentes de Roswell. Los agentes del FBI visitaron a los rancheros de la región, yendo de puerta en puerta para transmitirles un mensaje amenazador: si hablas de los accidentes, te matarán. Simple y llanamente.

Cuando Mitchell murió, se abrió su caja fuerte y se encontró el memorándum, que fue difundido públicamente por los suyos. Así es como se filtró el mismo.

---

11 Entre otros cargos, fue subdirector asociado de inteligencia central para apoyo militar en la agencia central de inteligencia (CIA); subdirector de inteligencia del Estado mayor conjunto; y director de inteligencia del comando atlántico de estados unidos. Posteriormente, Wilson se convirtió en el decimotercer director de la Agencia de Inteligencia de la Defensa.

El memorándum Wilson/Davis causó sensación por una buena razón. El vicealmirante Wilson, interesado en saber acerca de ciertas partidas reservadas de los presupuestos que pasaban por su mesa, empezó a hacer preguntas. Consiguió una reunión con representantes de cierta empresa aeroespacial, y con su abogado. Wilson puso las cartas sobre la mesa: ¿Qué estaban haciendo con esa partida en concreto?

Descubrió que el contratista formaba parte de un programa extremadamente secreto centrado en la recuperación y en la ingeniería inversa de vehículos avanzados accidentados de origen desconocido y no fabricados por humanos. Me enteré de que el programa, de mayor envergadura, recibe el nombre de Programa Legacy y en él participan diversos elementos del Gobierno y contratistas de defensa estadounidenses. Los contratistas se hicieron con los restos y la seguridad que rodeaba a estos proyectos iba más allá del alto secreto. De hecho, el abogado del contratista informó sin más rodeos al almirante de que, si seguía haciendo preguntas, podría acabar siendo despedido y perder su pensión. El almirante se echó atrás. Confió los detalles de este encuentro a Davis y nunca volvió a hablar de ello, incluso después de que se filtrara el memorándum.

El memorándum resulta aterrador a muchos niveles. El contribuyente estadounidense ha estado pagando la factura de todas estas recuperaciones y los subsiguientes esfuerzos de análisis e ingeniería inversa, pero sin la debida supervisión del Congreso. Peor aún, las personas y los programas gubernamentales mueren, mientras que las empresas subsisten. Mucho después de que se jubile o muera cualquier persona del Gobierno con conocimientos acerca del Programa, estos materiales permanecen en las cámaras acorazadas de estas corporaciones y, en cierto sentido, se convierten en propiedad privada. Imagínense el valor de los objetos que custodian estas empresas y el tipo de avances de los que se han beneficiado gracias a ello. Imaginemos también el nivel de burocracia que permitiría a un almirante estadounidense sea amenazado por una corporación, por hacer preguntas relacionadas con su propio presupuesto y el trabajo que legalmente supervisa en nombre del pueblo estadounidense.

La primera vez que oí hablar de esto me acordé del famoso discurso de despedida de Dwight Eisenhower, pocos días antes de abandonar el Despacho Oval en 1961, tras medio siglo al servicio del país. En él advertía reflexivamente al público: «En los consejos de Gobierno, debemos protegernos contra la aumento de influencia injustificada, buscada o no, por parte del complejo militar-industrial. El potencial para el aumento desastroso de un poder donde no le corresponde existe y persistirá».

El memorándum Wilson/Davis fue otro recordatorio del poder de los contratistas de defensa militar estadounidenses que fueron incluidos en los esfuerzos para recuperar y aplicar ingeniería inversa a los FANI estrellados o recuperados gracias a cualquier otra circunstancia, dándoles, como es obvio, ventajas increíbles sobre sus competidores y el resto de la humanidad. Estas empresas tienen, realmente, más poder que los funcionarios del Gobierno que se supone que las supervisan. En realidad, esos funcionarios no tienen ningún tipo de capacidad de supervisión o conocimiento. El férreo control que ejercen los contratistas de defensa sobre los materiales FANI sustituye a cualquier tipo de protocolo de seguridad normal o rutinario del Gobierno.

Yo no lo sabía entonces, pero, en los años siguientes, me enfrentaría al complejo militar-industrial por la cuestión de los FANI. En la primavera de 2022, el memorándum Wilson/Davis acabaría por fin por atraer más la atención de los medios de comunicación y del público, cuando se convirtió en uno de los temas de conversación durante las audiencias públicas sobre la cuestión de los FANI en el Congreso y se presentó en el Registro del Congreso, pero me estoy adelantando.

Volviendo a Eric Davis, puedo decir que él mismo ha llamado bastante la atención. En 2020, salió a la fuerza de la oscuridad, cuando le contó a un periodista del *New York Times* que el Gobierno estaba en posesión de «vehículos extraterrestres no fabricados en la Tierra».

Cuando Eric se enteró de lo que estaba ocurriendo, informó a las agencias del Departamento de Defensa y a miembros del personal del Comité de Servicios Armados del Senado y del Comité Selecto de Inteligencia del Senado sobre este mismo tema. Eric asistió a varias reuniones de alto nivel, a las que fui invitado, con diversas ramas del Ejército estadounidense. Durante estas reuniones, Eric detalló los prolongados esfuerzos del Programa Legacy relacionados con los FANI. Dentro del CI y del Departamento de Defensa, su credibilidad es intachable. Y desde entonces, Hal y otras personas reputadas y de alto rango me han comunicado la misma información.

No recuerdo cómo empezó mi primera lección de historia de los FANI en un SCIF con Hal, pero recuerdo que Hal soltó la frase más seductora que jamás había oído:

—Bueno... todo se remonta a Roswell en 1947.

—Espera, ¿Roswell fue real? —pregunté.

Hal me miró, sopesando con claridad si debía incluirme más en su círculo de confianza.

—Sí, Lue, fue real.

—¿Quieres decirme que un FANI se estrelló de verdad y lo tapamos?

—Eso es exactamente lo que ocurrió —respondió.

Me callé y dejé que sus palabras hicieran su trabajo.

Hal pasó a contarme algo más que, de verdad, me dejó alucinado. De hecho, se recuperaron cuatro cuerpos no humanos del accidente de Roswell de 1947.

Después de procesar eso, disparé un montón de preguntas. Para mis adentros, también expresadas con palabras...

—¿Hemos recuperado cuerpos no humanos de otros accidentes de FANI?

Me miró como si estuviera debatiéndose sobre qué contestar. A mi entender, estaba claro que no estaba preparado para darme la respuesta. Yo seguía siendo el nuevo.

—Pronto te contaremos más —dijo.

—¿Se cuenta la verdad a todos los presidentes entrantes?

—No.

—Bueno, ¿y qué pasa con el Congreso? ¿Qué pasa con la «Banda de los Ocho»? —dije, refiriéndome al legendario grupo bipartidista de líderes políticos, supuestamente encargado de conocer todos los programas opacos de Estados Unidos.

Hal explicó:

—La triste verdad es que el Departamento de Defensa considera a los presidentes, cargos electos y cargos políticos como contratados temporales. No necesitan saberlo porque no van a estar en su puesto mucho tiempo. A menos que ocurra algo o que realmente presionen para ello, no se informa a los presidentes de EE.UU., y los que han sido informados solo han recibido la información más básica.

Como Neo en la película *Matrix*, inhalé esa píldora roja.

—¡Cuéntame más!

Fue entonces cuando empecé a conocer la historia secreta del Gobierno estadounidense con los FANI. En los albores de la era nuclear, los FANI empezaron a aparecer cada vez en mayor número y, en ocasiones, se estrellaban. Roswell fue uno de esos incidentes. Aquel día, un FANI cayó en las inmediaciones de unas instalaciones de pruebas del Gobierno en Nuevo México y se estrelló en dos lugares. Al principio, los investigadores del Gobierno supusieron que las naves de Roswell eran de otra nación, posiblemente algún tipo de misión de reconocimiento que había salido mal, pero, en cuestión de horas, el Ejército estadounidense se dio cuenta de la verdad: aquellas naves no habían sido fabricadas por humanos. Se planteó la hipótesis de que el FANI que se estrelló en Roswell había estado llevando a cabo algún tipo de reconocimiento de nuestro programa atómico en ciernes, cuando ocurrió lo inesperado. Un pulso electromagnético generado desde uno de los campos de pruebas cercanos había intervenido inadvertidamente en la tecnología de la nave y provocó que se estrellara.

Aunque la historia de un *platillo volante* ya había corrido ampliamente en los medios de comunicación, unos días más tarde, el Gobierno difundió una noticia de portada sobre la recuperación de algo tan inofensivo como un globo meteorológico. Para convencer al público, exhibieron fragmentos de polietileno para que los periodistas los fotografiaran. Años más tarde, el Gobierno afirmó que la nave derribada formaba parte del Proyecto Mogul, un primer intento del Cuerpo Aéreo del Ejército de los Estados Unidos para detectar pruebas atómicas soviéticas, colocando micrófonos en globos a gran altitud. El Gobierno ha revisado la historia de Roswell, al menos, dos veces más a lo largo de los setenta y tantos años posteriores, sustituyendo la primera mentira por otras más ingeniosas.

Roswell marcó la forma en que esta nación y todas las demás iban a reaccionar ante futuros incidentes con FANI en el futuro. El Gobierno de los EE.UU. escribió el manual universal de reacción a un fenómeno FANI en las horas y días siguientes a ese misterioso incidente en Nuevo México:

1. No admitas nada y niega todo.
2. Haz contraacusaciones.
3. Recupera las piezas de la nave estrellada.
4. Lleva los materiales recuperados a lugares no revelados.
5. Trabaja en secreto para aplicar ingeniería inversa a esta tecnología muy superior. Encierra a todos los científicos e ingenieros que se acerquen a los restos recuperados.
6. Intimida a los testigos para que no digan nada. Desacredita a los que no sigan el juego. Haz que parezcan locos. Tacha a los abducidos de pueblerinos o de farsantes en busca de gloria. Estigmatiza a los investigadores externos que intenten averiguar la verdad de forma inteligente. Estigmatiza el tema.
7. Amenaza a cualquiera que pronuncie una sola palabra sobre este tema con la Ley de Espionaje de Estados Unidos y la promesa de ejecutar a cualquiera que desafíe su juramento de secreto, recordándole lo que les ocurrió a Julius y Ethel Rosenberg por vender secretos atómicos a la Unión Soviética.

Negar, negar, negar. Crear y alimentar un estigma que impida la revelación.

Cinco años antes de Roswell, el Departamento de Guerra de EE.UU. ocultó el Proyecto Manhattan –la exitosa misión de EE.UU. para construir la primera bomba atómica del mundo– utilizando múltiples instalaciones secretas en múltiples ubicaciones de EE.UU., con miles de patriotas, hombres y mujeres, estadounidenses; pero, a pesar de ese éxito, nos enteramos de que había espías enemigos en el Proyecto Manhattan, por lo que el secreto del FANI tuvo que mantenerse aún más secreto que eso. Piensen en el contexto de 1947: acabábamos de ganar la Segunda Guerra Mundial y empezaba la Guerra Fría. Teníamos que mantener nuestra posición como la fuerza militar más poderosa del planeta.

A algunos les gusta pensar que los secretos son como el buen vino y que, cuanto más tiempo permanezcan en secreto, mejor. Yo no estoy de acuerdo. Hubo razones legítimas para mantener el secreto durante mucho tiempo y sigue habiendo buenas razones para mantener en secreto algunas cosas que no queremos que sepan nuestros enemigos. Aun así, creo que algunos secretos tienen fecha de caducidad. Como las verduras en un frigorífico, cuanto más tiempo permanecen, más apestan.

La campaña de encubrimiento y desinformación ha tenido tanto éxito que la mayoría de los científicos ni siquiera saben que los FANI son reales. Necesitamos que todo el mundo sepa, al menos, que todo esto es real para que podamos conseguir que todo el Gobierno se implique en el tema, se le dé mucha más financiación y las mentes más brillantes de nuestro país puedan contribuir a que ganemos, como en su día ganamos, la carrera espacial. China y Rusia no sufren el mismo estigma sobre el asunto y pueden emplear a sus científicos para que trabajen en este tema para ellos.

Si el Programa Legacy saliera de las sombras y trabajara con nosotros para revelar la verdad al Congreso y al público de forma controlada y segura, sin duda tendríamos más fondos asignados y más cerebros trabajando activamente en el tema. Podemos hacer esto de una manera que todavía proteja y mantenga en secreto los detalles que necesitan mantenerse en secreto frente a nuestros enemigos.

Para conocer mejor la historia los FANI, busqué solicitudes realizadas al amparo de la FOIA[12]. En virtud de esa Ley de libertad de información de Estados Unidos, cualquiera puede solicitar documentos al Gobierno federal, que puede tardar meses o años en generarlos. Estos

[12] *Freedom of Information Act.* Ley de libertad de la información (*N. del T.*).

documentos son famosos en la cultura popular por la forma característica en que están redactados, como el marcador negro que algún censor del Gobierno pasó por encima de partes críticas del texto. Lo que la mayoría de la gente no sabe es que mantenemos la mayoría de nuestros archivos «a salvo de la FOIA» gracias a diversas lagunas legales, procedimientos establecidos y exenciones formales, en un esfuerzo por mantener las miradas indiscretas fuera de nuestro asunto. Esto es bueno, porque la FOIA permite a cualquiera, sea o no ciudadano estadounidense, presentar una solicitud y conocer de forma abierta los esfuerzos de nuestro Gobierno.

En el caso de los documentos y expedientes de los FANI que consiguieron ver la luz, el material redactado era a menudo demasiado general. Proteger las fuentes y los métodos era siempre una prioridad absoluta para los censores, pero los documentos contenían, a menudo, detalles vitales para lo que yo estaba buscando: lo que realmente ocurrió durante el avistamiento o el incidente. Muchos de estos documentos no estaban clasificados y el Gobierno los consideraba reliquias pintorescas e inofensivas de una época pasada. A veces, la CIA y el FBI los colgaban en sus páginas web para que todo el mundo pudiera buscarlos y descargarlos. Sospecho que era un intento de mostrar algún tipo de transparencia. No tardé en quedarme consternado por la cantidad de informes históricos que descubrí. El Gobierno estadounidense no solo había sido bueno rastreando e investigando estas incursiones en el espacio aéreo controlado de Estados Unidos, sino que también había sido muy, muy bueno, ocultando sus hallazgos.

Cuando se profundiza en un caso, se descubren detalles de actualidad. Tomemos el caso de Lonnie Zamora, un agente de policía de la pequeña localidad de Socorro, Nuevo México, a una hora al sur de Albuquerque. En abril de 1964, Zamora persiguió por el desierto a un coche que circulaba a gran velocidad. Al anochecer, vio lo que en principio parecía un accidente de coche en un arroyo cercano. Detuvo el vehículo, comunicó por radio su posición y avisó al operador de radio de la estación de que investigaría el objeto. Se acercó y salió del coche de policía. Desde su nuevo punto de vista sobre el arroyo, lo que había parecido un vehículo volcado se asemejaba ahora a un gran objeto con forma de huevo o de temporizador de cocina, con una superficie blanca metálica, un tren de aterrizaje blanco y fino, y una inscripción enigmática en un lateral. Fue entonces cuando Zamora observó, cerca, a dos figuras vestidas con uniformes blancos. Al ver a Zamora, la pareja se apresuró a subir a la nave. Vista desde fuera, la nave no tenía medios visibles de propulsión, pero se elevó del suelo con un rugido, escupiendo llamas azul anaranjadas y dejando a su paso vegetación quemada.

Este suceso se ajusta al perfil del caso de *encuentro cercano* por excelencia. Zamora –un agente de policía, un observador entrenado, un hombre de fe y un sólido ciudadano local– fue considerado un testigo muy creíble. Sin embargo, si uno no lo conociera, podría sentirse obligado a descartar el caso. Después de todo, ¿quién puede decir que este testigo solitario en un lugar remoto no se lo inventó todo, ayudado e instigado por sus conciudadanos de un pueblecito?

Una persona racional haría bien en sospechar de un relato ofrecido por un único testigo, de lo que sucedió en un lugar aislado. También sospecharía de un caso sin apenas investigación.

El caso Zamora atrajo a una plétora de investigadores. La policía local, por supuesto. El FBI. El Ejército estadounidense. Las Fuerzas Aéreas. El Dr. J. Allen Hynek, el principal científico a cargo del equipo oficial de investigación de FANI de las Fuerzas Aéreas, el Proyecto Libro Azul[13], visitó la región. Organizaciones civiles sobre FANI llevaron a cabo sus propias indagaciones también.

Zamora no tardó en impresionar a todos al mostrarse como un caballero que hablaba sin rodeos. Los investigadores descartaron de inmediato la idea de que estuviera orquestando un engaño o de que buscase llamar la

[13] El Proyecto Libro Azul (*Project Blue Book*) fue una iniciativa oficial de la Fuerza Aérea de los Estados Unidos destinada a investigar los avistamientos de objetos voladores no identificados (OVNI). Este proyecto se desarrolló entre 1952 y 1969, durante un periodo de creciente interés y preocupación pública sobre los fenómenos aéreos inexplicables. Se clausuró en 1969 tras publicarse el Informe Condon, un estudio que concluía que los OVNI no suponían una amenaza ni merecían investigaciones.

atención. Respondió pacientemente a las preguntas que se le formularon y lo seguiría haciendo el resto de su vida.

Antes de que se difundiera la nueva historia, aparecieron otros testigos en la región. Algunos automovilistas vieron un *huevo* atravesar el paraje justo antes o después del encuentro con Zamora. Otros oyeron un fuerte estruendo que tomaron por una explosión. Otro testigo de un pueblo cercano declaró haber visto un extraño objeto en plena noche que asustó a los caballos de su familia. El objeto, descrito como una bombona blanca de butano, aterrizó en la propiedad de la familia y poco después se alejó a toda velocidad. Esta forma de *huevo* ha estado apareciendo en informes a lo largo de décadas, siendo el más famoso el avistamiento en 2004 por parte de aviadores navales, frente a la costa de San Diego. En los días que siguieron al encuentro de Zamora, la historia apareció en periódicos y emisoras de radio y televisión de todo Estados Unidos. Zamora nunca intentó sacar provecho de su encuentro ni buscó la atención de los medios de comunicación.

Los casos de testigos solitarios son abundantes en la historia de los FANI, pero muchísimos avistamientos pueden ser corroborados, como el caso de Zamora, por otros testigos. Otros casos siguen la línea del Incidente de Colares: sucesos observados por numerosos testigos e investigados por varias agencias o investigadores que se solapan. O sucesos que tuvieron lugar en zonas urbanas densamente pobladas. En muchos casos, los testigos son observadores formados: profesionales militares o de las fuerzas del orden, capacitados para recopilar hechos y extraer conclusiones basadas en análisis y datos empíricos.

Marzo de 1952: Dos discos ardientes sobrevolaron en zigzag las minas de uranio del Congo Belga, de donde se extrajo gran parte de la materia prima para las primeras bombas atómicas estadounidenses. En un momento dado, los FANI se detuvieron sobre una parte abierta de la mina, como para echar un vistazo o tal vez cartografiarla. Se alejaron zigzagueando. Un avión de combate les persiguió, pero no pudo seguir los erráticos cambios de elevación de la nave. Finalmente, los FANI dejaron atrás al piloto humano para dirigirse hacia el lago Tanganica, el segundo lago de agua dulce más profundo del mundo, a una velocidad cercana a la del sonido. El piloto supuso que los objetos debían de ser robóticos, ya que ningún piloto humano habría sido capaz de sobrevivir a las fuerzas g de una nave que se moviera de semejante manera: rápida, errática y pasando de un sobrevuelo tranquilo a una velocidad imposible en cuestión de segundos. La actividad de los FANI en torno a minas de uranio y grandes masas de agua continúa en la actualidad.

Julio de 1952: Harry S. Truman era presidente. Múltiples luces parecidas a las de los FANI penetraron en el centro del DC y zumbaron sobre la Casa Blanca y la capital durante dos fines de semana consecutivos. Hubo cientos de testigos presenciales y muchos periódicos locales publicaron la historia en portada. Los extraños objetos hicieron lo que ninguna aeronave conocida entonces o desde entonces puede hacer: se mantuvieron silenciosamente inmóviles en el aire, y luego se alejaron a velocidades increíbles. Cuando los pilotos de la Fuerza Aérea los persiguieron, los objetos cambiaron bruscamente de dirección y desaparecieron. En algunos casos, las luces se partían en dos, yéndose cada trozo en una dirección diferente. Un piloto les disparó, justificando más tarde su acción como una medida desesperada, porque sabía que su avión de combate de última generación no tenía ninguna esperanza de alcanzarlos. Curiosamente, escuché informes de que cuando el piloto disparó a uno de los objetos, una pieza de uno de los aviones cayó al suelo y fue recuperada. No obstante, tras una minuciosa investigación, las autoridades atribuyeron el incidente del DC a... *bandadas de pájaros*.

Octubre de 1954: Los aficionados a un partido de fútbol en Florencia, Italia, vieron un vehículo liso, blanco, con forma de cigarro o de huevo sobre un estadio. Lo mismo: sin alas visibles. El partido se detuvo mientras los espectadores observaban cómo el objeto surcaba el cielo. ¿Debemos creer que diez mil hinchas italianos acérrimos alucinaron sobre todo el episodio?

Cuando los testigos describen estos avistamientos, expresan su conmoción porque nada en su experiencia previa, en observación de aviones convencionales, coincide con lo que acaban de ver. A menudo se dice que los FANI desafían a la física. Yo no estoy de acuerdo. Creo que los FANI desafían nuestra comprensión actual de la física. El reto reside en conciliar esta con el hecho de que, exteriormente, no poseen ninguna de las características que utilizamos para describir un avión. No tienen alas, ni superficies de control, ni formas obvias de propulsión, ni remaches en la cubierta del avión, ni cabinas. Sencillamente, no se parecen a los aviones y helicópteros que estamos acostumbrados a ver sobre nuestras cabezas. En su lugar, se muestran como luces incorpóreas, con diversas formas descritas como un disco, un triángulo, un cigarro, un bumerán, etc.

La Fuerza Aérea estudió los FANI en 1948 y 1949 a través de dos estudios de dos años de duración conocidos como Proyecto Signo y Proyecto Grudge respectivamente. Los resultados del Proyecto Signo no fueron concluyentes, pero admitían la posibilidad de un origen extraterrestre de las naves. El Proyecto Grudge, por su parte, se apresuró a desacreditar el fenómeno, atribuyéndolo al resultado de causas naturales. En la década de 1950, al iniciarse la Guerra Fría, el Gobierno estadounidense se vio desbordado por los informes de civiles sobre platillos volantes como el que vio Lonnie Zamora. Investigar los casos atrasados amenazaba con suponer una enorme sangría de mano de obra y recursos tecnológicos en un momento en que Estados Unidos se sentía obligado a mantener los ojos fijos en la Unión Soviética. Solución: transferimos el *problema* de los FANI al Proyecto Libro Azul.

En la década de 1990, tras la caída del Muro de Berlín, exdirigentes del KGB informaron al mundo sobre un OVNI con forma de cigarro o varilla que interactuó con varios pilotos de cazas MIG y del que, al parecer, obtuvieron imágenes con la cámara de uno de ellos.

Marzo de 1966: Los alrededores de Michigan se vieron aterrorizados durante varios días por extrañas naves que hacían picados, revoloteaban, se remontaban y desaparecían, solo para reaparecer. Uno de estos objetos aterrizó brevemente en un pantano cercano. Cuando un granjero y su hijo fueron a investigar, observaron un objeto piramidal sin alas, sin reactores y sin hélices. ¿Cómo podía volar? Ante la insistencia de un importante congresista de Michigan llamado Gerald Ford, el Proyecto Libro Azul del Dr. Hynek revisó el asunto a fondo y, lamentablemente, anunció que los testigos habían visto… *gas de los pantanos*. Un claro caso de encubrimiento en un esfuerzo por decirle al pueblo americano: «Aquí no hay nada que ver, amigos».

Un informe elaborado por el Departamento de Defensa de Australia, en la década de 1970, resumía la estrategia del Libro Azul de la siguiente manera: «Al construir una fachada de ridículo, EE.UU. esperaba disipar la alarma pública, reducir la posibilidad de que los soviéticos se aprovecharan de los avistamientos masivos de FANI con fines psicológicos o de guerra real, y actuar como tapadera del verdadero programa estadounidense de desarrollo de vehículos que emulan las prestaciones de los FANI».

Australia es uno de los socios, en materia de inteligencia, de los «cinco ojos», es decir, cinco naciones –que son el Reino Unido, Canadá, Nueva Zelanda y Estados Unidos– que tienen una larga historia de cooperación en el intercambio de inteligencia. Podemos confiar en su franca evaluación del programa estadounidense.

En resumidas cuentas: El profesor Hynek quería hacer ciencia de verdad. La Fuerza Aérea quería que desacreditara el tema FANI, silenciara a los testigos y devolviera la verdad a las sombras. Y así llegaron las historias de gas de los pantanos, bandadas de pájaros y globos meteorológicos. Hynek se arrepintió más tarde del papel que desempeñó en la supresión de pruebas a las órdenes de las Fuerzas Aéreas estadounidenses.

Durante todo este tiempo, nos hemos mentido a nosotros mismos y nos hemos regodeado en el resplandor de nuestro presunto dominio en el campo de la energía nuclear, mientras una vida mucho más inteligente observaba e interfería.

Aunque no es de conocimiento común entre los civiles, los FANI han jugado con armas nucleares en todo el mundo, llevando a las superpotencias mundiales al borde de la guerra.

Hay muchos acontecimientos sobre los que legalmente no puedo hablar, pero hay algunos sobre los que sí.

Marzo de 1967: Sobre la base aérea de Malmstrom, en Montana, aparecieron unos FANI parecidos a *estrellas* zigzagueantes. Uno de los objetos, que emitía una luz roja brillante, sobrevoló los silos de misiles. Poco después, varios misiles balísticos intercontinentales Minutemen del Gobierno estadounidense –nuestras cabezas nucleares ICBM– se desconectaron, uno tras otro. Quedaron inoperativos.

Septiembre de 1971: A pesar de que casi toda la población del planeta no supo de ello, Estados Unidos y la Unión Soviética firmaron un tratado titulado Acuerdo sobre Medidas para Reducir el Riesgo de Estallido de una Guerra Nuclear entre los Estados Unidos de América y la Unión de Repúblicas Socialistas Soviéticas. El artículo 3 del tratado dice: «Las Partes se comprometen a informarse de inmediato, en caso de detección por los sistemas de alerta de misiles de objetos no identificados, o en caso de indicios de interferencia con estos sistemas o con las instalaciones de comunicaciones relacionadas, si tales sucesos pudieran crear un riesgo de estallido de una guerra nuclear entre los dos países». Este lenguaje es el resultado directo de la interferencia de FANI con las armas nucleares en los EE.UU. y la Unión Soviética, y ambas naciones son muy conscientes de lo que está en juego para la humanidad.

Reino Unido, 1980: Unos FANI aparecieron en el cielo nocturno sobre una instalación militar conjunta muy secreta del Reino Unido y los Estados Unidos, cerca del bosque de Rendlesham en Suffolk, Inglaterra. Estos FANI sobrevolaron de manera deliberada un búnker subterráneo donde los dos países almacenaban en secreto armas nucleares. ¿Cómo conocían estos visitantes aéreos la ubicación de las armas, y cuál era su intención? Varios militares vieron de cerca a los FANI y, desde aquel día, lo han hecho público a pesar de que se les dijo que no hablaran de ello. Muy poca gente sabe que todas las comunicaciones de la base pasaron al *flash override*[14], que cierra por completo todas las líneas de comunicación,

[14] Prioridad máxima en comunicaciones. Un término usado en comunicaciones militares y de emergencia estadounidenses que da preferencia a un mensaje sobre los demás en una red (*N. del T.*).

de modo que solo el presidente de los Estados Unidos puede comunicarse directamente con alguien de la base. El protocolo de *flash override* fue diseñado para dar al presidente la capacidad de controlar las armas nucleares en caso de un ataque sorpresa. Tras el suceso, los militares de la base informaron de que un avión privado identificado aterrizó en una pista a las afueras de la base y que un grupo de hombres, que se dijo pertenecían a un contratista de defensa, salieron del avión y fueron conducidos a la base. Más tarde se vio a los mismos hombres cargando cajas en el avión, antes de partir hacia los Estados Unidos. Al día siguiente, los militares que habían sido testigos presenciales fueron convocados a las instalaciones de la Oficina de Investigaciones Especiales (OSI) del Ejército del Aire en la base. Algunos de los militares han revelado, con el tiempo, lo que ocurrió en aquella sala. Se les dijo que nunca hablaran de lo que habían visto, se les administró algún tipo de droga y se les hipnotizó, presumiblemente para distorsionar sus recuerdos. Aquellos con los que pude hablar personalmente dijeron que había alguien de la CIA en la sala con los hombres de la OSI[15]. Años más tarde, uno de los militares vio una foto de cierto funcionario de la CIA que había trabajado durante mucho tiempo en el tema de los FANI y afirmó que ese funcionario de la CIA estaba en la sala el día después del suceso.

Más de treinta años después, el difunto senador John McCain consiguió que se desclasificara la hoja de servicios de uno de los militares implicados en el incidente. Como resultado, el Gobierno estadounidense concedió la invalidez permanente a dos testigos por su participación y las lesiones sufridas en Rendlesham.

Ucrania, 1982: Un FANI sobrevoló la base aérea de Byelo, en la antigua República Socialista Soviética de Ucrania. Segundos después, la secuencia de lanzamiento de los misiles de la base se activó sin que ningún ser humano introdujera los códigos de lanzamiento. Los operadores se apresuraron frenéticamente a apagar el sistema, pero no pudieron. Cuan-

[15] Oficina de investigaciones especiales estadounidense, que se ocupa, entre otras funciones, de proteger la información clasificada (*N. del T.*).

do la secuencia de lanzamiento alcanzó su último peldaño, se apagó por sí sola. Sabemos que esto ocurrió.

En más de una ocasión, EE.UU. llegó a enviar bombarderos en previsión de un ataque nuclear de la Unión Soviética antes de que EE.UU. se diera cuenta de que el FANI había hecho que los soviéticos prepararan sus misiles por error. Esos misiles nucleares activados apuntaban hacia nosotros. Así de cerca estuvimos del desastre. En otras ocasiones, los FANI han dejado fuera de servicio las armas nucleares estadounidenses, de modo que no podíamos lanzarlas si el presidente daba la orden.

La vida tal y como la conocemos se acabaría si cualquiera de estos acontecimientos desembocara en una guerra nuclear. Todo por culpa de las acciones de los FANI, que tanta gente se inclina ingenuamente a tomar por inofensivas.

A primera vista, el hecho de que un FANI desactive un misil nuclear parece obra de seres benévolos con ganas de darnos una lección. «Adultos quitando cerillas de las manos de los niños», dicen algunos. Es un bonito pensamiento esperanzador, pero la realidad nos ha demostrado lo contrario. En ningún momento han frenado nuestras ambiciones nucleares. He aquí algunos ejemplos: no nos impidieron lanzar bombas atómicas sobre Japón. Los FANI no nos impidieron dar el salto de las armas atómicas a las nucleares. Los FANI no impidieron los desastres de la isla de las Tres Millas, Chernóbil o Fukushima. Los FANI no impidieron que la proliferación de la tecnología nuclear llegara a manos de más naciones. Más recientemente, los FANI no han interferido en las pruebas nucleares de Corea del Norte, India o Pakistán.

¿Activar misiles nucleares? Eso no resulta tan benévolo.

Casualmente, cada vez que se ha fundido un reactor nuclear o se ha producido una catástrofe, los testigos han avistado FANI en las inmediaciones durante días o meses después. La isla de las Tres Millas, Chernóbil y Fukushima fueron imanes para los FANI.

—¿Qué relación hay entre los FANI y la tecnología nuclear? —pregunté a mis colegas.

Se encogieron de hombros. Era uno de los eternos misterios los FANI. ¿Estaban los extraterrestres prestando atención a estos lugares porque nuestras pruebas de tecnología nuclear quizás habían provocado que sus aviones se estrellaran? ¿Estaban estos visitantes altamente evolucionados realmente preocupados ante la posibilidad de que los humanos se aniquilaran a sí mismos y destruyeran el planeta? ¿Querían simplemente recuperar sus juguetes? ¿Reciben de algún modo energía de estos lugares? «No tenemos ni idea», me dijeron en 2009.

Además estaba la extraña conexión con el agua.

Verano de 1981: Un piloto de la TWA estuvo a punto de colisionar con un objeto redondo y brillante, repleto de ventanas, sobre el lago Hurón, el segundo más grande de los Grandes Lagos.

Marzo de 1988: Se envió un equipo de guardacostas para investigar un objeto grande y otras luces más pequeñas avistadas por una familia a lo largo del lago Erie y que observaron cómo el objeto *nodriza* parecía descender cerca del hielo del lago, haciéndolo retumbar y resquebrajarse. Las luces más pequeñas, que parecían triángulos, permanecieron cerca. Poco después, el objeto grande pareció posarse sobre el hielo. Los objetos más pequeños se introdujeron en él y todos desaparecieron posteriormente. El hielo parecía agitarse y resquebrajarse bajo un peso invisible. ¿Se debía a algo físico? ¿O era el resultado de una acústica de ultrabaja frecuencia que perturbaba el grueso hielo?

Todos los sucesos eran extraños, pero una de las primeras observaciones de nuestro grupo fue que los FANI y el agua van tan de la mano como los gofres y el sirope. A veces, como en el caso de la mina del Congo o, como veremos más adelante, de los buques nucleares en el mar, el avistamiento de FANI se asocia tanto con las armas nucleares como con el agua.

A diferencia de Lonnie Zamora en 1964, o de aquellos miles de aficionados al fútbol florentinos en 1954, los testigos militares modernos de la actividad de los FANI están equipados con algunas de las herramientas de filmación más sofisticadas conocidas por el ser humano. Estas son capaces de captar pruebas de la existencia de estos FANI con radares, imágenes infrarrojas y cámaras de alta resolución para armas de fuego. Además, a diferencia de los años 50, ahora podemos captar imágenes hiperespectrales en tierra, mar, aire e incluso en el espacio.

Nunca ha habido un momento mejor para dedicarse a la investigación de los FANI. Aun así, nuestros hallazgos acaban chocando con las mismas preguntas de siempre. ¿Con quién estamos tratando exactamente? O, mejor dicho, ¿a qué nos enfrentamos exactamente? ¿Se trata de una especie o de varias? ¿Son de otro planeta o de la Tierra? ¿Es posible que estos objetos no sean extraterrestres, sino extradimensionales? ¿Y por qué vemos aeronaves de diseños tan variados? ¿Se trata de una especie que utiliza diferentes configuraciones de naves para realizar distintos tipos de misiones? Era como si, cada vez que hacíamos una pregunta, surgiesen otras diez.

Al leer esos viejos informes gubernamentales, constaté que la opinión predominante entre los expertos gubernamentales era que las aeronaves FANI son demasiado variables para tener el mismo origen, pero quizá comparten un conocimiento común o una física avanzada, y la tecnología funciona de la misma manera entre las diferentes configuraciones de aeronaves. Esa teoría se presta a la hipótesis de *múltiples* especies/*múltiples* planetas. No obstante, si eso es cierto, ¿de dónde vienen? ¿Por qué nos prestan más atención desde los albores del siglo XX?

Volvamos a ponernos en la piel del ser humano racional y culto. «Por supuesto que existe vida en otros planetas», dicen estas personas. Sería absurdo pensar que somos las únicas formas de vida inteligente que existen. Señalan teorías como la ecuación de Drake, que pretende predecir matemáticamente el número de civilizaciones probables en el universo. Esta gente siempre añade que las visitas de esos seres a la Tierra son prácticamente imposibles debido a las enormes distancias que tendrían que atravesar para llegar a nuestros hogares. Después de todo, el cosmos es incomprensiblemente enorme. Aunque se calcula que tiene unos trece mil ochocientos millones de años de antigüedad, el universo observable tiene una extensión de casi veintisiete mil millones de años luz. Por si esto no fuera suficientemente alucinante, algunos astrofísicos y científicos actuales creen que el noventa por ciento del universo real se encuentra más allá. En esencia, hay un montón de *seres* en nuestro universo, pero las distancias son demasiado grandes para ser recorridas por la humanidad, por ahora.

El argumento de que el espacio es demasiado grande para que interactuemos con una especie alienígena parece lógico. En efecto, las distancias de nuestro sistema solar son desalentadoras, por lo que el viaje humano de la Tierra a Marte supone un trayecto de varios años y doscientos veinticinco millones de kilómetros en un solo sentido, que es algo que aún no hemos conseguido. ¿Son tan avanzados los visitantes de otros planetas que han descifrado el paradigma de la velocidad superior a la de la luz y son capaces de viajar a la Tierra desde muy lejos de nuestro sistema solar?

¿O están, como piensan muchos teóricos, ya aquí, con una larga historia de intervención en los asuntos humanos, mientras permanecen ocultos para nosotros, justo fuera de nuestro alcance? En uno de sus trabajos académicos, publicado finalmente en el *Journal of Cosmology*, Hal enumera todas las posibilidades sobre estos seres. El artículo se titula «Ultraterrestrial Models» y está disponible en Internet. Hal afirma: «Existe un fenómeno no identificado que interactúa con la población humana actual de la Tierra. Actualmente se desconoce si el fenómeno es exclusivamente extraterrestre, extradimensional, criptoterrestre, demoníaco/jinn, protohumano, viajeros en el tiempo, etc., o alguna combinación o mutación de alguno o todos ellos. Sin embargo, parece muy probable que el fenómeno *per se* no esté constituido exclusivamente por miembros de la población humana actual».

Es evidente que otras naciones se han hecho muchas de las mismas preguntas sobre los orígenes de los visitantes espaciales. Lo sabemos gracias a los informes de inteligencia extranjera que han llegado hasta nosotros. Un contacto me mostró un pequeño dosier ruso con mapas que señalaban la ubicación de dos accidentes en los Montes Urales. También había informes ocasionales de información de inteligencia (IIR) que detallaban lo que la antigua Unión Soviética estaba haciendo para indagar en el tema de los FANI. Dichos informes mencionaban no pocos incidentes en toda Europa, Turquía, Ucrania y China. Incluso teníamos viejos informes de marines destinados en la Bahía de Guantánamo, Cuba, que describían extrañas luces descendiendo a lo largo de la *tierra de nadie*, entre las zonas militares estadounidense y cubana.

Uno de nuestros aliados, Italia, ha registrado quince mil FANI desde 1901. Y aunque la actividad parece haber aumentado drásticamente a partir del siglo XX, está claro que estos objetos están presentes desde mucho antes. Instituciones como el Vaticano han formado alianzas con defensores de la transparencia sobre los FANI en Italia y EE.UU., y comparten confidencialmente relatos históricos centenarios que pueden estar relacionados con los FANI. La mayoría de la gente se escandalizaría de la cantidad de información que el Vaticano ha recopilado a lo largo de milenios, extraída de informes de testigos presenciales e incluso de experiencias compartidas en el confesionario. Las confesiones son sacrosantas en el catolicismo, pero me han dicho que la Iglesia solía hacer encuestas a los sacerdotes para que hablaran de forma general sobre lo que preocupaba a sus feligreses. De este modo, es concebible que un grupo de avistamientos en la Edad Media hubiera sido advertido y registrado. ¿Es posible que algunos *milagros* históricos presenciados por las masas estuvieran relacionados de algún modo con los FANI?

Históricamente, las instituciones religiosas se han mostrado recelosas a la hora de debatir públicamente el tema de los FANI y han guardado estas historias bajo llave. Los FANI no se ajustan exactamente a su visión del hombre y de su preeminencia en este planeta. Por ejemplo, es difícil decir: «Dios creó al Hombre a su imagen y semejanza», cuando nos vemos obligados a preguntarnos si los humanos realmente se parecen a Dios, o si Dios tiene una especie inteligente favorita entre todas las demás de su Creación. Ni los gobiernos ni las religiones quieren que sus seguidores cuestionen su fe o su autoridad.

Sin embargo, como descubriría más tarde, el catolicismo, y ahora incluso el islam, están empezando a preparar al público para la idea, asumida desde hace mucho tiempo, de que la humanidad no está sola.

Incluso antes de que yo me uniese al proyecto, Hal concibió y encargó estudios fascinantes para el AAWSAP/AATIP, tales como el camuflaje de invisibilidad, los agujeros de gusano teletransportadores y las puertas estelares, la antigravedad, las interfaces cerebro/máquina y los *motores de curvatura*. Estos estudios se conocerían posteriormente como los treinta y ocho documentos de investigación de inteligencia de defensa (DIRD). Cada estudio encargado era el de un científico de alto nivel, experto en conceptos tecnológicos que podrían aplicarse al problema de los FANI. Hal se aseguró astutamente de que estos estudios pudieran aplicarse a cualquier sistema de armas concebible y no solo a los FANI. Esta era otra capa de protección destinada a ocultar la verdadera misión del esfuerzo global. Más tarde, yo haría lo mismo para mantener la viabilidad del AATIP.

La última vez en la que Hal había avanzado tanto en un programa fue durante su época de director del programa Stargate de la CIA. Aun así, por muy valiosos y precisos que fueron sus esfuerzos, el programa psíquico acabó perdiendo su financiación y siendo clausurado. Algunos dicen que el problema fue el presupuesto, pero la mayoría sabe la verdad. Acabaron con el programa porque era *demasiado eficaz*. Dicho esto, yo no asumiría que eso significa que elementos del Gobierno no hayan seguido utilizando la visión remota como una herramienta.

Los fundamentalistas religiosos de la cadena de mando y del Capitolio empezaron a plantear preguntas directas sobre el programa y su eficacia; más concretamente: ¿Son estos métodos inusuales paranormales o incluso demoníacos? El general Albert Stubblebine, que dirigía el programa psíquico, apodado el general «doblacucharas», se enzarzó en una ocasión con un legislador, diciéndole: «¿A usted qué le importa cómo reúnen mis fuentes la información de inteligencia, siempre que esta sea exacta?».

En teoría, Jim Lacatski y su equipo dirigían el programa oficial de EE.UU. sobre los FANI, pero al mismo tiempo el Programa Legacy trabajaba en contraposición al nuestro.

En la jerga del Pentágono, algunos programas reservados eran tan extremadamente reservados que... bueno, ni siquiera eran reservados, sino ultrarreservados. Hablábamos de novas púrpuras, proyectos y programas tan secretos que ni siquiera el secretario de Defensa o el presidente los conocían, a menos que se toparan con ellos por accidente. Hay que recordar lo que Hal me dijo en otro momento: «¿Por qué informar a alguien que solo va a estar en el cargo durante un corto periodo de tiempo? ¿Por qué poner en peligro la seguridad?» Esa era la mentalidad de los del Programa Legacy.

No hay nada más opaco que el Programa Legacy.

Cualquiera que fuera el color de estos programas, sus descubrimientos nunca se compartirían con otras agencias, actividades de campo y ramas. La información, nos gustaba decir, estaba metida por diferentes conductos, controlada por barones invisibles, cada uno con sus propios feudos.

Inicialmente, el equipo del AAWSAP/AATIP contó con un buen grado de apoyo por parte de la dirección de la DIA. Los memorándums enviados y recibidos por el teniente general Michael Maples y el subdirector Robert Cardillo se referían al principio, a la iniciativa, en términos positivos. Yo mismo tuve el privilegio de leer algunos de los comentarios contenidos en esos informes. A medida que Jim Lacatski y sus contratistas difundían los resúmenes ejecutivos, las respuestas por correo electrónico que recibían a través de servidores internos seguros eran siempre positivas. No era raro encontrar una nota manuscrita al principio de un memorándum clasificado que dijera: «Impaciente por ver los resultados».

Más adelante daré más detalles al respecto, pero, a medida que iba pasando el tiempo, se me hacía cada vez más evidente que las tornas estaban cambiando. Un número cada vez mayor de detractores del AAWSAP trabajaban ahora en los niveles superiores de la DIA. El AAWSAP era objeto de un escrutinio cada vez mayor y la nueva dirección ejecutiva de la DIA se estaba haciendo fuerte en su posición. A las pocas semanas de la transición, Lacatski empezó a pasar la mayor parte de su tiempo defendiendo su trabajo, en lugar de investigando. Los poderes fácticos de la torre de marfil intentaron acabar con el programa. Si el más mínimo atisbo de la verdad del trabajo de Jim salía a la luz en algún informe más amplio destinado a los ojos de otros instalados en el poder, lo lanzaban hacia arriba, donde los burócratas de la DIA lo destruían, lo archivaban o, simplemente, lo ignoraban.

Yo entendía esa reacción instintiva, sobre todo desde una perspectiva burocrática. Tan solo la investigación del AAWSAP en el rancho de Utah despertó curiosidad y preguntas incómodas. Saqué la impresión de que los retos filosóficos y teológicos eran más un obstáculo que los pragmáticos o burocráticos, especialmente ahora que los líderes con inclinaciones religiosas se habían interesado por el AAWSAP. Hasta cierto punto, comprendía su aprensión; el tema asusta, y no solo por motivos religiosos.

En 2010, un hombre al que llamaré Devon Woods, que anteriormente había ocupado un alto cargo en el ODNI, se convirtió en director de la DIA. Le conocía de mis días en el ODNI y le admiraba. Le consideraba noble y honrado, aunque extremadamente religioso.

Todo empezó cuando el presidente Barack Obama le pidió al general James Clapper, mi antiguo jefe en la Oficina del Subsecretario de Defensa para Inteligencia [OUSD(I)], que se convirtiera en el nuevo director nacional de inteligencia (DNI). Clapper y Woods no siempre estaban de acuerdo, pero cuando Clapper decidió convertirse en DNI, le ofreció a Woods el puesto en la DIA.

Como han observado recientemente algunos estudiosos muy brillantes de las ciencias políticas, los gobiernos mundiales están espectacularmente mal equipados para gestionar el conocimiento que amenaza la noción de supremacía humana, autoridad divina y dominio sobre este planeta. Desde la noche de los tiempos, las naciones han perpetuado la idea de la soberanía individual. Rusia es Rusia, China es China y Estados Unidos es Estados Unidos. Del mismo modo, la identidad nacional y la lealtad son el resultado de la soberanía nacional. Tú puedes ser canadiense. Ellos son franceses. Yo soy estadounidense. Así es como el mundo se percibe a sí mismo. Tribalismo a escala mundial. Los dirigentes de estas organizaciones, instituciones y organismos de ámbito nacional no tienen ningún interés en fomentar una verdad diferente: *todos* somos temerosos de Dios, *todos* pagamos impuestos, *todos* queremos a nuestros hijos, *todos* controlamos nuestros destinos. Todos somos iguales.

El AAWSAP/AATIP pasó de ser la niña mimada del baile a ser la Bruja Mala del Oeste, casi de la noche a la mañana.

Yo me preguntaba en privado: «¿Qué pasaría si los gobiernos del mundo compartieran lo que realmente saben sobre los FANI? ¿Qué pasaría si los humanos decidieran enfrentarse con valor a la posibilidad de que no somos la especie superior de nuestro sistema solar o incluso de este planeta, como se nos ha dicho y creído durante tanto tiempo?».

Después de todo lo que había aprendido, la transparencia total del Gobierno en el tema de los FANI me parecía una quimera. Para conseguirlo, habría que encontrar la manera de hacer añicos los feudos gubernamentales existentes, sin amenazar el *statu quo* institucional, sin infringir ninguna ley, informando a nuestros líderes gubernamentales y a los responsables de la toma de decisiones sobre el problema, y sin entrar en conflicto con los sistemas de creencias religiosas y teológicas. Y esa es la parte fácil.

También habría que unificar y reunir a los aliados internacionales, disipar los temores y las inseguridades de la opinión pública, desafiar a las comunidades científicas y académicas, y llevar a cabo una sólida campaña de divulgación pública, todo al mismo tiempo. Lograrlo exigiría un esfuerzo titánico, no muy distinto de una campaña militar de la Segunda Guerra Mundial. El nivel de coordinación necesario lo abarcaría todo y sería casi imposible.

Siendo el recién llegado, no iba a decirle a Jim cómo llevar a cabo su trabajo, pero me preocupaba que los poderes fácticos tuvieran en su punto de mira a Jim y al AAWSAP/AATIP.

CAPÍTULO 5
ESCRIBIENDO EN LA PARED

Cuando Lonnie Zamora se asomó a ese arroyo en Socorro, Nuevo México, allá por 1964, vio un objeto en forma de huevo con una especie de marca o insignia en su costado. La Fuerza Aérea le advirtió, muy en serio, que no compartiera ese conocimiento con civiles, y él cumplió su palabra. Del mismo modo, numerosos testigos relacionados con los accidentes de Roswell de 1947 revelaron a funcionarios del Gobierno que vieron jeroglíficos en varias piezas de los escombros, pero se les indicó que no hablaran de ello públicamente. Los testigos del encuentro FANI en Rendlesham Forest, en 1980, también vieron símbolos similares en la nave. Hay muchos otros ejemplos como estos.

Ya sean las pinturas rupestres francesas, los cuneiformes sumerios, los jeroglíficos egipcios o el hebreo antiguo de los Rollos del Mar Muerto, la escritura es una forma universal de comunicación entre los seres humanos. ¿Se aplica esta lógica a los FANI? ¿Nos enseñaron esto en algún momento los no humanos que controlan los FANI? ¿Las misteriosas marcas de los FANI estrellados transmiten algún tipo de mensaje universal profundo? ¿O son mensajes mucho más prácticos? ¿Son simples advertencias de seguridad como «Peligro. No tocar»?

El estudio de los sistemas de escritura antiguos se transformó con rapidez en el estudio de religiones, culturas y artefactos creíbles del pasado. La madriguera del conejo no solo era profunda, sino también muy resbaladiza.

El antiguo texto hebreo llamado *El libro de Enoc* me llamó la atención. El libro no se encuentra en la Biblia que la mayoría de los cristianos utilizan hoy en día; se considera apócrifo. Es anterior a los Evangelios, pero era tan importante en su época que su premisa habría sido conocida por Jesús y muchos de sus discípulos. Es el primer texto hebreo en el que un hombre, Enoc, viaja al Cielo, se encuentra con Dios y aprende sobre la jerarquía de los ángeles. Podría decirse que es un precursor teórico de la resurrección y ascensión de Cristo al Cielo.

El viaje de Enoc está repleto de relatos celestiales, que incluyen descripciones de la jerarquía angélica y demoníaca, el trono de Dios, el círculo íntimo de guardianes de Dios e incluso el lenguaje de lo sobrenatural. Sobre el papel, los viajes de Enoc no suenan tan distintos de los encuentros con no humanos que nos han relatado. También estudiamos el sexto capítulo del Génesis. Es la parte que contiene la historia del arca de Noé. Antes de llegar a Noé, los versículos del 1 al 4 de ese capítulo muestran, sin lugar a dudas, que seres de otro mundo vinieron a la Tierra y se aparearon con mujeres humanas. Algunas traducciones llaman gigantes a estos descendientes, mientras que otras se refieren a los visitantes con la palabra hebrea original, *Nephilim*, que algunos estudiosos sostienen que significa algo así como «ángeles caídos», o seres que hacen que *otros* caigan.

Si el Génesis 6 fuera una película, *El libro de Enoc* sería su precuela –se dice que Enoc fue el abuelo de Noé–. En el libro, los *Nephilim* discuten sobre su plan de tomar mujeres terrestres como esposas. *El libro de Enoc* también se refiere a estos seres celestiales como «vigilantes». Doscientos vigilantes viajan a la Tierra para llevar a cabo este plan.

Nephilim . . . vigilantes... ángeles... extraterrestres.

Para que quede claro, no estoy defendiendo la hipótesis de los astronautas ancestrales en la que muchos creen hoy en día. Simplemente, estoy trazando algunos paralelismos interesantes. La Biblia, tal y como se lee hoy en día, nos ofrece detalles sobre la rueda de Ezequiel y la escalera de Jacob. ¿Son estas historias meramente instructivas, o son débiles intentos de los humanos de reconciliar su desconcierto al ver tecnología de otro mundo?

En Australia Occidental, hay pinturas rupestres aborígenes de cuatro mil años de antigüedad que representan a los wandjinas, unos seres espirituales con grandes cabezas blancas, ojos grandes y poca o ninguna boca. En Perú, se encuentra una extraña imagen de mil trescientos años de antigüedad de un rey maya instalado en lo que parece una nave espacial. En el folclore cheroqui existe un mito sobre cómo personas resplandecientes descendieron a la Tierra, permanecieron poco tiempo entre los cheroquis y luego ascendieron para convertirse en las estrellas del cielo. Estas historias están separadas por siglos y continentes, pero son innegablemente similares. ¿Son solo obras de la imaginación humana, o hay algo más en estas historias?

Esta línea de pensamiento plantea una cuestión interesante sobre la psicología humana. Cuando nos enfrentamos a lo desconocido, los humanos recurrimos invariablemente a la religión para explicar lo inexplicable. Como especie, nos cuesta aceptar como reales las cosas que no comprendemos.

Durante la Segunda Guerra Mundial, los bombarderos y aviones de transporte de carga estadounidenses aterrizaban a veces en islas de la Polinesia y se encontraban con gente que no estaba conectada con el llamado mundo moderno. Los pilotos compartían un poco de su carga con los lugareños, descansaban y partían hacia sus destinos previstos. Más tarde, los antropólogos descubrieron que, en ausencia de los pilotos, estas gentes construían efigies de madera de esos aviones y celebraban rituales destinados a engatusar a los aviones para que regresaran de nuevo con su cargamento. Los encuentros de estos polinesios con una tecnología inusual inspiraron creencias. Es lo que se conoce como el culto del cargo.

Imaginaos construir una maqueta de un camión gigante de reparto de supermercados y rezarle todos los días para que vuelva con una abundancia de alimentos una y otra vez. ¿Están quienes lo hacen «equivocados» por hacer tal cosa? ¿Especialmente si, tal como lo ven ellos, sus prácticas dan resultados?

Como seres humanos, a menudo asimilamos lo desconocido a lo conocido para que las cosas tengan sentido para nosotros. La religión, los mitos, las historias... son cosas que muchos aceptamos. Como persona espiritual que soy, lo entiendo, y no pretendo con ello denigrar en absoluto ninguna religión o sistema de creencias.

Ahora bien, se podría argumentar con facilidad que esta línea de investigación no estaba relacionada con la seguridad nacional. Además, algunas personas empezarían a sentirse incómodas indagando en este tipo de material, en el momento en que se tocara el tema de la religión; pero necesitábamos comprender el pasado para ver si proporcionaba pistas valiosas. Mi formación religiosa, recibida durante la infancia, fue lo suficientemente fluida como para mantenerme abierto de mente. Al asistir a un templo y una escuela judíos y, al mismo tiempo, a una iglesia católica, crecí inmerso en ambas religiones, celebrando tanto Hanukkah como Navidad, hasta que me hice mayor.

En el mundo académico, si de verdad fueras a investigar un misterio de esta magnitud, reunirías a un equipo puntero de investigadores expertos en los campos pertinentes. Tendrías a un criptógrafo para estudiar los códigos. Lingüistas especializados en idiomas y sistemas de escritura. Contarías con eruditos especializados en religión y mitología. Además, dispondrías de un presupuesto sólido para hacer el trabajo de forma razonable. A medida que estos expertos aportasen su capacidad intelectual al problema, redactarían sus investigaciones y las publicarían en revistas académicas para que todo el mundo las conociese. Así es como se hace ciencia en el mundo real. Es totalmente transparente, que es la mejor manera de que fluyan las ideas.

Sin embargo, eso nunca iba a ocurrir con nuestra investigación gubernamental. En aras de la seguridad nacional, rara vez obteníamos permiso para subcontratar este tipo de trabajo. De todas formas, no teníamos presupuesto para ello.

Un día llegué a la oficina de nuestro grupo y me encontré a Jim, junto con un par de compañeros, dándole vueltas a ideas para un gráfico que Jim había concebido. En la parte superior, había escrito la palabra «Dios»; en la parte inferior estaba «humanos»; en el centro, «ángeles».

Ahí es donde se enredó la conversación. Si seguíamos esta vía como posibilidad, había que plantearse ciertas preguntas hipotéticas. ¿Pertenecían los ángeles a un punto intermedio entre los humanos y Dios? En la Biblia hay seres humanos que ven, hablan y escuchan las palabras de los ángeles. Un ángel visita a María para decirle que dará a luz al niño Jesús. En la famosa historia de Abraham e Isaac, el ángel detiene verbalmente a aquel para que no sacrifique a su hijo.

Jim teorizaba sobre que, si la distancia entre los humanos y los ángeles es grande, ¿no sería probable que existieran otros seres entre los ángeles puramente espirituales y las criaturas de carne y hueso conocidas como humanos? ¿Sería posible que existiese todo un escalafón de formas de vida divinas y semidivinas en un ecosistema invisible?

Nuestro trabajo ya era bastante difícil sin tener que lidiar con cuestiones teológicas. Jay pensaba lo mismo. Ya nos costaba bastante hablar con los funcionarios sobre los FANI; ¿cómo íbamos a hablar de este otro elemento sin provocar que los poderes enemigos nos cerraran el paso? Sacudí la cabeza como si saliera de una ensoñación.

—¿Ángeles de Dios y extraterrestres? —bromeé.

Jay se echó a reír y estuvo de acuerdo, pero Jim quería seguir esta línea de pensamiento, sin importarle cuál fuera el riesgo. No creo que la suscribiera necesariamente, pero, como verdadero científico, estaba explorando todas las vías, sin importarle a dónde pudieran llevarle.

Jim opinaba que no se podían seguir de forma inteligente algunas de las cuestiones planteadas sin profundizar en cada una de las ideas con las que nos topábamos. Yo no le culpaba, sobre todo porque había estudiado de primera mano asuntos inquietantes y sorprendentes relacionados con los FANI, desde los implantes hasta los efectos biológicos, pasando por otros trabajos de Jay que pronto conocería.

CAPÍTULO 6
ORBES

Uno de los tipos más comunes de FANI sobre los que se suele informar es lo que llamamos orbes, que son pequeñas bolas luminosas de luz o, en algunos casos, esferas lisas y metálicas. Esto no es nada nuevo. En la Segunda Guerra Mundial se informó con regularidad acerca orbes volando sobre y alrededor de aviones aliados y del Eje, hasta el punto de que fueron apodados «foo fighters» –no confundir con la talentosa banda liderada por Dave Grohl, que dejaría su huella en la historia del rock mucho más tarde–. Sin embargo, incluso antes de eso, los pueblos indígenas de los Estados Unidos nos hablan acerca de la existencia de orbes desde hace siglos. De hecho, hablan acerca de orbes, bolas luminosas, que salían del río en el valle del Ohio.

Me sorprendió la frecuencia con la que se ha informado de estos orbes, ya sea por parte de pilotos comerciales o militares o por la de testigos presenciales en tierra, sobre todo alrededor de campos de pruebas e instalaciones militares estadounidenses sensibles.

No se trata solo de un fenómeno militar. Ahora, con la generalización de los sistemas de seguridad domésticos y los avances en las cámaras de los teléfonos móviles, los civiles, particulares, están captando estos orbes, al igual que los militares.

La clasificación de estos orbes varía bastante. Los hay de diferentes colores y tamaños; algunos de los colores sobre los que se ha informado son blanco, amarillo, azul, rojo y verde. Los informes que he visto sugerían que los orbes azules, en particular, tenían una consecuencia biológica muy negativa, lo que significa que si te acercabas a uno de ellos, podías esperar resultar herido. Ahora bien, no sabemos si eso es algo deliberado o simplemente un subproducto de la naturaleza del orbe. En cualquier caso, pensé en lo que nos dijo el general Uchôa sobre los orbes de colores que hieren a los civiles. ¿Eran aquellos del mismo tipo de orbes que aterrorizaban a los individuos en Colares?

Nunca había interactuado con orbes hasta que empecé a trabajar en el programa.

Me sorprendió descubrir que muchos de mis colegas y yo empezamos a conocer de primera mano algunos de estos orbes en nuestras propias casas. De hecho, mi mujer era una completa escéptica en toda esta cuestión, es decir, hasta que ella misma vio un orbe en nuestra casa.

Teníamos un largo pasillo principal en casa; una tarde, una bola verde y brillante, más o menos del tamaño de una pelota de baloncesto, con bordes suaves que no estaban definidos, bajó flotando lentamente desde la cocina hasta la puerta de nuestro dormitorio, justo por debajo de la altura del techo, y luego desapareció en una pared. Con la esperanza de que Jenn la hubiese visto, me volví hacia ella y capté su cara de perplejidad. Efectivamente, la vio durante los diez segundos que estuvo en nuestra casa.

En otra ocasión, los niños dijeron haber visto un orbe aparecer en el aire, flotar cerca de ellos durante unos segundos y luego alejarse flotando. Cuando les pregunté, nos describieron lo que habían visto lo mejor que pudieron, primero a mi mujer y luego a mí mismo. Su descripción me heló la sangre. El objeto era tridimensional, pero translúcido y estaba impregnado de una extraña luz verde. El objeto se comportaba como guiado por alguna inteligencia. Se estacionó en el aire y luego se alejó por el pasillo, antes de desaparecer por completo.

¿Qué demonios estaba pasando?

¿Eran sondas enviadas para explorar mi casa? ¿Era algún tipo de tecnología adversaria utilizada para vigilarnos a mi familia y a mí? O peor aún, ¿formaba todo esto parte del asunto de los FANI? ¿Quizá otra inteligencia más avanzada nos vigilaba a mí y a mis colegas porque sabía que nosotros les vigilábamos a ellos? ¿O todo esto presagiaba algo más siniestro?

Después del famoso avistamiento FANI por parte del piloto Kenneth Arnold en 1947, que tuvo lugar un par de semanas antes de los accidentes de Roswell, él y su familia, al parecer, tuvieron bolas de luz en su casa.

Recordarán que los ciudadanos aterrorizados en Colares, Brasil, en los años 70 afirmaban a menudo haber sido perseguidos y atacados por luces u orbes. Will Livingston, asesor médico del equipo, también había estudiado un caso de orbes azules que atravesaron el cuerpo de una mujer, provocándole una enfermedad. En el rancho Skinwalker, dos perros, propiedad de un ranchero, persiguieron un orbe azul por el campo, solo para desaparecer de golpe, dejando tras de sí tan solo dos manchas de grasa en la artemisa que contenían restos de la biología de los dos perros –fluido corporal, sangre y pequeñas cantidades de tejido–, que era, literalmente, todo lo que quedaba de las pobres criaturas. A los investigadores les pareció como si los orbes hubieran vaporizado de algún modo a los perros, calcinando la vegetación cercana. Un rayo de energía dirigida procedente de un potente láser o de un arma radiactiva fue la presunta causa.

Dos colegas, en concreto, recibieron atención médica por lesiones cutáneas y viscerales provocadas por interacciones con los FANI mientras trabajaban con el AAWSAP/AATIP. Además, recibimos numerosos informes sobre efectos biológicos negativos asociados a encuentros con FANI, especialmente orbes. Las lesiones sufridas parecían deberse a algún tipo de exposición a energía dirigida, casi como radiación.

Por desgracia, varios miembros de nuestro equipo (excluyéndome a mí) sufrieron graves efectos biológicos que les causaron problemas médicos potencialmente mortales. Estos efectos biológicos también se extendieron a sus familiares, incluidos sus hijos. Aunque no puedo entrar en detalles aquí, supe de militares y agentes de información que sucumbieron a sus heridas y perdieron la vida debido a los efectos biológicos de los encuentros con FANI. Y supe también de militares y agentes de información que luchaban por sobrevivir como resultado de los efectos biológicos derivados de sus encuentros con FANI.

Otro colega y buen amigo, que no formaba parte del AAWSAP/AATIP, pero trabajaba de forma estrecha con nosotros, a menudo, experimentó estos síntomas. Se trataba de un oficial del Ejército y de un agente antiterrorista de alto rango. Es un auténtico héroe estadounidense. Yo no me enteré hasta mucho después que había tenido su propio encuentro con un FANI cuando era niño. Me contó cosas espantosas que le ocurrieron en su infancia relacionadas con su encuentro; cosas de las que no guardaba recuerdo alguno.

Con el tiempo, aparecieron más orbes en nuestra casa. No con demasiada frecuencia; podía pasar un mes entero y entonces aparecía uno. Como *nuestros* orbes se manifestaban como transparentes o verdes, no me sentí obligado a advertir a mi familia para que los evitara. No quería asustarlos más. Hasta donde yo sabía, solo el azul era problemático.

Sin embargo, no podíamos quitárnoslos de encima. Yo estaba sentado en la mesa del comedor, trabajando con el ordenador o leyendo algo y, de repente, me daba cuenta de que una de esas malditas bolas revoloteaba cerca. Otras veces, estábamos fuera haciendo una barbacoa o pasando el rato cerca de nuestro estanque de peces koi con los vecinos, cuando aparecía una esfera sin previo aviso, se quedaba unos instantes y luego se dirigía a los árboles de los límites de nuestra propiedad. Nuestros vecinos también lo vieron. Llegó un punto en que los vecinos a veces bromeaban: «¿Este es uno de los programas secretos del Gobierno en el que estás trabajando, Lue?».

Yo me reía incómodo y pensaba: «No sabéis lo cerca que estáis de la verdad».

Lo mismo que el resto de la familia, había intentado ignorar las visitas, esperando que cesaran, pero no fue así. En momentos de gran energía atmosférica, como son las tormentas, las apariciones iban a más. Hay gente que diría que esto está relacionado con los rayos, pero no es así. Tampoco había líneas de alta tensión en las inmediaciones.

Al cabo de meses de estos sucesos extraños, Jenn finalmente me abordó en un momento en el que estábamos a solas.

—¿En qué estás trabajando? —me preguntó.

Le di la misma respuesta que había dado mil veces antes:

—¿A qué te refieres?

Me miró por encima del borde de sus gafas de lectura. Y yo supe que tenía problemas.

—Lo que te *pregunto* es si trajiste algo a casa que no debías.

Por desgracia, tampoco podía comentar abiertamente con Jenn o las chicas todo lo que sabía. A veces la respuesta sería clasificada, o simplemente demasiado descabellada. La mayoría de la gente sabe, al igual que mi esposa, que los agentes de inteligencia tienen estrictamente prohibido compartir los detalles de su trabajo con sus cónyuges, amigos y familiares. Firmamos un compromiso de mantener en secreto la información clasificada hasta que se nos libere del mismo. También estamos sujetos a exámenes poligráficos rutinarios, pruebas de drogas y evaluaciones psicológicas. Francamente, estos mandatos son los que producen algunas de las tensiones propias del trabajo. Siempre estás aislado de tus seres queridos. Para mejor o peor, tus compañeros de trabajo se convierten en tu segunda familia. No es necesario hablar con la almohada.

Así que dudé. Le dije que sí, que mis compañeros estaban investigando cosas raras en el trabajo. Mi jefe, Jim, me había advertido de que *la cartera era embarazosa*, pero yo había supuesto que se refería al estrés laboral o a algo igual de corriente. Ahora comprendía que se refería a otra cosa.

No somos los únicos que tenemos estas experiencias, le dije a mi mujer. Otras personas del equipo están pasando por esto. A ellos les pasa desde hace más tiempo que a nosotros…

—¿Qué significa exactamente que «otras personas que pasan por esto mismo»? —preguntó—. ¿Y qué es *esto*?

Se lo expliqué hasta donde pude, pero mi explicación no la reconfortó en absoluto.

—¿Qué se supone que tenemos que hacer? ¿Simplemente sentarnos y disfrutar del espectáculo de luces?

Le dije que incluso John Robert, mi amigo de toda la vida, estaba teniendo encuentros extraños en su casa.

—¿John «el Estoico»? —repuso ella.

—Sí, incluso John «el Estoico».

Todo aquello me resultaba desconcertante, una brecha en el muro de lógica que había erigido arrogantemente en mi mente. ¿Qué estaba ocurriendo? ¿Cómo podía estar pasándonos esto? Lo que ocurría era algo complejo, un auténtico enigma que dejaba perplejos a todos en la oficina. Tampoco me convencía la idea de que la actividad de los FANI fuera benigna. Sobre todo si perseguían a nuestros aviones de combate e interferían en nuestra capacidad nuclear.

CAPÍTULO 7
EL TIC TAC

El encuentro con el FANI conocido como «Tic Tac» se convertiría en uno de los más importantes de la historia reciente y llegaría a considerarse un referente en estos asuntos, tanto por la forma en que se gestionó la investigación como por la fidelidad de la información recopilada. Jay Stratton investigó el incidente antes de que yo me uniera al equipo. Había escrito un detallado informe para el AAWSAP/AATIP sobre el suceso, y a través del mismo fue como yo me enteré por primera vez.

Todo lo que ocurrió aquel despejado día de noviembre de 2004 fue una tormenta perfecta de inteligencia y operaciones. En esencia, teníamos tres tipos de sensores distintos, todos ellos apuntando al objetivo. Disponíamos de múltiples sistemas de radar, tanto aerotransportados como en buques. Disponíamos de imágenes FLIR (infrarrojos orientados al frente) procedentes del módulo de puntería montado en el exterior en nuestros cazas, y contábamos también con el testimonio de testigos presenciales, pilotos de caza entrenados, que informaron todos de lo mismo, al mismo tiempo y en el mismo lugar. Trece años más tarde, la verdad de lo que ocurrió aquel día acabaría en la portada del *New York Times* para que todo el mundo la viera.

He aquí un desglose de aquel acontecimiento: Cinco buques habían salido a navegar juntos en aguas estadounidenses, frente a la costa de San Diego, en lo que se conoce como grupo de ataque de portaaviones. El propósito de tal despliegue era llevar a cabo *ejercicios de entrenamiento* antes del despliegue del grupo de ataque de portaaviones en el mar Arábigo. El buque líder era el USS Nimitz, un portaaviones de propulsión nuclear. En sus ejercicios de entrenamiento más recientes había compartido las aguas con dos destructores, el USS Higgins y el USS Chafee; un crucero de misiles equipado con radar SPY-1 de última generación llamado USS Princeton; y un submarino de propulsión nuclear, el USS Louisville. En el momento del incidente, el USS Nimitz y el Princeton viajaban juntos. Los demás buques estaban ocupados.

Durante casi dos semanas antes del incidente, los operadores de radar a bordo del Princeton habían registrado con regularidad la actividad de los FANI en el aire que rodeaba a los buques. Más de cien FANI.

Realizaban acrobacias que desafiarían a cualquier avión que los operadores de radar hubieran visto jamás. Incluso aparecieron en el radar a veinticuatro mil metros, donde se empieza a entrar en el espacio, muy por encima del alcance normal de los aviones, incluso los militares, con solo unas pocas excepciones notables, que incluyen el U-2, el Blackbird y el hipotético Aurora. Lo más desconcertante es que los objetos descendían de los veinticuatro mil a los quince metros en una fracción de segundo, y luego volvían a subir. No hay ninguna aeronave fabricada por humanos que pueda hacer algo así.

El Tic Tac con el que se encontró el grupo de ataque del portaviones USS Nimitz presentaba unas características de propulsión que implican una generación/producción de energía, por parte del sistema de propulsión de mil cien millones de vatios. Esto equivale a más de cien veces la generación diaria de energía eléctrica en los Estados Unidos. En pocas palabras, esa es la potencia necesaria para hacer lo que hacen estas cosas.

Si un avión realiza semejante hazaña, es de esperar que se oiga un crac o estampido sónico al sobrepasar la velocidad del sonido. Los operadores que se encontraban en las inmediaciones no detectaron tal estampido. No había firma acústica, como solemos decir. Era como si las reglas de la física normal no fuesen de aplicación.

El grupo de ataque del portaaviones había confiado por entero en los sistemas electromagnéticos para rastrear aquellos objetos. Hasta entonces, nadie había conseguido ver ninguno. Algo que estaba a punto de cambiar. Aquella mañana de noviembre, los operadores de radio detectaron lo que parecía una flota de FANI –catorce en concreto– en las inmediaciones de una zona de entrenamiento destinada a maniobras militares. Dos F/A-18 Super Hornets de la Marina de los EE.UU. estaban realizando ejercicios de entrenamiento cuando se les pidió que fueran a vigilar a los FANI.

En cada avión de la Marina de los EE.UU. viajan un piloto, al que se denomina *front seater*, y un oficial de Sistemas de Armas (WSO), pronunciado coloquialmente como «Wizzo» y al que también se le conoce como *back seater*.

El piloto de mayor rango entre los que estaban en el aire ese día era el comandante Dave Fravor, que estaba considerado uno de los mejores pilotos de la Marina. Fravor era uno de los pocos individuos conocidos por correr hacia el peligro en lugar de huir de él. El comandante Fravor se graduó con honores en la escuela Top Gun y ahora era el capitán del grupo de élite Black Aces. Su apodo, «Sex», era una broma interna que le habían hecho sus colegas al graduarse en la escuela de vuelo; una arraigada y antigua tradición militar. En esta misión en particular, el distintivo de llamada del avión de Fravor era FASTEAGLE 01. En su asiento trasero iba el comandante Jim Slaight, apodado «Clean». Slaight, un OSM experimentado y eficaz, era conocido a menudo como el tipo de las «ojivas en el entrecejo», debido a la precisión con la que lanzaba sus bombas.

La otra mitad del equipo estaba formada por otro F/A-18 Super Hornet de la Marina estadounidense, pilotado por la teniente Alex Dietrich, que era más hábil y letal de lo que sugería su apodo: «New Girl». Recién acabada su instrucción, Dietrich les daba mil vueltas a sus compañeros, y probablemente esa fue la razón por la que la escogieron para un destino en los Black Aces. Unos años más tarde, oí la historia de que Alex tenía más bajas confirmadas en un periodo concreto de tiempo que todo el cuerpo de Marines de los Estados Unidos. Nunca supe si la historia era cierta, pero no lo dudaría. Acompañando a Dietrich, como su WSO, había otro aviador conocido por el apodo de «Noodle». Juntos, New Girl y Noodle formaban el FASTEAGLE 02.

Fravor y Dietrich pilotaban su avión a unos seis mil metros de altura cuando ambos bajaron la vista hacia el mar. Era un día precioso, con el mar en calma. En un punto del Pacífico, el agua se agitaba y revolvía. Tenía el aspecto que tendría la superficie del agua si un barco u otra embarcación se hubiera hundido. Había olas blancas en la superficie y una gigantesca mancha de burbujas que surgía de ellas.

En ese momento, los cuatro pilotos observaron algo aún más extraño. Un objeto desconocido se movía de un lado a otro sobre las olas, a unos quince metros por encima del agua. El objeto medía unos catorce metros de largo –aproximadamente la longitud de un semirremolque– y tenía la forma de un óvalo alargado o de un cigarro. Los pilotos recordarían más tarde que el objeto era de una blancura resplandeciente, como si su exterior estuviera cubierto de una cáscara blanca recubierta de caramelo. Esa descripción inspiraría más tarde el apodo de ese FANI en concreto.

Más desconcertante era el modo en que el Tic Tac se movía sobre el agua agitada. Se desplazaba de una forma que había visto antes.

Cuando Fravor se acercó, el Tic Tac se orientó instantáneamente hacia su aeronave, que se le acercaba con rapidez. El Tic Tac ganó altura, como si pretendiera encontrarse con Fravor y Slaight en algún punto intermedio, pero luego reaccionó a la maniobra de Fravor de tal forma que nunca le permitió acercarse más.

Llevado por su instinto de Top Gun, el comandante Fravor se dirigió agresivamente hacia el Tic Tac.

Cuando Fravor y Slaight se acercaron al Tic Tac, este desapareció en el horizonte, en una fracción de segundo. ¡Puf! Nunca antes Fravor o Slaight se habían encontrado con algo parecido. Fravor sintió que el corazón le brincaba en el pecho. Fuera lo que fuese aquella tecnología, era más rápida y capaz que cualquier cosa que tuviéramos en nuestro inventario, y en un orden de varias magnitudes.

Pasaron unos instantes antes de que el Princeton se pusiera en contacto con ambos Hornets.

—No se lo va a creer, comandante —le dijo el operador a Fravor—. ¡Sea lo que sea esa cosa, está en su punto CAP!

—¿Pero qué...? —musitó Fravor.

¿Cómo era posible algo así? El punto de patrulla aérea de combate (CAP) es un punto en concreto que se carga previamente en el avión y se utiliza como punto de encuentro para la navegación y los ejercicios. Pocas personas conocen la ubicación de un punto CAP; es imposible extraerla de los propios sistemas de las aeronaves. Sin embargo, el Tic Tac conocía de algún modo el punto de encuentro previsto de los dos Hornets, aunque estaba a dieciocho kilómetros de distancia. El Tic Tac no solo disponía de información secreta, sino que se las arregló para desplazarse hasta ese lugar en cuestión de segundos, tras dejar a Fravor y Slaight muy atrás.

Dado que contaba ya con poco combustible, Fravor decidió, con acierto, poner fin al ejercicio. Ambos jets volaron de vuelta al portaaviones.

Al enterarse de este incidente, otro piloto se ofreció de manera entusiasta a ir a buscar el Tic Tac. Para sorpresa de todos, lo encontró. Tras detectarlo primero en el radar, y después a simple vista, el piloto trató de fijarlo, probando por varios modos en el radar de su avión, pero le resultó difícil conseguirlo. Se sabe que los FANI interfieren en los radares.

El teniente Chad Underwood, piloto de caza de la Marina, consiguió grabar un vídeo del FANI utilizando un radar infrarrojo de puntería avanzada (ATFLIR o FLIR, por sus siglas en inglés). En ese breve clip de vídeo hay bastante información alucinante. En primer lugar, el FANI desafía los intentos del piloto de fijarlo con precisión. En segundo lugar, no tiene alas, ni toma de aire, ni estela de escape, ni cabina, ni superficies de control distinguibles. Tercero, no muestra ninguna huella térmica o acústica. Cuarto, vuela a velocidades hipersónicas y es capaz de ejecutar una maniobra casi instantáneamente.

La desaparición instantánea de la nave también resultó alarmante. Tanto Underwood como Fravor/Slaight informaron de que el FANI desapareció en el horizonte en un instante. ¿Cómo pudo ser eso posible?

Sencillamente, no conocemos ningún avión que pueda ir tan rápido. Ni de lejos.

Un enemigo armado con esta tecnología podría enviar instantáneamente una carga destructiva a cualquier parte del mundo con total anonimato e impunidad. No podríamos hacer nada para impedirlo. Así que no era un encuentro que los militares debieran tomarse a la ligera.

¿Y si esta tecnología ya estuviera en manos de uno de nuestros adversarios, dejando obsoletos todos los demás aviones de nuestro arsenal? ¿Estábamos jugando a las damas contra un enemigo que ya dominaba el ajedrez tridimensional?

Una tarde, durante mis primeros días en el AAWSAP/AATIP, llevé a mi hija mayor a un entrenamiento de lacrosse en un lugar de la costa este de Maryland y me senté en las gradas junto a otros padres. Para pasar el rato, me había llevado conmigo un documento no clasificado sobre el tema del teletransporte, encargado por las Fuerzas Aéreas estadounidenses. El Laboratorio de Investigación de las Fuerzas Aéreas (AFRL) tenía a algunos de los mejores científicos trabajando en tecnologías secretas que no veríamos hasta dentro de cincuenta años. Aquello me parecía bien. Se trataba de experimentos de teletransporte cuántico, tecnología de curvatura de la luz y nuevas formas de propulsión.

En este estudio, de unas ochenta páginas de densas matemáticas, se argumentaba que teletransportar un objeto de un lugar a otro del universo era posible en teoría, debido a una rareza alucinante de la física conocida como «entrelazamiento cuántico», que Einstein conocía y consideraba *espeluznante*. El estudio sugería que los fotones y los electrones se habían teletransportado con éxito una corta distancia. Algunas observaciones concluían que el fotón llegaba a su destino incluso antes de que abandonara su posición original. Al parecer, los chinos estaban invirtiendo mucho en el entrelazamiento cuántico. ¿Es posible el teletransporte? Resulta que sí; aunque hasta ahora solo se trataba de partículas subatómicas muy pequeñas. Vivimos tiempos enloquecidos, y cada vez lo son más. Lo que antes se consideraba ciencia ficción ahora es ciencia real.

Si alguno de los demás padres hubiera sabido lo que estaba leyendo, me habría llamado loco.

Los temas del teletransporte y la telepatía –el intercambio casi instantáneo de pensamientos mentales– me rondaban por la cabeza a raíz de nuestra retomada investigación sobre el Tic Tac.

Se dice que el límite de velocidad universal en nuestro universo es la velocidad de la luz, que es de aproximadamente trescientos mil kilómetros por segundo. Por muy rápido que pueda parecer, eso es algo lamentablemente lento si lo que se pretende es realizar un viaje interestelar. Durante mucho tiempo, hemos supuesto que viajar a la Tierra desde otro planeta a la velocidad de la luz requeriría cientos, miles o incluso millones de años, a menos que estos seres estén aprovechando una laguna en las leyes de la física para viajar entre mundos.

Con el paso del tiempo, mi obsesión por el Tic Tac me llevó de nuevo a los encuentros históricos. Técnicamente, nuestro trabajo en aquella época no consistía necesariamente en estudiar *casos sin resolver*, pero era imposible ignorarlos. Cada informe que leía se quedaba en el fondo de mi mente, persiguiéndome, provocándome, atormentándome. Como agente especial entrenado en contrainteligencia, se suponía que siempre debía considerar lo improbable. ¿Se trataba de una elaborada campaña de desinformación estadounidense que se prolongó demasiado?

Sin embargo, cuando escarbé en el pasado, me vi de nuevo recompensado…

Agosto de 1947: Un piloto civil en la costa este informó al Mando Aéreo de la USAF acerca de un encuentro con un objeto en forma de cilindro, *romo en ambos extremos.*

Diciembre de 1953: Los pilotos de un avión sueco observaron un *rombo volador* plateado o blanco que les dejó atónitos. «Parecía más bien un robot», según reza el informe.

Abril de 1964: El FBI informa del hallazgo de una nave derribada con *forma de bombona de butano* y de la longitud de un poste telefónico. El testigo –que afirmó que el objeto pasó muy cerca de la granja de su padre en Socorro, Nuevo México– estaba *sobrio y asustado*. El informe sobre la supuesta bombona de butano es de la misma semana en la que Lonnie

Zamora avistó un objeto blanco con forma de huevo que salió disparado del suelo del desierto.

Los FANI con la forma del Tic Tac no son nuevos. Es muy posible que se trate de tecnología antigua. Ellos –quienesquiera que sean– los han hecho volar durante sesenta o setenta de nuestros años humanos, por lo menos. Las naves en forma de huevo o de rombo desafiaban a la física al mismo tiempo que nosotros construíamos con tanto orgullo nuestra segunda generación de aviones de combate.

Cuanto más leía, más convencido estaba de la realidad que teníamos delante.

En 2004, cuando los pilotos regresaron al USS Nimitz, se había realizado muy poco seguimiento. Varios de los pilotos le dijeron posteriormente a Jay que habían sido interrogados por agentes de información. No vieron pruebas de una investigación posterior. Al subir por la cadena de mando, su historia murió.

El jefe de policía naval del USS Princeton me contó más tarde que, durante un SITREP (informe de situación) rutinario con los altos mandos del barco, el capitán desestimó todo el incidente, diciendo: «Bueno, ya os habéis divertido bastante con esto. Volvamos al trabajo».

Para entonces, muchos tripulantes a bordo del Nimitz y del Princeton habían compartido el vídeo a través del sistema de correo electrónico clasificado del Gobierno.

Underwood, por lo demás un piloto serio y centrado, nunca se permitía alardes de fantasía. Ni Fravor ni Dietrich habían mostrado propensión alguna a exagerar. Sus tripulaciones los consideraban lo mejor de lo mejor. Los pilotos de caza están entrenados para detectar y distinguir un Su-22, un MiG-25 y otros cazas de aspecto similar a treinta kilómetros de distancia. En esos casos, deben tomar una decisión en una fracción de segundo: ¿El objeto es amigo o enemigo? ¿Hay que derribarlo o protegerlo?

Más allá de algunas preguntas que un investigador del NORAD hizo a Underwood, me dijeron que ningún otro organismo interno investigó el encuentro.

Pensad en ello: un incidente lo suficientemente significativo como para redirigir aviones de combate que estaban realizando maniobras de entrenamiento, con registros de radar y grabaciones en cámara, y, sin embargo, a los superiores parece importarles un bledo.

Al entrevistar a estos testigos, Jay se encontró con casos en los que la gente, simplemente, no quería hablar. Jay era un investigador astuto con cara de póquer. Sabía cómo hacer las preguntas adecuadas para obtener las respuestas correctas. No podía entender la resistencia de algunas personas, sobre todo de los altos mandos, ante un incidente que en aquel momento había tenido lugar hacía cinco años. Incluso los que se habían retirado y habían pasado a la vida civil optaron por no declarar. Si lo hacían, le pedían a Jay que no revelara sus identidades.

Durante décadas, los militares han aprendido que las FANI deben explicarse o, mejor aún, ignorarse. Hablar del tema acaba con la carrera profesional. Históricamente, en el momento en que se cuestiona la integridad o el juicio de un piloto, se le suele dejar en tierra y se le relega a *pilotar un escritorio* el resto de su carrera. El resultado es que los reclutas aprenden a lidiar con los FANI sin hacerse preguntas. Uno se acostumbra tanto a obedecer órdenes que incluso acata las tácitas. Si el almirante arquea las cejas, te callas y te largas.

Un estigma así creó una cultura del silencio. Y los que veían o se enteraban de demasiado eran silenciados todavñia más con acuerdos de confidencialidad y amenazas. Afortunadamente, todo esto está cambiando por fin, pero, de nuevo, me estoy adelantando.

El encuentro con el FANI Tic Tac frente a la costa de San Diego, en noviembre de 2004, constituye un momento pionero en la historia moderna de las investigaciones sobre FANI. La confluencia de una recopilación de inteligencia de alto calibre, desde múltiples sistemas de radar y FLIR, hasta el testimonio unánime de experimentados pilotos de caza, es lo que marca la diferencia en este incidente. Empezando por el meticuloso examen de Jay Stratton y posteriormente puesto en el candelero por un titular del *New York Times*, este episodio abrió nuevos caminos en los debates sobre los FANI. Puso de relieve no solo la aparición de características de rendimiento avanzadas del objeto observado, sino también las profundas implicaciones que dicha tecnología tiene tanto para la seguridad nacional como para nuestra comprensión del mundo físico. Este caso, incrustado en la memoria colectiva del personal del grupo de ataque del portaaviones y posteriormente en la comunidad mundial, nos desafió a reconsiderar los límites de nuestros conocimientos tecnológicos y los misterios que permanecen en nuestros cielos.

CAPÍTULO 8

ÁNGELES O DEMONIOS

Era inevitable que acabáramos topándonos contra poderosos dirigentes gubernamentales, cuyas visiones del mundo eran contrapuestas con lo que estábamos investigando. Desde que trabajaba en el tema de los FANI había oído hablar de un poderoso círculo de fundamentalistas religiosos que influía en la política del Departamento de Defensa. Se les conocía como la «Élite Collins». Había oído mencionar el nombre, pero, sinceramente, nunca le di mucha credibilidad a su existencia. Era como escuchar historias sobre el poder omnímodo de los Illuminati. ¿Una sociedad religiosa secreta? ¿En el Pentágono? Parecía absurdo. ¿Acaso la burocracia cotidiana y la existencia del Programa Legacy no eran ya suficientemente malas? Contemplar la idea de que algunos generales y su personal de fanáticos estuviera promoviendo de manera activa una agenda religiosa que dirigía la política dentro de una institución de seguridad nacional sagrada, pero secular, era simplemente ir demasiado lejos.

Sin embargo, aprendí que la Élite Collins era algo real, pero ¿quiénes eran ellos y cuáles eran sus planes? ¿Eran una especie de orden formal, pero secreta, dentro del Gobierno estadounidense, que había formado parte de la institución desde sus inicios? ¿Quizás era una logia masónica renegada que había conseguido cooptar a altos cargos de nuestro ejército? Desde luego, me hizo pensar en la idea de los Illuminati.

Cuanto más pensaba en ello, más paranoico me volvía y más conspirativo me parecía todo. No habría podido señalar a un miembro si se hubiera cruzado conmigo en la cafetería. Más tarde supe que varios de los miembros de aquel grupo eran antiguos colegas e incluso un antiguo supervisor mío. Por ahora, se mantenían esquivos. Su capacidad para operar en el más absoluto anonimato era su punto fuerte. Eran miembros de la comunidad de inteligencia y del Pentágono con un único objetivo y con el poder de dar forma a la política y acabar con los programas, simplemente con un susurro o un movimiento de cabeza. Todas sus acciones obedecían a sus creencias religiosas.

¿Cómo puede ser posible algo así en los Estados Unidos? Obviamente, no debería haber un grupo de base religiosa en el Departamento de Defensa y el IC tomando decisiones basadas en sus creencias teológicas.

Por aquel entonces, yo me tenía por una persona espiritual, aunque no practicaba ninguna religión en particular. No quería que mis creencias interfirieran o se entrometieran en mi capacidad de investigación. Había pasado gran parte de mi carrera intentando proteger a los civiles y al personal militar estadounidense en mi país y en el extranjero de los peligros que planteaban los fundamentalistas radicales. Encontrarme con el mismo tipo de mentalidad rígida dando forma a la política en Estados Unidos me descorazonó, por decir algo.

Harry Reid y su cohorte de compañeros senadores que habían apoyado la financiación del AAWSAP/AATIP apreciaban el concepto de aplicar la ciencia y el intelecto a la cuestión de los FANI, lo que era una visión completamente laica que yo abrazaba de todo corazón. A lo largo de todo el trabajo que había hecho en el servicio me había atenido a los hechos. Tomar decisiones de otro modo me parecía ilógico, miope y arcaico.

En el campo de batalla entendíamos que los AK-47 que nos apuntaban formaban parte de una guerra santa radical, una yihad. Nunca me lo tomé como algo personal. En los pasillos del Pentágono, en lugar del islam radical, teníamos el cristianismo radical, y en lugar de un AK-47 apuntándome, era un maletín y un bolígrafo, lo cual resultaba mucho más aterrador y personal.

Entre la Élite Collins y el Programa Legacy, teníamos dos fuerzas poderosas que no querían que hiciéramos lo que estábamos haciendo. Ambas contaban con más recursos, y ambas tenían objetivos diferentes. Un grupo quería acabar con todos los esfuerzos para investigar el tema; el otro quería investigarlo manteniendo al público y a nosotros mismos en la ignorancia. Ambos actuaban en el más absoluto secreto.

Antes mencioné a un distinguido dirigente, al que me referiré como Devon Woods, que había asumido un alto cargo en la DIA. Le conocía bien y le tenía por una persona inteligente, tranquila, fría y serena. Woods había sido mi mentor oficioso cuando llegué a la Oficina del Director de Inteligencia Nacional (ODNI). Había desarrollado una ilustre carrera en la CIA antes de incorporarse a la ODNI.

Un día, mientras asistía a una sesión informativa rutinaria sobre prácticas de seguridad de tecnologías de la información (TI), una agente subalterna dijo algunas cosas durante la formación que yo calificaría de poco profesionales. Ella no sabía quién era Woods, así que cuando él intentó corregirla, se encontró con una réplica sarcástica e irrespetuosa. Normalmente, esto habría dado lugar a medidas administrativas inmediatas contra la joven agente, pero Woods era diferente. Alguien paciente y reflexivo. En lugar de reñir con la nueva agente y avergonzarla delante de los demás agentes, Woods se serenó, respiró hondo y explicó a la joven agente el error que había cometido de forma amable y compasiva. En ningún momento tiró de rango ni hizo valer su autoridad. Derrochaba elegancia y clase cuando no era necesario. Esa era la medida de un buen líder. A lo largo de los años he aprendido que cuando tu supervisor tiene que recordarte quién es el jefe, es que no lo es en absoluto.

Por desgracia, Woods no se llevaba bien con quien, por aquel entonces, era mi jefe en el Departamento de Defensa, el teniente general James Clapper, que en aquel momento era subsecretario de Defensa para Inteligencia. Clapper tenía el pedigrí de Tiberio: un verdadero guerrero y un erudito. Yo admiraba tanto a Woods como a Clapper; ambos eran grandes hombres que merecían respeto y admiración.

Una vez estaba en una reunión con Clapper cuando entró su asistente.

—Señor, tiene una llamada esperándole —le dijo.

Clapper, de carácter ejecutivo, le dijo a su asistente que cogiese el mensaje.

—Señor, es Obama —fue la respuesta.

Clapper salió para atender la llamada del presidente. Cuando volvió a entrar en la sala, nos dijo:

—¿Qué os parecería que yo fuera el próximo director de inteligencia nacional?

Y así fue. Estaba feliz de que fuese mi jefe. Era una gran victoria para los Estados Unidos. Habiendo yo mismo venido de la ODNI[16], me di cuenta de que nuestra vasta infraestructura de inteligencia necesitaba desesperadamente una persona de su competencia. Y no había nadie más competente que Jim en ese momento.

Por desgracia, eso significaba que Woods probablemente se vería obligado a retirarse de la ODNI, dado que los dos caballeros no siempre estaban de acuerdo.

Cuando me enteré de que Woods había aceptado el puesto de subdirector de la DIA, lo tomé como una especie de premio de consolación. Clapper fue generoso y profesional, como siempre. En lugar de destituir a un viejo rival, Clapper reconoció la valía de Woods y le ofreció un puesto clave.

Sin embargo, mi optimismo duró poco. A los treinta o cuarenta y cinco días de la reasignación de mi mentor a la DIA, el ambiente de la agencia cambió con respecto a nuestro trabajo. Woods trajo a colegas de la CIA. De repente, la respuesta a los bien elaborados informes de Lacatski a los altos mandos provocó un cambio de tono. Como he mencionado antes, donde, solo un mes antes, los altos mandos aceptaban estos informes con ansioso interés, de repente preguntaban:

—¿Por qué estamos haciendo esto?

Jay y yo notamos una vibración que Jim no percibió. Probablemente era demasiado optimista para darse cuenta de que las hienas y los lobos le

[16] *Office of the Director of National Intelligence*. Oficina del Director de Inteligencia Nacional (*N. del T.*).

rodeaban. Su carrera estaba en juego. Recuerdo una reunión en otoño de 2009 a la que Jay y yo asistimos con Jim, en la que hablamos abiertamente sobre la conveniencia de que Jim abandonara las investigaciones en las que el AAWSAP se había involucrado, y que muchos consideraban que tenían que ver con lo paranormal y, en su lugar, se centrase únicamente en las amenazas de los FANI. Yo estaba convencido de que si hacíamos un trabajo sólido bajo la bandera del AATIP, no habría una persona en el Pentágono o en el Congreso que pudiera mirar hacia otro lado, y eso ayudaría a los esfuerzos que estaba llevando a cabo Jim.

Habíamos encontrado multitud de pruebas de naves extremadamente avanzadas que actuaban de formas que no podíamos replicar y que entraban en el espacio aéreo controlado de EE.UU., dentro y fuera del país, sin ninguna consecuencia. Estos hechos por sí solos justificaban recursos adicionales por parte del Departamento de Defensa.

Jim se negaba a perder de vista el alcance global del AAWSAP/AATIP, ya que consideraba que todo estaba interrelacionado. Creía que, si podía mostrar a los dirigentes de la DIA y del Departamento de Defensa, los resultados de sus esfuerzos, cualquier persona racional vería el valor de continuar con sus investigaciones anómalas. El único problema era que la información que Jim quería compartir con la dirección incluía palabras como «arcángeles», «ángeles», «demonios» y «reino espiritual». Un paso, o dos, demasiado lejos para la mayoría.

Insté a Jim a que rebajara el tono de la verborrea paranormal y se centrara, en cambio, en la importancia de este trabajo para la seguridad nacional de los Estados Unidos. Nuestras investigaciones sobre los FANI nos hicieron ser conscientes de que existía una amenaza muy real para la seguridad nacional y eso era en lo que yo creía que teníamos que centrarnos si queríamos que la gente prestara atención. «Lue, es la verdad —dijo Jim. Su voz sonaba cada vez más frustrada—. ¿Qué tiene de malo decir la verdad?».

Tenía razón. Nunca debería haber nada malo en decir la verdad. No obstante, en este caso, lo que importa es cómo se dice la verdad. Jim hizo algunos ajustes en las diapositivas y seguimos adelante. Me sentí mal por

Jim. El programa era su criatura, y ahora la gente intentaba acabar con ella. Jim creía a pies juntillas que merecía la pena investigar el rancho Skinwalker. En privado, yo estaba de acuerdo. Desgraciadamente, el ambiente que imperaba en la DIA era hostil a ese trabajo y, si queríamos tener alguna posibilidad de éxito, debíamos adaptar nuestro mensaje.

Algún tiempo después, en la primavera de 2010, Jim me confió que estaba siendo presionado para detener todos los trabajos. Estaba a punto de reunirse con el subsecretario de Defensa, William J. Lynn, con la esperanza de poder hacerle entrar en razón y disipar cualquier temor o preocupación del Departamento de Defensa. Estaba seguro de que todo saldría bien. «Solo sabe lo que le dice la dirección de la DIA», me dijo.

Jim parecía cansado y derrotado. Los últimos meses habían sido muy duros para él. Jim era un hombre cariñoso y sensible que creía estar cumpliendo con su deber patriótico. Jay y yo le admirábamos por ello.

Le pregunté a Jim si quería que asistiera a la reunión con el vicesecretario Lynn como muestra de solidaridad. Pensé que le vendría bien un escudo humano. Jim me dijo que sería mejor que fuera solo, así que accedí.

Esa misma tarde me encontré con Woods en un pasillo entre reuniones. Había acudido al Pentágono para recibir información sobre asuntos de la DIA no relacionados con nuestras actividades. A diferencia de mis habituales interacciones con él, Woods no sonrió y me miró con severidad.

Al acercarse, se metió las manos en los bolsillos y dijo algo en un tono tranquilo que nunca olvidaré.

—Lue, ya sabemos cómo son estas cosas, ¿verdad?

No estaba seguro de si Woods estaba haciendo una pregunta o una afirmación.

—Lo siento, señor —le dije—. ¿A qué se refiere en concreto?

Percibí su enfado. En el fondo, esperaba que Woods supiera algo que yo ignoraba. Esperaba que Woods me revelara que esos FANI que perseguíamos eran en realidad algún tipo de tecnología secreta estadounidense, oculta en lo más profundo de los presupuestos reservados de la Agencia de Proyectos de Investigación Avanzada de Defensa (DARPA) o del Laboratorio de Investigación de las Fuerzas Aéreas (AFRL). Habría sido un gran alivio.

—¿Has leído la Biblia últimamente, Lue? — me preguntó.

—Esto… señor, *conozco* la Biblia —respondí.

«Qué pregunta tan extraña», pensé.

—Lue, estás abriendo una jaula de grillos al jugar con estas cosas —dijo Woods.

Para mí estaba claro que se refería a los FANI.

No puedo ni imaginarme la cara que puse, pero estoy seguro de que Woods se dio cuenta de que estaba perplejo.

—Es algo demoníaco —me dijo—. No hay razón para que investiguemos esto. Ya sabemos lo que son y de dónde vienen. Son engañadores; demonios.

No podía creer lo que estaba oyendo. Se trataba de un alto funcionario de inteligencia anteponiendo sus creencias religiosas a la seguridad nacional.

Fue un momento muy tenso.

—Sé que nos conocemos desde hace mucho, Lue —Ese era el trasfondo—. Sé que probablemente una vez me admiraste. Soy un amigo, pero no siempre tengo por qué serlo.

Me quedé estupefacto. En un instante, me di cuenta de que mi mentor –que siempre había sido un caballero intachable– podía ser un operador despiadado con cara de piedra. No me extrañaba que le fuera tan bien en la CIA. Era una advertencia que me dirigía directamente a mí, y comprendí perfectamente el mensaje.

Efectivamente, es natural tener miedo a lo desconocido. Además, una buena dosis de miedo puede evitar que alguien cometa errores estúpidos. En pocas palabras, esto parecía una locura, y sobre un tema que ya era bastante de locos.

El programa había reclutado a un montón de subcontratistas para ayudar en la investigación, pero la empresa principal era Bigelow Aerospace Advanced Space Studies (BAASS), propiedad del antiguo magnate hotelero Robert Bigelow, quien, como ya he mencionado antes, en aquella época era dueño del rancho Skinwalker. Me caía bien Bob y admiraba su tenacidad y patriotismo. Gastó gran parte de su propio dinero en sufragar algunos de los costes del AAWSAP. Por desgracia, eso era parte del problema, según el Departamento de Defensa. En un esfuerzo por *hacer lo correcto*, los detractores del Departamento de Defensa dijeron que se hicieron mal las cosas.

Además, para acelerar su trabajo sobre los FANI, el AAWSAP obtuvo acceso a una base de datos de relatos de testigos presenciales civiles, con la intención de localizar a dichos testigos presenciales e interrogarles sobre avistamientos y encuentros con aeronaves. Los nombres y la información de contacto de esos ciudadanos estadounidenses se supone que habían sido eliminados antes de que llegaran al Gobierno, pero los informes redactados habían sido, al parecer, cargados en las bases de datos del Departamento de Defensa, no por Bigelow Aerospace sino por alguien de la cadena de mando gubernamental del AAWSAP. De ser cierto, este acto por sí solo es una grave violación de múltiples regulaciones del Departamento de Defensa y posiblemente de la Orden Ejecutiva 12333. Esto puede parecer un simple descuido, pero era toda la munición que los detractores necesitaban para crear la falsa impresión de que el AAWSAP se había vuelto deshonesto.

A pesar de toda la nueva controversia surgida, Bob seguía manejándose con profesionalidad y estaba motivado como patriota para hacer siempre lo correcto. El AAWSAP y Bigelow Aerospace no eran diferentes, a mi entender.

En el pasado, el Departamento de Defensa y sus, a veces traviesos hijos –la contrainteligencia (CI) del ejército estadounidense, la Oficina de Investigaciones Especiales (OSI) de las Fuerzas Aéreas y el Servicio de Investigación Criminal de la Marina (NCIS)– violaron las libertades civiles. Desde el espionaje a sindicatos estudiantiles en los años sesenta hasta infiltrarse en manifestaciones y la persecución la Unión Americana de Libertades Civiles, el Departamento de Defensa recibió merecidas bofetadas del Congreso por sus poco éticas acciones. Como resultado, se crearon leyes para evitar que el enorme poder del Departamento de Defensa se utilizase de forma incorrecta.

Según sus detractores, el AAWSAP se había convertido en una pesadilla de supervisión desde el punto de vista jurídico y administrativo. Permitidme ser claro: la pesadilla fue en gran parte fabricada por los enemigos del AAWSAP en la DIA, pero resultó ciertamente eficaz. Personalmente, nunca entendí la necesidad de recurrir, en primer lugar, a testimonios de civiles. Las organizaciones privadas de investigación ya lo hacían; y lo hacían bien. Nosotros trabajábamos para el Pentágono. Era más seguro limitarnos únicamente a los encuentros militares y de inteligencia con los FANI. Ya era bastante difícil hablar con políticos y agentes de información sobre los FANI. No puedo culpar a quienes pensaban que estaban ahorrando tiempo y dinero a nuestro Gobierno recabando esos datos, especialmente si esas personas no eran agentes de información capacitados o no conocían los límites legales de la recopilación y el uso de cierta información. Yo lo atribuyo a un honesto error administrativo, producto de un intento hacer lo correcto.

Aun así, a Jay y a mí no nos gustaba lo que el Departamento de Defensa le estaba haciendo a Jim. Yo respetaba la capacidad de Jim, su instinto científico y su voluntad de aplicar el intelecto a cuestiones cósmicas. Se había atrevido a hacer preguntas que otros, demasiado timoratos o demasiado ignorantes, eran incapaces hacer. La idea de que la institución le atacase me ofendía. Además, el hecho de que nadie reconociera más tarde las contribuciones de Jim o de Bob y su equipo de contratistas fue sencillamente un error. Muchas de aquellas personas eran científicos de alto nivel o tenían una amplia formación militar y policial. En lugar de criticarles por sus esfuerzos, deberían haberlos alabado por su valentía y tenacidad.

Hacía poco que yo había aceptado un nuevo puesto como director de Programas Nacionales, Personal de Gestión Especial, encuadrado en la Oficina del Secretario de Defensa (OSD). Gestionaba programas nacionales de acceso especial directamente para el Consejo de Seguridad Nacional y la Casa Blanca. En concreto, trabajé en gran medida en labores del Gobierno estadounidense en la base naval de Guantánamo (Cuba). Ahora que tenía más autoridad que antes, Jay, John Robert y yo decidimos trasladar lo que quedaba de esa actividad fuera de la DIA y albergarla en mi cartera de programas nacionales, asegurándonos de que los ojos indiscretos de nuestros detractores ya no tuviesen ninguna penetración. Al mismo tiempo, Jay, yo mismo y un puñado de civiles y contratistas del Gobierno seguiríamos dirigiendo el AATIP bajo el proverbial radar. Si lo hacía así, sabía que nadie en el Departamento de Defensa tendría acceso al programa, a menos que yo lo permitiera específicamente.

Si lo hacíamos bien, podría hacer un *doble uso* de mi financiación actual para investigar los FANI. Eso significa que si enviava un vídeo FLIR para que lo analizaran, podría utilizar la misma partida presupuestaria para analizar si el objeto del vídeo era un avión ruso MiG-25 o un FANI.

Los únicos contratistas que siguieron trabajando con Jay y conmigo fueron Hal, Will Livingston y Eric Davis. Cada uno de ellos contaba con carreras legendarias, operando entre bambalinas, en los programas más clasificados de nuestra nación. A lo largo de las décadas anteriores, exploraron algunos de los mayores misterios de la humanidad por encargo de nuestro Gobierno. Estaban en poder de una información que menos del 0,01% de la población humana conocía.

Estoy seguro de que nuestra decisión fue impopular para muchos de los que formaban parte del AAWSAP original, pero era la única forma que Jay y yo teníamos de que el AATIP sobreviviera al constante aluvión de ataques internos.

Hal, Will y Eric dispondrían de una fórmula incomparable para ayudarnos a Jay, John, a mí y a los demás. Al estilo clásico del Pentágono, cada uno encajaría su trabajo en el AATIP dentro sus ya abarrotadas cargas de trabajo gubernamentales, y tendríamos que ser muy astutos con el tema de la financiación.

Con la esperanza de ayudar a Jim Lacatski a defenderse de la embestida burocrática de la DIA, me puse en contacto con un amigo y antiguo jefe mío, Michael Higgins. Siempre había considerado a Michael Higgins un hombre de honor. Era de la vieja escuela. Tras abandonar el Cuerpo de Marines de Estados Unidos, se convirtió en un tirador de élite para una de las agencias de inteligencia de tres letras. No era un debutante en Washington DC ni un amateur. Era un luchador callejero con la astucia del gato de Cheshire. No era un hombre con el que se pudiera jugar, pero en el que uno confiaba de manera instintiva. Dio la casualidad de que, en fechas recientes, había asumido el cargo de nuevo director de operaciones de la DIA.

Llamé a Michael desde un teléfono seguro.

—Michael, necesito que protejas a uno de nuestros científicos. Es un buen hombre que ha hecho grandes cosas por nuestro país, y tu agencia está intentando perseguirlo. Necesito pedirte un favor y asegurarme de que está protegido de las fuerzas internas de la DIA.

Michael se limitó a responder:

—De acuerdo, Lue. Lo investigaré.

No creo que Jim supiera nunca lo que intenté hacer por él, y nunca se lo dije. Sospecho que Jim nunca habría accedido a que yo llamara en su nombre porque siempre fue un patriota y nunca pediría favores para salvarse. Ese era el tipo de hombre que Jim era.

Jay y yo habíamos hecho todo lo que podíamos por Jim. Ahora tenía que ver qué podía hacerse por lo que quedaba de sus programas. Sabíamos que el dinero original que el senador Reid y sus aliados habían conseguido para el programa se había agotado. La financiación original estaba programada para los años 2008-12. Reid había creído que podría conseguir otra nueva inyección de fondos para mantener nuestras investigaciones hasta 2013-14.

En aquella época, las siglas de moda en el Congreso, el Pentágono y el CI eran ISR, que significaban «inteligencia», «vigilancia» y «reconocimiento». Al mismo tiempo, nuestros enemigos en el campo de batalla se habían convertido en expertos en lo que llamábamos la «contra-ISR». Armaron sus propios drones y plataformas aéreas, garantizando que el interminable juego del gato y el ratón continuara a buen ritmo.

En plena guerra global contra el terrorismo, los políticos se desvivían por firmar cheques para cualquier cosa bajo el encabezado de ISR. No era descabellado considerar el AATIP como parte de la misión de ISR.

Al fin y al cabo, el AATIP rastreaba y estudiaba los FANI con capacidades avanzadas que hubiesen mostrado un interés inusitado por nuestros militares y nuestros lugares más sensibles. El que fuera o lo que fuera que controlara los FANI estaba claramente realizando algún tipo de ISR. Jay y yo diseñamos una estrategia para solicitar de otra forma los fondos. Para eludir el estigma que rodea los FANI, Jay redactó un texto que serviría como solicitud de fondos, tan brillantemente redactado que nadie que no estuviera al tanto de nuestra investigación adivinaría jamás que estábamos centrados en la cuestión de ISR por parte de los FANI.

Recuerdo una conversación sobre financiación que mantuve con mi nuevo jefe, Neill Tipton, encargado de dirigir la Oficina de Intercambio de Inteligencia y Relaciones con Inteligencia Exterior. Neill había servido en el Ejército y más tarde trabajó en programas sensibles para varias agencias de tres letras. Era un buen hombre y un apasionado de la pesca de altura, que en su vida laboral se encontró nadando en una piscina llena de tiburones. Como miembro del Nivel Superior de Inteligencia de Defensa (DISL), carecía de los dientes que enseñaban aquellos de sus colegas que eran miembros de pleno derecho del Servicio Ejecutivo Superior (SES), el rango civil más alto que se podía alcanzar en el Gobierno. Esto significaba que Tipton tendría que jugar el juego político dentro del edificio si quería llegar a ser SES.

—Neill —le dije un día que le visité en su oficina de Arlington—, a estas alturas probablemente ya sepas que estoy involucrado en otro... proyecto lleno de matices.

—Lo sé —dijo—. Veo que traes por aquí, de vez en cuando, a mucha gente extraña, pero no me gusta hacer preguntas.

—Te lo agradezco, pero estoy aquí para pedirte ayuda. Necesito saber si sigues trabajando con esos tipos del otro lado del pasillo.

—Por supuesto que sí —dijo—. Ayudé a construir el programa. ¿Por qué no iba a estarlo?

—Bueno, parece que voy a conseguir financiación para uno de mis programas, y necesito asegurarme de que no piso el callo a nadie ni le quito protagonismo a nada de lo que tenéis en marcha.

Neill me miró un poco confuso.

—¿Estás trabajando en un proyecto de ISR? —Quiso saber.

Esa era la cuestión, ¿no? En el fondo, sabía que podíamos justificar el estudio de los FANI si nos lo pedían, porque las preguntas que nos hacemos al estudiar, por ejemplo, las trazas de un misil balístico intercontinental (ICBM) norcoreano podrían ser fácilmente las mismas que las relativas al estudio de un FANI.

Tímidamente, respondí:

—Mmm, más o menos... pero no del todo.

Neill dudó un momento, evaluando mi lenguaje corporal.

—Claro, Lue, lo que necesites —dijo finalmente, cuando ya me dirigía a la salida me soltó—. Pero no me metas en líos.

Ya había trabajado antes para Neill, pero este fue el comienzo de una relación profesional más larga e interesante. En los meses y años venideros tendría ocasión de compartir con él algunos vídeos insólitos, y conocer su punto de vista sobre posibles tecnologías de los FANI.

En resumen, Jay consiguió un milagro tras otro y logró que el senador Reid nos concediera nuevos fondos: ¡diez millones de dólares! Nos alegramos durante diez minutos, hasta que nos enteramos de que otro programa del Departamento de Defensa se había apropiado de dichos fondos. Jay y yo nos sentimos como si nos hubieran dado una patada en la boca. Algo así fue posible debido a que el lenguaje del proyecto de ley de financiación era lo suficientemente ambiguo como para que alguien en una posición de poder pudiera justificar el traspaso del dinero a otra partida presupuestaria.

Para colmo de males, sobre nuestras cabezas pendía la mayor trampa del mundo. Sabíamos quién había cogido el dinero y cómo esperaba utilizar los fondos. Sin embargo, no podíamos luchar abiertamente por nuestro dinero. Si lo hacíamos, desenmascararíamos el programa. Si no luchábamos por el dinero, no tendríamos otra fuente de financiación.

Neill Tipton me instó a hablar con *su* jefe, John Pede, que no era un desconocido para el tema de los fondos reservados. Cuando me topé con Pede en el pasillo y le expliqué la situación, me dijo:

—Joder, Lue, ojalá lo hubiera sabido antes. Conozco el dinero por el que preguntas; se utiliza para pagar unos estudios académicos. Si lo hubiera sabido antes, podría haber ayudado.

Tenía razón. Habíamos mantenido pequeña nuestra lista *estricta* de miembros y aliados del AATIP. Teníamos miedo de dar a conocer el esfuerzo a algunas personas. Supongo que quizá fuimos demasiado prudentes con ese tema, tanto que perdimos el dinero que necesitábamos para continuar.

—Ojalá pudiera decirte para qué lo necesitamos, pero no estoy en libertad de discutir los detalles en este momento —le dije a Pede.

Sonrió.

—Lo creas o no, creo que sé en qué estás trabajando —dijo, guiñando un ojo.

Pede siempre me ha parecido una mente brillante. Sospeché que quizá lo sabía de verdad. Estábamos oficialmente en la ruina, pero sabíamos que podíamos hacerlo funcionar con poco dinero. Yo tenía mi propio y modesto presupuesto, y probablemente podríamos solicitar otros pequeños desembolsos de financiación, caso por caso, a través de un proceso gubernamental llamado «sobreorientación».

Incluso con todas estas preocupaciones presupuestarias en la cabeza, necesitaba encontrar tiempo para el trabajo en sí. Por aquel entonces, pasé varias horas poniéndome al día con Will. Hasta ese momento, no me había informado a fondo de lo que estaba haciendo. Ahora, el buen doctor me hizo partícipe de su confianza. Will siempre fue un profesional y nunca nos dio detalles de los pacientes. Will fue asesor médico del AAWSAP/AATIP y del NIDS de Bigelow.

Mi antigua formación en microbiología probablemente me convertía en una molestia para Will, algo así como si un *boy scout* junior le pidiera a un Ranger que fuera su mentor. Sin embargo, Will siempre fue un caballero y, si se sentía así, nunca lo dejó entrever. Mis intereses específicos tenían que ver con supuestos implantes alienígenas encontrados en humanos. Por lo que leí, a menudo crecía tejido vivo alrededor de los implantes, pero tales crecimientos nunca contenían más que el ADN del paciente. A veces brotaban múltiples pelos o filamentos de colores brillantes, similares a las fibras de Morgellons[17]. Cuando los investigadores raspan el tejido humano, encuentran objetos que se asemejan a un dispositivo artificial en tamaño y forma, pero sin ningún tipo de circuito. En una ocasión, yo mismo manipulé uno de estos implantes que me había proporcionado un hospital del Departamento de Asuntos de Veteranos, donde se lo habían extraído a un militar estadounidense que había sufrido un encuentro con un FANI. El material, no más largo ni más ancho que la articulación de uno de los dedos, parecía más bien un microchip encapsulado por una cubierta viscosa semitranslúcida de tejido. Se parecía mucho al nácar. Al microscopio, aún se movía de algún modo. El médico planteó la hipótesis de que tenía su propio metabolismo. El AAWSAP/AATIP también había obtenido fotografías de este tipo de objetos diminutos en pilotos militares extranjeros vivos. Algunos de los especímenes que se han extraído de personas se enviaron, al parecer, a diversas instituciones médicas, como los Centros para el Control y la Prevención de Enfermedades, la Administración de Alimentos y Medicamentos, los Institutos Nacionales de Salud y un centro de investigación del ejército estadounidense en Fort Detrick, Maryland, donde algunos de los virus más mortíferos están bajo llave y sometidos a la atenta vigilancia de guardias armados. Aunque pregunté a menudo, Will nunca me comentó nada sobre cualquier implicación que él mismo pudiera haber tenido en relación con los supuestos implantes, pero eso no me impidió preguntar siempre que podía.

Yo ya sabía, por otras investigaciones y entrevistas, que los médicos habían visto casos en los que el supuesto implante alienígena eludía la extracción, moviéndose subcutáneamente cuando los médicos intentaban extirparlo. Oí historias similares al investigar implantes extraídos a soldados, por lo demás, sanos. Los médicos tenían que esforzarse mu-

17 En la enfermedad de Mogellons, quienes la sufren tienen filamentos que les salen de la pie y sufren síntomas teles como irritación, fatiga o dolores musculares (*N. del T.*).

cho para localizar y extirpar los objetos. Debido a mi formación en microbiología, me quedé perplejo al ver cómo objetos tan móviles como estos podían desplazarse sin provocar una destrucción devastadora de los tejidos del cuerpo humano.

¿Dónde estaba la respuesta de los glóbulos blancos? ¿Dónde estaba la cascada inmunitaria destructiva? Sabía, por mi época de estudio de los tripanosomas en la Universidad de Miami, que cada vez que estas espiroquetas se movían bajo la piel, provocaban una tremenda respuesta inmunitaria. ¿Qué relación tenía esta respuesta con los implantes?

Los médicos informaron de que habían detectado que el implante se movía, pero no había signos evidentes de destrucción de la vía. Como un bombardero furtivo, el implante se movía sin dejar rastro ni huella, casi como si eludiera la respuesta inmunitaria natural del ser humano. Era como si el cuerpo no supiese que el objeto estaba allí. Tal vez el implante fomentaba el crecimiento de tejido humano a su alrededor para evitar que el cuerpo lo rechazara. Tras la extracción, algunos implantes se movían por la placa de Petri en la que estaban confinados, hasta que se quedaban sin energía. Una teoría que me confió un médico era que extraían su energía del cuerpo de su huésped.

En un caso en concreto, un alto cargo de la CIA y su esposa sufrieron una aterradora experiencia con un FANI en el patio trasero de su propia casa. Cuando se despertaron tumbados en el suelo del patio, el agente de la CIA tenía un pequeño agujero en la nuca y a su esposa le habían extraído un pequeño objeto metálico de la nariz, al estornudar. Para hacer las cosas aún más interesantes, los médicos de la CIA fueron informados de las circunstancias y examinaron a los pacientes.

¿Cuál era la finalidad de estos implantes? ¿Eran dispositivos de rastreo? ¿Control mental? ¿Recogían y transmitían datos sobre el metabolismo del huésped? Otro investigador informó haber encontrado largos filamentos, de nuevo parecidos a las fibras de Morgellons, que se movían por ellos mismos mientras estaban bajo el microscopio, asustando a la investigadora hasta el punto de que no quiso seguir estudiando las muestras. Los objetos parecían tener su propio metabolismo.

Todo aquello era fascinante, pero, llegados a ese punto, Jay y yo acordamos que teníamos que centrarnos en los entresijos de los encuentros militares de los FANI para poder librar con eficacia futuras batallas con el Congreso, el Departamento de Defensa y otros organismos.

CAPÍTULO 9
SALTO AL VACÍO

Así comenzó una nueva era para el AATIP. Mi nueva base de operaciones era la oficina 3C503A –tercer piso, anillo C, quinto pasillo, *suite* alfa– en el Pentágono. Con dos millones de metros cuadrados, hasta hace poco era el edificio de oficinas más grande del mundo. Veintidós mil personas trabajan allí, la población de un gran campus universitario.

El Departamento de Guerra de Estados Unidos construyó este edificio a principios de la Segunda Guerra Mundial, y aún conserva el aspecto desgastado de una antigua estructura gubernamental. Tiene once pasillos dispuestos como los radios de una rueda, de modo que se puede llegar a pie a cualquier lugar, en cinco minutos. El edificio es tan grande que los equipos de trabajo suelen tomar un tren que les lleva a su destino en una de las autopistas subterráneas del edificio.

La mayoría de los civiles solo han visto la forma de cinco lados del edificio en las películas y en la televisión. Les aseguro que, desde el aire, el Pentágono parece más pequeño de lo que es realidad. El patio central es tan grande que en él cabría el Capitolio de los Estados Unidos e, incluso así, se podría correr alrededor del reluciente mármol blanco y la arenisca del edificio. Al final de la Guerra Fría, el Departamento de Defensa descubrió, para su regocijo, que los soviéticos habían elegido una minúscula estructura en la plaza central del Pentágono como objetivo principal, en caso de guerra nuclear. Tomada cuando la fotografía por satélite aún estaba en pañales, la imagen mostraba un objeto en el centro del patio que durante décadas los rusos creyeron que era un ascensor a un búnker subterráneo secreto. No fue hasta la caída del Muro de Berlín y la colaboración entre rusos y estadounidenses cuando los rusos descubrieron la verdad. El punto en el centro de las imágenes por satélite no era más que un humilde puesto de perritos calientes.

Dadas la gran cantidad de horas que tendría que trabajar, me asignaron una plaza de aparcamiento en la codiciada Entrada del Río, junto a todos los altos mandos militares, el jefe del Estado Mayor Conjunto, los secretarios de cada servicio, todos los subsecretarios y el secretario de Defensa.

Nuestra falta de financiación obligaba al equipo a ser ágil y dedicado. Todos los involucrados querían estar allí, dispuestos a aceptar la carga de trabajo del AATIP además de sus responsabilidades principales en el Departamento de Defensa. Jay y yo seleccionamos a todos los participantes.

Durante ese tiempo, trabajamos con una serie de aliados de todo el Departamento de Defensa y el CI. Eran los mejores del sector. Varios de ellos eran especialistas en óptica y conocían los datos y las huellas hiperespectrales. Esto significa que la tecnología de imágenes capta imágenes en rangos de visión que están más allá de la percepción del ojo humano. Los ojos humanos solo pueden ver la luz blanca visible, pero los animales, por ejemplo las abejas, pueden ver la luz ultravioleta, que les ayuda a localizar el centro de las flores. Las serpientes detectan los infrarrojos, por lo que pueden *ver* el calor corporal de sus presas del mismo modo que una cámara ATFLIR en un F/A-18 Hornet detecta las trazas de calor de un avión de combate. Estas formas de análisis de inteligencia se denominan Inteligencia de Medidas y Firmas (MASINT) e Inteligencia de Imágenes (IMINT). La comprensión de estas imágenes requiere ciertas habilidades.

A veces, nos apoyábamos en analistas empleados por el Departamento de Defensa. En algunos de estos casos no podíamos hablar del objetivo, por miedo a comprometer la misión entera. En esos casos no le decíamos al analista lo que estaba viendo. Todo lo que tenían que hacer era realizar sus pruebas y decirnos si estábamos viendo un dron, una sonda, una aeronave conocida o un objeto no identificable. En varias ocasiones, los analistas empezaron a sospechar. Tras descartar un avión, un misil, un dron, un helicóptero, un globo, una cometa, resultaba obvio que estábamos ante un FANI .

Con una sonrisa incómoda y tímida, el analista solía resumir sus conclusiones con algo así como:

—No es uno de los nuestros, eso seguro. Cuesta creer que esté hecho por el hombre.

No queriendo confirmar sus sospechas, «Buen trabajo, gracias», era nuestra respuesta habitual.

Si un recluta parecía prometedor, yo supervisaba su trabajo durante unos seis meses antes de invitarle a un descanso. Tomábamos café en el Dunkin' Donuts, charlábamos y conversábamos de manera informal. Quería conocer la estabilidad de su vida familiar, si eran propensos a salir de fiesta, si tenían hijos y cómo se llevaban con sus padres. La estabilidad era primordial para cualquiera que se uniera al AATIP. No podían ser propensos a las juergas. No quería a nadie aficionado a la ciencia ficción ni obsesionado con los FANI. Quería personas normales, de mente sana y sin lastres en casa. Si cumplían mis criterios, de vuelta a la oficina los metía en un SCIF para la charla.

—Agradezco mucho tu ayuda en estos últimos meses. Te sorprendería lo raro que puede llegar a ser este trabajo.

—Ni lo mencione —diría el analista—. Ya *sé* que la carga de trabajo de Gitmo [Guantánamo] es una locura, pero disfruto con la misión. Aprecio lo raras que pueden llegar a ser las cosas por aquí.

—No, no creo que lo sepas —le diría yo—. Te sorprendería lo verdaderamente extrañas que se ponen las cosas por aquí. ¿Cómo de abierto eres de mente?

Entontes el joven o la joven ladeaban la cabeza. ¿A dónde quería llegar yo?

—Creo que puedo ser bastante abierto sobre el trabajo, señor.

—¿Y si te hablo de otro programa que dirijo?

—Señor, sé que usted tiene muchas cosas entre las manos. Gente extraña viene a verle cada dos por tres. Veo invitaciones a gente muy importante. Supongo que es usted un hombre muy ocupado.

—Bueno, entonces la mitad de esta conversación ya ha terminado —diría yo en broma—. ¿Y si te dijera que yo y algunos de tus colegas trabajamos en el estudio de tecnologías avanzadas?

—¿Como los cazas de quinta generación? —Esa era la respuesta típica.

—No, un poco más exótico —añadiría yo.

—Ah, ¿como las cosas del espacio? Me encantan las cosas del espacio.

—Nooo, un poco más exótico que eso —le contestaría yo—. Bueno, quizás mucho más exótico que eso.

Obviamente intrigado, el analista preguntaría:

—¿Qué puede haber más exótico que las cosas del espacio? Ohhh, ¿se refiere usted a temas submarinos?

—Bueno, sí y no. Incluye cosas del espacio y cosas submarinas, pero no las cosas que tú crees que son.

—¿Es sobre los rusos?

—Tal vez —diría yo—. Tal vez no...

Esperaría a ver lo rápido que ataban los cabos y si rechazaban instantáneamente lo que les decía su instinto.

—Señor, ¿está hablando usted de lo que creo que está hablando? ¿Es... es una broma?

Yo mantenía la voz átona y uniforme.

—No, no bromeo con estas cosas.

—¿Quiere decir que son reales?

—Eso es *precisamente* lo que estoy diciendo.

—Espere un momento. ¿Son reales? ¿Es eso lo que me está diciendo, señor?

Sus caras mostraban sorpresa, emoción e intriga. Siempre tenían un montón de preguntas, pero a ninguno de nosotros nos hacía ningún bien lanzarnos de golpe al ruedo. Todavía no. Ese día llegaría, como me había llegado a mí la primera vez que me senté con Jim Lacatski. Siempre había tiempo para aprender. Diantres, yo todavía estaba aprendiendo.

—Ahora —le decía—, te sugiero que lo pienses y veas si quieres saber más. Si crees que estás preparado, vuelve y hablaremos de nuevo esta misma semana. No obstante, si alguna vez le mencionas esto a alguien, te despediré en el acto y negaré públicamente que hayamos tenido esta conversación.

Se marchaban para reflexionar sobre el significado de mis palabras. Algunos nunca aceptaron mi oferta.

Me preguntaba si Neo en las películas de *Matrix* había tenido tantos problemas para tragar la píldora roja. Para algunos, la píldora parecía alojarse en la parte posterior de su garganta, aunque ninguna cantidad de agua ayudaría a hacerla pasar. Necesitaban tiempo y no teníamos mucho de eso.

El número de casos iba en aumento. Seguíamos buscando formas de averiguar qué sabían los testigos militares sobre un incidente concreto.

—¿Qué incidente? —nos decían a menudo por teléfono o en persona—. No he visto nada.

Nos enfrascábamos en un intrincado baile sobre cómo otros miembros de la tripulación de su buque o escuadrón habían informado de haber visto algo insólito. Tal vez entonces cederían. Tal vez. El estigma estaba arraigado y era fuerte.

Jay destacaba por hacer hablar a sus compañeros de la Marina. A menudo, al hablar con una nueva fuente le decíamos:

—Mire, sé que ha visto algo. No pasa nada. Lo que tiene que saber ahora mismo es que trabajamos para un Programa de Acceso Especial, y es muy probable que se haya topado con una de nuestras tecnologías. Hacemos todo lo posible para ocultar estas cosas, pero a veces la gente que es observadora, como usted, ve una. Le agradeceríamos mucho que nos contase exactamente qué vio porque, así, si es una de las nuestras, podremos ocultarla mejor en el futuro.

Esta estrategia funcionaba la mayoría de las veces. Daba a los testigos una salida.

—Siendo así… —decían—. Vi una cosa, como una pelota de pádel, que entraba y salía de una nube. Se movía de una forma que ni siquiera puedo explicar. Menos mal que es una de nuestras tecnologías. Es un alivio. Ustedes la verdad es que necesitan hacer un mejor trabajo ocultándolo. Dios quiera que el enemigo no lo vea.

De esta forma, normalmente podíamos obtener la información que buscábamos. Jay y yo hablábamos a menudo de cómo percibíamos a través del auricular a esos militares tratando de tomar esa decisión en una fracción de segundo, estando al teléfono: ¿hablar o callarse? Cuántas veces hubiéramos deseado poder prometerles protección o inmunidad frente a represalias. Sin embargo, no disponíamos de tales medios.

No obstante, cuanto más trabajábamos en estos casos, más a menudo se ponía en contacto con nosotros personal militar de alto rango que estaba al tanto, normalmente porque estaban preocupados por la seguridad de las personas mucho más jóvenes que les informaban.

Un día llegué al trabajo y me encontré con que Jay había compartido un vídeo impresionante por correo electrónico. El vídeo había sido grabado por un aviador naval en una misión rutinaria a través de la cámara de la cabina, como por encima del hombro. El audio comienza con el típico parloteo y jerga de indicativo. El piloto intenta establecer contacto visual con lo que ve en el radar.

—Todavía no hay visual —dice la voz—. Estoy justo ahí, pero todavía no hay visual.

Otra voz por la radio dice:

—Debería estar ahí...

En ese momento, una nave en forma de cuña pasa a quince metros de la cabina.

El piloto profiere varios improperios, similares a los que se oyen en el público de una película de terror cuando un monstruo o un asesino sale de su escondite.

Cuando pasamos a cámara lenta el vídeo. fotograma a fotograma, quedó claro por qué el piloto estaba tan atónito. No era ningún tipo de avión que tengamos nosotros o nuestros enemigos. Era completamente alienígena.

Otro vídeo FANI que había llegado a mi bandeja de entrada es el de un vehículo aéreo no tripulado (UAV) Predator que vigilaba una instalación nuclear en un país especialmente hostil cuando su cámara captó tres objetos luminosos. Solo tres puntos. Inexplicablemente, los puntos comenzaron a volar en una formación coordinada. Un triángulo perfecto. A medida que los puntos se acercaban al Predator, se hicieron más distinguibles. No solo volaban, sino que tenían una estructura sólida. Durante veintitrés minutos, estas naves acosaron al Predator. Recorrieron cien kilómetros en un abrir y cerrar de ojos, viajando hasta el horizonte, solo para volver y hacer sombra al Predator a unos pocos cientos de metros. Por si fuera poco, las tres naves se reorientaban de forma rutinaria, pasando de una formación en cuña a otra lineal. Mientras danzaban por el cielo, parecían estar jugando con nuestro Predator. «¿Veis lo que nosotros podemos hacer y vosotros no?» fue el mensaje que sentí en mis entrañas que nos estaban mandando. Las naves parecían sentir curiosidad por el Predator, acercándose a menudo para inspeccionarlo más de cerca.

Más tarde, lo recordaría cuando la piloto de caza de la Marina Alex Dietrich describió el Tic Tac de 2004 como que maniobraba de forma *juguetona*.

¿Juguetona? Qué descripción más extraña. Sin embargo, esa fue precisamente mi impresión al ver este vídeo.

Compartí el vídeo con mis expertos de más alto nivel del sector. Los expertos en aviación no se andan con rodeos. Esto es literalmente todo lo que hacen: observar aviones reales, filmados o simulados día tras día. Detectan cualquier anomalía en un abrir y cerrar de ojos.

La conversación siempre era más o menos así:

Lue: ¿Son aviones convencionales?

Experto: No. Para nada.

Lue: Bueno, vamos a suponer que son convencionales, ¿qué podrían ser? Deme todas las opciones que se te ocurran.

El experto se embarcaba en un curso de gimnasia mental.

Experto: Bueno, supongo que si alguien tuviera la capacidad de crear un globo seminflable con un ventilador inducido de dos vías en el centro que estuviera envuelto y refrigerado utilizando aviónica superconductora, revestimiento furtivo[18] y pintura, entonces, sería posible. Pero entonces

---

[18] En aviones de combate, recubrimiento de materiales que absorben o dispersan las ondas de radar (*N. del T.*).

habría un problema con el suministro de energía. Ninguna batería puede durar tanto.

Lue: ¿Es eso lo que estamos viendo aquí?

Experto: No, en basoluto.

Por aquel entonces, Hal Puthoff apareció en mi despacho para compartir conmigo una teoría fascinante. Había estado pensando mucho sobre cómo se creía que el accidente de Roswell había sido causado por experimentos del Departamento de Defensa con energía de pulso electromagnético (PEM), un subproducto de la bomba atómica, en uno de los campos de pruebas cercanos. Los científicos aprendieron pronto que uno de los subproductos de una bomba atómica era la intensa emisión de neutrones y un pulso electromagnético nuclear que podía utilizarse para freír los circuitos de cualquier dispositivo electrónico, sobrecargando el circuito o sistema.

La energía PEM puede diseñarse para neutralizar la tecnología electrónica dependiendo de la altitud y la dirección en la que se despliegue. Con un pulso suficientemente grande se podrían dañar las redes eléctricas, apagar los vehículos de motor e interrumpir los sistemas de comunicación (radios, televisores, teléfonos). Una de las formas de lanzar un pulso electromagnético es mediante una explosión nuclear o una bomba de neutrones, que es una evolución natural de la bomba atómica. La PEM es una bala mágica si lo que se quiere es dañar la infraestructura electrónica, no a las personas. Durante los primeros años de desarrollo, el único inconveniente en aquel momento era que tendrías que detonar una bomba PEM de la misma forma que lo hacías con una bomba atómica: lanzándola desde un avión, y luego salir volando a toda velocidad antes de que se estrellara la nave que la lanzó.

La teoría de Hal era que si el avión de Roswell había sido derribado con un PEM, por accidente, esto podría significar que la nave tenía un talón de Aquiles. Podría significar que su tecnología entonces funcionaba de muchas maneras similares a las aeronaves y vehículos de motor modernos en el sentido de que podrían tener algún tipo de circuito o vulnerabilidad a las fuentes de energía dirigidas. Solo que no sabíamos qué faceta de su tecnología se vio afectada por las PEM. ¿Fue el sistema de propulsión de la aeronave? ¿Sus sistemas de aviónica o electrónica? ¿Sus sistemas de soporte vital?

En cualquier caso, si los FANI siguen siendo vulnerables a la perturbación causada por una PEM, podríamos, en teoría, provocar otro accidente intencionadamente, y recuperar luego la nave. No obstante, a estas alturas, es posible que ya estén al tanto de que sabemos esto. Si alguna vez empleáramos un arma de este tipo contra estas naves, nos preocuparía que fuera visto como un acto de guerra, o una provocación. Aun así, ¿acaso no eran las incursiones en nuestro espacio aéreo más restringido un acto de guerra? ¿O una provocación?

Todas estas cosas pesaban en mi mente. Si yo fuera un abogado defendiendo un caso ante un jurado, tendría un montón de pruebas que presentar. Los testigos, los vídeos, las características de rendimiento cuantificadas por los analistas y verificadas de forma independiente por los expertos del AATIP... Todo parecía conducir a una conclusión irrefutable. Fuera lo que fuese, la amenaza era real. Aún nos faltaba el motivo. ¿Qué demonios querían de nosotros?

Al final de uno de esos días de demasiadas preguntas y pocas respuestas, apagué el ordenador, guardé los documentos en mi contenedor de seguridad GSA, hice girar el dial electrónico de la cerradura digital X-08, eché el cerrojo a la puerta del SCIF y me fui a casa a ayudar a cuidar de mi madre.

A mi madre, que se había trasladado a la ciudad vecina de St. Michaels, Maryland, para estar más cerca de nosotros, le habían diagnosticado un cáncer de estómago en estadio cuatro, un linfoma no hodgkiniano de células B para ser exactos. En lo que respecta a los cánceres, este es un tipo relativamente benigno con una alta tasa de curación, pero no en este caso, por desgracia. Era inoperable. Muchas familias experimentan horribles dramas médicos y la nuestra no fue diferente. Tuve el privilegio de amarla y cuidarla mientras la enfermedad la iba afectando poco a poco, hasta el punto de consumirla por completo. El cáncer consumió cada átomo de su ser, dejándola convertida en una cáscara que entraba en la fase final de su vida. Sin pelo, sin dientes, pálida y desmejorada, estaba muy lejos de ser la glamurosa modelo que una vez fue. Y, sin embargo, quizás era aún más bella que nunca. Su luz interior brillaba a través de los estragos del cáncer.

Ella y yo siempre habíamos estado muy unidos y me colmaba de afecto. Había estado casada antes de conocer a mi padre, y yo era su tercer hijo, el menor. Los otros dos matrimonios habían fracasado antes de empezar. Desesperada por dejar atrás su hogar roto, mi madre buscó sueños que a veces se convertían en pesadillas.

Siempre encontraba tiempo y un modo de llamarla, aunque solo fuera para darle las buenas noches y recordarle lo mucho que la quería. Como un hombre adulto en despliegue militar, no dudé en llamarla desde cualquier lugar lejano en el que me encontrara. Kuwait, Afganistán, Irak. No importaba. Si no había teléfonos disponibles, buscaba uno por satélite o un enlace ascendente, y me abría un pasillo electrónico a través de varios intermedios hasta que por fin conseguía oír la voz de mi madre. Hasta donde yo sabía, sería mi última oportunidad de despedirme. La mayoría de las personas que han estado en combate lo entenderían. Cuando estamos desplegados, todos queremos oír las voces de nuestros seres queridos, solo una vez más, por si no conseguimos salir de esa. «¿Estás bien, mamá? —le decía—. Estupendo. Te quiero, mamá. Me tengo que ir». Luego colgaba, cogía mi arma y me iba.

A Janise le encantaba la música de la cantante francesa Edith Piaf y, durante sus últimos días, me aseguré de que tuviera un pequeño reproductor de CD junto a la cama del hospital para que pudiéramos poner sus canciones favoritas y animar el ambiente. Aguantó y aguantó, desafiando las expectativas de sus médicos. Es insoportable ver a un ser querido pasar por ese tipo de sufrimiento. Yo solo quería que se acabara el dolor.

Mi formación en medicina me había preparado para enfrentarme a las etapas finales de la vida de una persona. A medida que fallan los órganos internos, la respiración se vuelve superficial e irregular. Hacia el final, la saliva y la mucosidad se acumulan en la parte posterior de la garganta, provocando un gorgoteo persistente, el enervante estertor de la muerte.

La visitaba y me sentaba con ella todos los días. Había visto morir a gente durante toda mi carrera. Había perdido camaradas en el campo de batalla, pero obviamente esto era diferente. Había pasado toda mi vida temiendo este momento. Era algo personal. De manera cíclica le preguntaba:

—¿Sientes algún dolor?

En su estado de semiconsciencia, ella negaba con la cabeza. Estaba demasiado débil para hablar.

Cuando llegó su hora, supe que así era. Todos los demás en la habitación estaban sentados en silencio, sumidos en sus propios pensamientos. Mientras yacía con la cabeza apoyada en su mano, de repente tuve la abrumadora sensación de que estaba a punto de dejarnos para siempre. Sacudida por el silencio, le grité a su novio, Ron:

—Dale al *play*.

Cálida y clara, *La Vie en Rose* de Piaf llenó la habitación. Estaba presenciando el final, la conclusión, la recta final de otro ser humano en este universo, y no había nada que yo pudiera hacer al respecto. A mitad de la canción, cogí la frágil mano de mi madre. Sus ojos, que habían permanecido cerrados durante semanas, se abrieron. Sus brillantes ojos azules se abrieron de par en par como si percibieran algo que el resto de los presentes no podíamos ver. Con una sonrisa suave y torpe, se fue de esta vida.

Desde aquel día en que, de niño, supe que mi madre moriría algún día, me prometí a mí mismo que estaría con ella al final, pasara lo que pasara. Mi madre me había acompañado a este mundo, cruzando el umbral de la vida. Que me condenaran si no la acompañaba al más allá. Y lo hice.

Otra tragedia se abatió sobre nuestra familia meses después, en febrero de 2012. Estaba dando una visita guiada por el Pentágono a una delegación japonesa de personalidades. No formaba parte de mi trabajo habitual pero, al ser un aficionado a la historia, a menudo me pedían que hiciera visitas personales, ya que llevaba a los visitantes a zonas que no forman parte de la visita normal al Pentágono. Acababa de llevar a la delegación a través del anillo E, por el pasillo del jefe del Estado Mayor Conjunto, cuando recibí una llamada de un número de teléfono de Annapolis, Maryland, que no reconocí.

Algo no iba bien. Sentí un repentino temblor de miedo, casi como cuando mi madre estaba a punto de fallecer.

La voz en la línea pertenecía a un paramédico.

—Señor, ¿es usted el marido de Jennifer Elizondo?

—Sí —respondí—. ¿Por qué? ¿Quién es usted?

—Llevamos a su mujer a urgencias. La ha atropellado un vehículo mientras cruzaba un paso de peatones.

Mi corazón se hundió. Las náuseas me invadieron en un instante. Oí llantos de fondo e inmediatamente reconocí la voz de Jennifer.

—¿Está bien?

—No, señor, ha sufrido una lesión cerebral traumática. Quedó inconsciente y fue arrojada varios metros por la carretera. La encontramos en la calle.

Un conductor se había saltado un paso de peatones y la había arrollado en el puente de Spa Creek, en Annapolis. Esa misma mañana la había dejado en el trabajo porque a veces viajábamos juntos. Esa noche teníamos una cita. Ella había salido temprano y había decidido pasear hasta el restaurante y esperarme. Ahora yacía en la parte trasera de una ambulancia y yo estaba a hora y media de distancia, en el Pentágono.

Cuando llegué al hospital, encontré a Jenn con los médicos. Mi amigo John Robert y un par de amigos más también habían venido. Cuando Jenn fue dada de alta esa misma noche, bajo estricta supervisión, la llevé a casa y encontré a nuestras hijas esperándome. Cogieron a Jenn y empezaron a llorar abrazadas.

Apenas podía mantener la compostura. Se me saltaban las lágrimas. No podía dejar de pensar en la vez que estuve a punto de perderla a ella y a Alex durante el complicado parto prematuro de nuestra hija en 2001. Entonces, habíamos esquivado una bala y yo esperaba no volver a experimentar un dolor como aquel. Tres meses después de que madre e hija salieran del hospital, cayeron las torres gemelas el 11 de septiembre; dos meses más tarde, recibí órdenes de empacar para una misión en un lugar secreto de Uzbekistán llamado Kashi Kannibad, también conocido como «K-2». Entonces supe que me dirigía a Afganistán. Dejaba atrás a mi joven familia y partía al servicio de nuestro país. Jennifer seguía recuperándose; Alex pesaba solo dos kilos; Taylor había cumplido cuatro. El deber me llamaba.

Ahora, años después, mientras nos acurrucábamos en el suelo del salón, pensaba en cómo había pasado demasiados años fuera, perdiéndome cumpleaños, Navidades, obras de teatro escolares, torneos de hockey sobre hierba, ferias de ciencias y días de llevar a tu padre al colegio. Momentos en los que me hubiera gustado participar.

No quería volver a separarme de ellos. Interrogué atentamente a Jenn sobre sus heridas. Por fuera estaba bien, salvo por la mancha de sangre que tenía en la cabeza y el pelo. En el hospital le habían curado las heridas visibles y le habían hecho algunas pruebas. El diagnóstico inicial fue que tenía una conmoción cerebral grave. Sin embargo, sus problemas médicos, de gran alcance, yacían bajo la superficie, esperando a manifestarse. Lo que ocurrió aquel día afectaría a nuestras vidas durante años.

CAPÍTULO 10
EL SECRETO DE SUS CEREBROS

Un sábado en concreto, entré en la tienda de tatuajes de Denton, Maryland. Mike, de Black Anchor Tattoo, era el que siempre me había tatuado. Era un tradicionalista cuya especialidad era la vieja escuela americana. El mismo tipo de tatuajes que tendría Popeye el Marino si fuera un marinero de verdad. Mike era un tipo rudo y barbudo, pero también un entregado padre de familia. Le gustaba burlarse de mi piel curtida y maltratada.

Le mostré a Mike un pequeño diseño en papel.

—¿Puedes reproducirlo? —le dije.

Después de varios años entintándome, Mike y yo teníamos un vínculo. Conocía mi profesión.

—Parece algo oficial —dijo, preguntando sin preguntar.

—Sí, lo es —respondí—. ¿Crees que puedes hacerlo?

Varios miembros del AATIP habían blasonado en sus cuerpos imágenes significativas relacionadas de algún modo con el AATIP. Ahora me tocaba a mí.

—Es una pasada —dijo Mike—. Pero, ¿qué significa?

No pude decir mucho, más allá de que esta imagen era para honrar al equipo con el que trabajaba. Mike estaba acostumbrado a mis respuestas crípticas. Me acomodé en la silla mientras él se ponía manos a la obra. Las agujas danzaron por mi piel, dando vida a la imagen de una cabeza de muerte encapuchada empalada en una daga. El lema: *Cazadores de sombras*. La frase aparecía justo debajo de la calavera. Sobre la figura encapuchada, en latín, se leía: «Atreverse a buscar la verdad a través de la Oscuridad, si Dios quiere».

Que conste que nunca me han gustado los tatuajes. Irónicamente, me había tatuado cada uno de los que tenía en mi cuerpo en honor a otra persona. Normalmente, eran humildes recordatorios de los sacrificios de las personas con las que había servido. En aquel momento, tenía más de treinta años, pero los años de guerra, armas y explosivos me habían hecho mella. Estaba sordo de un oído, tenía cicatrices en la parte superior del cuerpo, debido las diversas operaciones a las que me había sometido, mis articulaciones estaban destrozadas y había estado expuesto a una serie de productos químicos y compuestos que ahora me pasaban factura, probablemente como resultado de los fosos de incineración militares. Para los que no lo sepan, las fosas de incineración eran una práctica habitual en los emplazamientos militares de Irak, Afganistán y otros lugares ocupados por el ejército. Todo tipo de residuos se quemaban al aire libre y provocaban diversos problemas de salud a quienes estaban expuestos al humo. A ojos del Gobierno, se me consideraba discapacitado. Me sentía culpable por el diagnóstico, porque otros veteranos estaban en un estado mucho peor que yo. Supongo que se podría decir que tenía un poco del síndrome de culpa del superviviente.

Al menos todas mis lesiones estaban documentadas y, según el Gobierno estadounidense, estaban *relacionadas con el servicio*. Esas palabras pronto desempeñarían un papel importante en el siguiente capítulo del AATIP.

A medida que pasaba el tiempo, iba aprendiendo más y más sobre el aspecto más oscuro y siniestro de los encuentros con los FANI. Los *efectos biológicos* –consecuencias médicas– experimentados por los seres humanos que se encontraban con la tecnología de los FANI.

Había leído los informes sobre los efectos biológicos desde hacía muchos años. Muchos pacientes habían visto sus vidas arruinadas, tanto física como psicológicamente, por los FANI. Informes, fotos e historiales médicos de todo el mundo durante décadas; todos mostraban lo mismo.

Había recorrido las macros incrustadas en la base de datos de Colares, preparadas por los científicos de Bob Bigelow. Cada testigo, cada abducido –cualquiera que fuera su situación– había visto expuesto su cuerpo en la línea de fuego. Mis elecciones en la guerra las tomé de manera voluntaria. Las suyas se habían hecho sin saberlo, involuntariamente.

Debido a la confidencialidad de los pacientes y a la HIPAA, la ley federal que protege la información sanitaria confidencial de los pacientes para que no se divulgue sin el consentimiento o el conocimiento del paciente, Will protegió de manera concienzuda los nombres y las identidades de sus pacientes. Conocí los problemas de salud de varias personas porque trabajaban conmigo y me revelaron que eran pacientes. Otros casos que conocí fueron igualmente inquietantes y, al mismo tiempo, fascinantes.

Diciembre de 1980: Dos mujeres y un niño que iban en coche por una solitaria carretera de Texas, vieron lo que parecía un FANI con forma de diamante descender y cernirse sobre un árbol cercano. El niño, nieto de una de las mujeres, estaba demasiado aterrorizado para moverse. Las mujeres salieron a echar un vistazo. Sintieron una enorme cantidad de calor que emanaba del objeto. Más tarde, tras huir del lugar, sus síntomas pasaron rápidamente de dolores de cabeza a quemaduras graves en la piel, náuseas, diarrea, daños oculares, lesiones, agotamiento, caída del cabello y desprendimiento de las uñas. El niño, que permaneció en el coche, también tuvo problemas oculares y de repente necesitó llevar gafas para poder llevar a cabo sus deberes escolares. Una de las mujeres desarrolló, posteriormente, cataratas graves; y la otra, cáncer de mama.

Diciembre de 1980: Mencioné este incidente anteriormente, pero aquí veremos un aspecto diferente. Unas extrañas luces aparecieron cerca de unas instalaciones militares conjuntas del Reino Unido y Estados Unidos en Suffolk, Inglaterra, donde los dos países aliados habían almacenado armas nucleares en un búnker secreto. Dos policías de seguridad, John Burroughs y Jim Penniston, descubrieron un FANI aterrizado en el cercano bosque de Rendlesham. Sus recuerdos son borrosos en el mejor de los casos. Los relojes que ambos llevaban esa noche estaban atrasados cuarenta y cinco minutos al compararlos con los de los aviadores de la base. (Hal Puthoff llama a esto el efecto Rip Van Winkle.) Burroughs experimentó, más tarde, una serie de efectos sobre su salud cada vez peores –problemas de visión, encías blancas, soplos cardíacos, cicatrices en el tejido cardíaco– que culminaron en una operación de corazón para corregir las valvas dañadas de su válvula mitral.

Agosto de 2007: Una madre y su hija, que circulaban de noche por una carretera cerca de Davis, California, vieron aparecer tres orbes azules en la carretera. Al parecer, dos de los orbes penetraron en el vehículo; uno atravesó directamente la parte superior del pecho de la mujer mayor y salió por la parte superior de su brazo derecho. La mujer mayor dijo sentir náuseas inmediatamente; ambas mujeres no tenían claro cuánto tiempo había transcurrido durante el encuentro. Más tarde, la madre empezó a ganar peso, a envejecer prematuramente y a desarrollar erupciones cutáneas, caída del cabello, visión borrosa, pérdida de audición y artrosis. Dos años más tarde, los médicos diagnosticaron cáncer de mama a esa mujer hasta entonces sana; posteriormente se sometió a una mastectomía bilateral.

Podría seguir. La historia está bien documentada y es aterradora. Uno de los primeros investigadores de Bigelow, John F. Schuessler, recopiló ejemplos de bioefectos civiles que datan de 1950. Es un material realmente desconcertante. La letanía de complicaciones sobre las que tenemos informaciones afectan los cinco sentidos, y más cosas. Problemas de sueño. Problemas nerviosos. El pensamiento confuso y la distorsión del tiempo son comunes. Algunas mujeres insisten en que se quedaron embarazadas después de un encuentro con los FANI. Existen informes *recurrentes* sobre abducciones e implantes. Y algunas personas insisten en que desarrollaron algún tipo de habilidades psíquicas tras los encuentros.

Algunos profesionales médicos, que se unieron a nosotros, debatieron largo y tendido sobre los efectos biológicos. Teníamos la certeza de que la gravedad de los síntomas venía determinada por dos datos: el conjunto de circunstancias genéticas propias de cada víctima y la proximidad de la víctima al FANI o fenómeno, en el momento del suceso. Pronto nos resultó evidente que una escala graduada de síntomas podía explicarse por la proximidad de la persona al FANI y la exposición a la radiación.

Una buena pregunta es si estos efectos sobre la salud que causan los FANI son deliberados o solo una consecuencia de la tecnología de los FANI. Es decir, ¿los FANI apuntan intencionadamente a los humanos o el daño es accidental? Aparte de un suceso como el de Colares, yo diría que el daño es involuntario. Los motores a reacción nunca se desarrollaron para ser utilizados como armas pero, si te pones detrás de uno cuando un avión comercial está acelerando, vas a resultar herido, y mucho. Sea cual sea la tecnología que hace volar a los FANI, es evidente que generan una forma de radiación que puede resultar nociva para el tejido humano vivo.

¿Pero cómo explicamos los otros elementos extraños, tales como la distorsión del tiempo, la capacidad psíquica percibida, etc.? ¿Lo hace la radiación o hay algo más en juego?

A la gente le sorprendería saber que el Gobierno estadounidense ha concedido por escrito el cien por cien de discapacidad a varios militares, debido a problemas médicos derivados de sus encuentros cercanos con los FANI.

Como ya se ha mencionado, el difunto senador John McCain, de Arizona, fue uno de los primeros en reconocer la necesidad de evaluar y prestar asistencia a estas personas.

Los investigadores sostienen, desde hace tiempo, que los FANI parecen estar controlados por una o varias inteligencias superiores. El Tic Tac con los que se encontraron los pilotos del USS Nimitz parecía anticipar las acciones que los pilotos humanos planeaban realizar, antes de llevarlas a cabo. Un FANI, con el que un piloto iraní se cruzó en 1976, parecía haber anticipado el momento preciso en que el piloto humano estaba a punto de disparar un misil AIM-9 contra la nave. En ese instante, el panel de control del piloto falló. Solo recuperó el control (y salvó la vida) cuando el FANI desapareció de la vista. En 1982, un FANI hizo exactamente lo que un testigo civil deseaba que hiciera. Justo cuando un conductor de Hudson Valley, Nueva York, observaba un FANI en forma de bumerán en el cielo y pensaba: «Caramba, ojalá se acercara para poder verlo mejor», la nave cambió de rumbo y voló directamente hacia el coche del individuo. Cuando el conductor se aterrorizó, sintió un mensaje en su mente que le decía: «No tengas miedo». Curiosamente, algunos individuos que afirman ser abducidos a menudo detallan cómo sus captores parecen comunicarse sin palabras, de forma similar a como lo hacemos en nuestros sueños. Y, lo que es más preocupante, algunos presuntos abducidos describen que se les controla y sujeta de alguna manera para que no entren en pánico.

Por estas y otras razones, algunos investigadores piensan que los pilotos de estos FANI poseen capacidades psíquicas muy evolucionadas. No obstante, ¿existe una posibilidad de mayor calado? ¿Y si la conciencia aumentada y la manipulación física de la realidad son componentes críticos del sistema de propulsión de la aeronave? Suena como algo sacado del manual de estrategia de los Jedi: una fuente de energía integrada en el universo que es intrínsecamente inteligente y puede hacer que las aeronaves sigan volando. Desde una perspectiva científica, no suscribo necesariamente esta idea, pero tampoco puede descartarse.

No es un salto tan grande. Los experimentos realizados por DARPA en el pasado demostraron que los pilotos pueden controlar a distancia un avión, utilizando sus pensamientos y una interfaz especial. Esto último es un casco especialmente diseñado para interpretar el pensamiento y las ondas cerebrales de un piloto, y traducirlas en señales electrónicas que controlan el avión. Honeywell Aerospace lleva más de una década trabajando en una tecnología similar. Los FANI podrían utilizar el mismo tipo de tecnología, al menos en principio. ¿Y si una inteligencia de otro mundo estuviera vinculada a la potencia de los FANI? Según afirma cierto investigador, tal vez la conciencia aumentada sea *una fuerza fundamental del universo*.

También hay experimentos, como los realizados en la Universidad Laurentian de Canadá, en los que se colocó a los sujetos el llamado Casco de Dios y se demostró lo fácil que era manipular y alterar la conciencia humana. Para ir todavía más lejos, quizá nuestra tan cacareada conciencia no sea exclusivamente humana y forme parte de un colectivo mayor.

Quizás, antes de entender cómo vuelan estas aeronaves, tengamos que sondear los secretos sin desvelar de nuestros propios cerebros. Para explorar ese aspecto, primero debemos ponernos todos de acuerdo, acerca de una definición de conciencia. Hasta que no lo consigamos, no estoy seguro de que lleguemos nunca a un consenso sobre los FANI.

Algunos miembros del equipo del AAWSAP/AATIP habían estado trabajando en una colección de casos con «experimentadores» que explorarían justo estas mismas cuestiones. Un experimentado es alguien que, supuestamente, ha tenido un encuentro cercano y se ha visto afectado, por ello, de forma positiva o negativa.

En este caso, los contactados eran testigos presenciales de la existencia de FANI; algunos, al parecer, llevaban implantes y afirmaban haber sido abducidos. Los que me resultaron más intrigantes fueron aquellos que aparentemente habían tocado o se habían acercado a FANI estrellados u operativos. Todos parecían tener problemas médicos, tales como zumbidos en la cabeza, ataques de náuseas, irritabilidad, erupciones cutáneas inexplicables, etcétera. En los casos más graves, era como si algo hubiera frito ciertas partes de sus cerebros.

Siempre que Will estaba por allí y hablábamos de esos casos, yo nunca estaba al tanto de los nombres de los pacientes, a menos que ellos mismos se identificaran ante mí, o yo se los remitiera a Will en primer lugar. Will siempre protegió la intimidad de sus pacientes y, a menudo, nos recordaba que su sagrado vínculo de confianza con los pacientes nunca se rompería, ni siquiera a beneficio del AAWSAP/AATIP. Le respetaba por ello.

Will se puso en contacto con un inmunólogo de talla mundial que, en su opinión, podría ayudarnos a averiguar qué pasaba en el cerebro de estas personas. Garry P. Nolan tenía una cátedra y su propio laboratorio en la Universidad de Stanford, donde un ejército de postdoctorados y estudiantes de posgrado investigaban diversos misterios de la genética humana. Garry había publicado más de trescientos artículos de investigación, desarrollado cuarenta patentes e inventado varios de los instrumentos experimentales que usaba en su laboratorio. Sus colegas han propuesto a Garry para el Premio Nobel. (Si todavía no lo ha recibido cuando leas esto, es que el mundo aún no está preparado para conocer la verdad sobre su trabajo).

En muchos aspectos, Garry era muy parecido a Hal, un genio tanto en teoría como en ingeniería. ¿La ventaja de Garry sobre sus compañeros? Que era un tipo que no se andaba con rodeos, que seguía la ciencia a pies juntillas. Conocía a todo el mundo en el campo de la investigación y no le asustaba decir lo que pensaba, o desafiar la mentalidad común o el *statu quo*.

También era un investigador total y absolutamente comprometido con la erradicación del cáncer. A través de Garry, conocí una red de personas que destinaban millones de dólares de su propio dinero, cada año, a la investigación del cáncer, y tuve el privilegio de conocer al empresario multimillonario Sean Parker y a la artista Lady Gaga, por nombrar a dos personas que están haciendo más por la humanidad de lo que jamás podremos reconocerles. Este era el tipo de círculos en los que se movía Garry.

El trabajo que hacíamos era tan extraño que nos habíamos acostumbrado a que los investigadores nos rechazaran en cuanto se enteraban de que investigábamos los FANI. El tema ha estado fuera del alcance de los científicos *serios* durante décadas. *Verboten*[19]. Por ello, mantuvimos a los investigadores externos en la oscuridad. Enviábamos a los científicos un trozo de un supuesto FANI para que lo analizaran sin proporcionarles ningún antecedente, en lo que podríamos llamar un estudio ciego, si se quiere. En lugar de explicarles que podrían estar examinando una pieza recuperada de un FANI, les decíamos que el objeto en cuestión formaba parte de una tecnología extranjera recuperada por las fuerzas estadounidenses. Solo así podríamos aprovechar la experiencia de los científicos convencionales.

Will voló hasta California con un pequeño equipo que incluía a Colm Kelleher, un bioquímico que fue administrador adjunto de BAASS[20] du-

---

19 En alemán «prohibido» (*N. del T.*).

20 BAASS significa *Bigelow Aerospace Advanced Space Studies*, una organización creada por el empresario Robert Bigelow, fundador de *Bigelow Aerospace*. BAAS fue un contratista en el AAWSAP (*N. del T.*).

rante el AAWSAP, y al científico francés Jacques Vallée, que contaba con autorizaciones del Gobierno estadounidense, relacionadas con la investigación sobre los FANI. Kelleher era un científico reputado por derecho propio. Era inteligente y competente, y tenía acento irlandés, lo que, si le preguntan a mi mujer, le hacía mucho más simpático. Entre los civiles, Jacques es probablemente más conocido por inspirar el personaje del científico francés interpretado por François Truffaut en *Encuentros en la tercera fase*. Siendo un joven investigador, Vallée trabajó con el Dr. Hynek, del Proyecto Libro Azul de las Fuerzas Aéreas, y organizó sus trabajos.

Cuando se reunieron por primera vez en el despacho de Garry, en Stanford, el equipo de Will llevaba consigo imágenes de resonancia magnética de los cerebros de los participantes en la experiencia FANI –todos militares y funcionarios de inteligencia–, que les habían dado permiso para compartir sus datos médicos. A primera vista, Garry coincidió con Will en que todas estas personas habían sufrido lesiones cerebrales. Me dijeron que esto es lo que los médicos llaman «enfermedad de la materia blanca», porque las cicatrices se muestran blancas en las imágenes médicas.

Tras rebuscar en los archivos, Garry se dio cuenta de algo más. Los ciento cinco pacientes tenían un alto coeficiente intelectual. Todos tenían una parte del cerebro hiperdesarrollada conocida como caudado-putamen. Esta es la zona del cerebro que muchos investigadores han empezado a asociar con la intuición, aunque tal relación ya había sido propuesta por algunos científicos en la década de 1960. Algunos investigadores también habían correlacionado el tamaño del caudado-putamen con la inteligencia, pero, por supuesto, se trata de una afirmación controvertida con la que muchos investigadores aún no están de acuerdo. No obstante, todos tenemos una zona caudado-putamen en el cerebro, pero Garry teorizó que las personas con este tipo de estructura mejorada podrían ser sumamente hábiles para evaluar una situación y sacar conclusiones a partir de información muy escasa. En otras palabras, algunas personas con un caudado-putamen más grande eran como superordenadores orgánicos, capaces de procesar más datos que la persona media y ser más perceptivos a cosas que la mayoría de la gente no percibiría o no podría percibir.

Escuchar algo así me recordó algunas palabras que había oído decir en el pasado sobre los videntes remotos con talento. Se decía que los videntes remotos mostraban un *juicio extraordinario*, una capacidad para retener y sintetizar grandes cantidades de datos, y a menudo se les clasificaba como *generadores de significados*, poseedores de una misteriosa visión predictiva.

La observación de Garry fue el primer hallazgo. No tenía nada que ver con los problemas médicos que sufrían estas personas. Era solo una nota interesante sobre el funcionamiento de sus cerebros.

Ahora que Will sabía lo que tenía que buscar, cuando regresó a su consulta en Detroit, examinó las resonancias magnéticas de sus pacientes, prestando más atención al caudado-putamen. Así que reunió *otro* subconjunto de pacientes que quería compartir con Garry. Las personas de este conjunto de prueba eran empleados militares, reclutados para un programa inusual, dirigido originalmente por la CIA. Para tener éxito en este programa, era *absolutamente* necesario extraer conclusiones a partir de información escasa. Incluso se podría deducir que sus caudado putámenes habían dotado a estas personas de una especie de sexto sentido. Sus cerebros eran como antenas que les permitían sintonizar con ciertos misterios del universo. (Y no, no me considero parte de esa élite de talentos).

Resultó que *muchos* de los pacientes de este grupo de estudio en concreto habían estado asociados en el pasado con la operación militar de élite que entrenaba a soldados para convertirse en videntes remotos. El programa para el fui yo mismo evaluado, al principio de mi carrera, por Gene Lessman. Así es: algunos de los espías psíquicos del ejército tenían el mismo caudado-putamen hiperdesarrollado en sus cerebros.

Qué hallazgo tan sorprendente. No pude evitar preguntarme si este descubrimiento podría explicar mis experiencias con la visión remota. No tenía ni idea de hasta dónde llevaría la investigación de Will y Garry, pero sabía que tenía que seguir de cerca el desarrollo de la historia. Se acababa de convertir en algo mucho más personal de lo que podía imaginar.

CAPÍTULO 11

RESTOS BIOLÓGICOS

Varios de los altos funcionarios con los que trabajé acabaron contándome que, cuando uno de mis colegas trabajaba en la CIA unas décadas antes, le entregaron un informe/autopsia oficial sobre la disección de un cuerpo no humano que se recuperó de un FANI estrellado sin especificar. Este colega me pidió que no utilizara su nombre. El informe indicaba que el cerebro no tenía circunvoluciones (la parte exterior arrugada del cerebro). Más bien, lo que se describía era una superficie lisa, similar a la de los animales de bajo desarrollo, aquí en la Tierra. También describía un intestino y un hígado unidos y un corazón de tres cámaras, como el de los reptiles. El autor de la autopsia llegó a la conclusión de que el cadáver no parecía tener la capacidad cerebral necesaria para diseñar y crear aeronaves capaces de una maniobrabilidad tan asombrosa. Se especuló sobre que podría tratarse de una especie de autómata biológico, creado por otra cosa con mayor intelecto. En aquella época, en la CIA, la ciencia neuroanatómica y del cerebro consideraba que las superficies exteriores lisas del cerebro eran indicativas de una inteligencia animal extremadamente baja, incapaz de fabricar herramientas; sin capacidad de comunicación sofisticada más allá de la vista, el olfato (feromonas)/ ruidos vocales primitivos; y sin cognición de alto nivel. Permitidme subrayar que esto es lo que me dijeron en su momento. Como veréis más adelante, esa forma de pensar cambió más tarde.

Eric y algunos de nuestros colegas estaban familiarizados con el rumoreado programa de recuperación de accidentes de TRW, en la base

Wright-Patterson de la Fuerza Aérea de Ohio, y compartieron esta opinión basándose en las recuperaciones hechas. En cuanto a los antecedentes, TRW ha sido durante mucho tiempo uno de los principales contratistas de defensa de EE.UU. y acabó siendo adquirida por Northrop Grumman, otro importante contratista de defensa.

Fuentes fidedignas, incluidas las que trabajan en el AATIP, me informaron de las circunstancias de varios accidentes históricos de FANI, en los que los EE.UU. recuperaron cuerpos no humanos, además del accidente de Roswell.

Entre las primeras recuperaciones significativas de un accidente hubo un cadáver no humano, obtenido en diciembre de 1950 en Ciudad Acuña, México, al otro lado del Río Grande, yendo desde Del Río, Texas. Además, en 1989, cuatro no humanos fallecidos fueron supuestamente recuperados a partir del accidente de un gran Tic Tac en Kazajstán, en la antigua Unión Soviética.

Entre tanto, recientemente se ha demostrado que la opinión que se tenía hace décadas sobre los cerebros era errónea, cuando numerosos estudios de todo tipo de animales revelaron que las especies animales que tienen superficies cerebrales exteriores lisas sí disponen de técnicas de comunicación complejas, sí fabrican herramientas y enseñan a sus crías a utilizarlas, y sí utilizan las matemáticas y la geometría para comunicarse con sus compañeros (ciertos peces lo hacen), o forman sofisticados modelos mentales de la naturaleza que les rodea. Incluso las abejas tienen sofisticadas sociedades sociales jerárquicas, con métodos de comunicación de alto nivel, y de navegación aérea y elaboración de mapas mentales, etc. Así que las formas de vida con superficies cerebrales lisas pueden ser altamente funcionales.

Hay que admirar el asombroso sesgo antropocéntrico de las evaluaciones anteriores. ¿Cómo iban a saber estos médicos cómo funcionaba el cerebro de un ser no humano? ¿Cómo podían presumir de saber cómo funcionaba el cerebro de un alienígena? ¿Estaban siquiera buscando en el lugar adecuado?

¿Era posible que la vida no humana hubiera construido seres sintéticos? Aquellos de mis colegas que estaban al tanto de los informes oficiales sobre restos biológicos postulaban que los no humanos que pilotaban los FANI eran seres evolucionados de forma natural o autómatas biológicos diseñados.

Algunos investigadores y *contactados* han especulado con la posibilidad de que una especie, los llamados alienígenas nórdicos, haya creado a las especies inferiores, llamadas grises, diseñándoles para ser sus servidores y hacer el trabajo sucio. A mí me parecía un trabajo de esclavos, pero sin pruebas concluyentes, no importaba lo que yo o cualquier otro pensara. Las relaciones jerárquicas existen en la naturaleza, en *nuestra* naturaleza. En las colonias de abejas y hormigas, las reinas crían *obreras* subordinadas que realizan gran parte del trabajo en su nido o colmena. Normalmente, estos insectos no pueden reproducirse, pero desempeñan funciones vitales para la colonia. Las hormigas crían otra especie, los pulgones, de la misma forma que los humanos crían ganado, porque los pulgones bien alimentados segregan una sustancia pegajosa y dulce llamada melaza que las propias hormigas ansían. No es una relación parasitaria, pero tampoco simbiótica.

En lo que respecta a los humanos, el trabajo verdaderamente indeseable lo realizan cada vez más los ordenadores, los robots y la IA. Hollywood nos ha dado numerosas formas de vida sintéticas, como las de *Blade Runner*, *Terminator* y *Ex Machina*. En la novela épica de ciencia ficción *Ready Player Two*, de Ernest Cline, se describe una IA no física avanzada que podría causar verdaderos problemas a la humanidad. Asimismo, según algunos informes de prensa, en China se está trabajando con ingeniería biológica para crear un superhombre. No estamos tan lejos de poder hacerlo nosotros mismos.

Curiosamente, a menudo he oído a senadores y altos funcionarios de inteligencia culpar a la falta de imaginación de los grandes fracasos de la inteligencia. No puedo evitar pensar en lo que siempre dice mi amigo Steve Justice, exdirector de Desarrollo de Sistemas Avanzados, de la misteriosa división Skunk Works de Lockheed Martin: «No existe lo imposible. Imposible es solo algo que aún no has visto».

CAPÍTULO 12

LOS OBSERVABLES

Los Álamos, Nuevo México, 2013. Científicos e investigadores del legendario campo de pruebas de misiles de White Sands, el mismo lugar donde el Proyecto Manhattan construyó los componentes de la bomba atómica durante la Segunda Guerra Mundial, estaban probando otro dispositivo más (cuya naturaleza no puedo divulgar) cuando unos testigos avistaron varios orbes misteriosos y luminosos que se movían sobre una cresta cercana.

Entre los testigos había científicos, personal de seguridad y un agente especial del FBI asignado a la oficina de Albuquerque. Los orbes se dirigieron hacia el lugar de las pruebas, se cernieron sobre el dispositivo como si lo escanearan en busca de información, y luego se alejaron volando descaradamente por encima de las cabezas de los desconcertados científicos. Más tarde, varios testigos presenciales vieron una formación de objetos en forma de disco que parecían saber exactamente dónde se encontraba el dispositivo que se estaba probando. Esto ocurrió varias veces a lo largo de varios días.

[21]

[21] Aquí, y en lo que sigue, está como una de las agencias de tres letras manejó el informe redactado para uso interno por el Departamento de Defensa.

De algún modo, alguien había aprendido a penetrar en el espacio aéreo estadounidense sin ser detectado, sobrevolar sin encontrar oposición una de las zonas de investigación militar más secretas del país, recabar información sobre una de nuestras tecnologías más delicadas y, ¡puf!, desaparecer.

Los informes iniciales del Departamento de Defensa que vi mostraban una imagen de testigos del Gobierno observando un despliegue casi obvio de características ajenas a este mundo.

¿Quién, exactamente, era competente para investigar y tomar las riendas de la situación? La respuesta depende de a quién se pregunte. White Sands trabaja con muchos clientes y proveedores de servicios. El Departamento de Defensa tiene cierta jurisdicción porque son sus instalaciones. El FBI es responsable de los delitos federales dentro del territorio continental de EEUU. El Departamento de Energía –una entidad enorme ya de por sí– tiene su propia jurisdicción cuando se trata de secretos y tecnología nucleares. Se trata de un ejemplo clásico de los feudos gubernamentales y de los entramados que ocultan la verdad sobre los FANI. Una cosa era segura: estábamos atascados.

Por aquel entonces, había alcanzado un nuevo nivel en mi carrera. Me habían concedido el nivel más alto de habilitación que un empleado del escalafón podía esperar obtener. Ahora se me permitía acceder a todo el espectro de inteligencia e información: confidencial, secreta, medidas alternativas de control compensatorio (ACCM), alto secreto, programas de acceso especial (SAP), programas de acceso controlado (CAP) y acción encubierta. En la jerga del Departamento de Defensa, era un «superusuario». Certificado como agente de operaciones técnicas especiales (STO), tenía el mismo tipo de autorización que los empleados de la Casa Blanca que llevan el teléfono rojo o los códigos nucleares para el presidente.

En los últimos años de la administración Obama, mi trabajo se centró sobre todo en la lucha antiterrorista. Se me encomendó la gestión de ciertos elementos de la bahía de Guantánamo y de la prisión secreta conocida como Camp 7. Era una especie de purgatorio donde Estados Unidos había recluido a los peores sospechosos de terrorismo.

Tenía todas las autorizaciones necesarias para trabajar en la Casa Blanca y en el Consejo de Seguridad Nacional. Tener tales autorizaciones simplificaba mi trabajo y conllevaba algunas ventajas. Por ejemplo, cuando entraba en el despacho del secretario de Defensa para informarle a él o al Estado Mayor Conjunto, siempre que llevara mis insignias y mi bolsa naranja, podía moverme libremente. Esta bolsa naranja indicaba a cualquiera con el que me topase que podía acceder prácticamente a cualquier lugar al que necesitara ir, sin preguntar nada. Cuando empecé a trabajar, me dijeron que era un delito federal detener y apartar a una persona de sus funciones, pero podría tratarse de una leyenda.

Desde el momento en que alcancé el nivel salarial GS-15 hace años, tuve derecho a un chófer y a un vehículo del parque móvil mientras trabajaba en el ODNI. Más tarde, en el Pentágono, disfruté de ventajas como un buen aparcamiento y, en ocasiones, se me ofreció el uso de un Gulfstream V (G-V) federal de la flota vip de Starlifters de la base aérea de Andrews. El término «Starlifters» hacía referencia a las estrellas presentes en las charreteras de los generales que pilotaban estas naves a destinos de todo el mundo.

Una vez, hace años, volé en un G-V del Gobierno cuando me pidieron que acompañara a un colega. Le gustaba enseñarme cómo vivía la otra mitad, pidiendo al chef de a bordo que nos preparara sándwiches y tortillas y llamando a los camareros para que nos sirvieran copas de vino. ¿Quién iba a pensar que el Gobierno estadounidense servía vino a sus empleados?

Mi colega era un buen hombre, pero aquella excursión me disgustó.

¿Vino y bocadillos de carne en un avión de cuarenta y cinco millones de dólares? ¿Cómo es posible eso en un *vehículo* del Gobierno?

No. Eso no es para mí. Me parecía mal vivir tan a lo grande con el dinero público. Además, crecí humildemente y veía estos privilegios como innecesarios, o incluso obscenos. Tal vez fuera por las viejas historias que contaba mi padre sobre cómo Cuba siempre tenía dos caras, la de los privilegiados y la de los campesinos. Y todos sabemos lo que pasó cuando el campesino por fin se hartó.

Si me dieran a elegir a la hora de volar, preferiría con mucho coger un *gray tail*, un transporte de carga de las Fuerzas Aéreas, antes que un llamativo G-V. Me sentía más a gusto viajando en una red de carga que en un asiento de cuero dorado. Si me daban a elegir al aterrizar, prefería un Humvee (vehículo militar multipropósito) a una limusina. Tenía más en común con el sargento de mi equipo de seguridad que con el coronel que se encargaba de cuidarme e informarme en mi destino. Al final de cada misión, no era raro que invitara a los soldados rasos a tomar una cerveza mientras rechazaba educadamente una invitación a cenar con el comandante de la base. Los soldados rasos eran mi gente: soldados trabajadores que comprendían el valor de un buen liderazgo y el caos que provocaba su ausencia. Las palabras del gran empresario estadounidense Harry Selfridge siempre me han sonado a verdad: «Un jefe dice "¡Marchen!"; un líder dice: "¡Vamos!"». A lo que yo añadiría: «¡Yo iré delante!».

—No pierdas el tiempo —solían decirme los empleados del Pentágono—. Coge el avión.

—De ninguna manera —respondía yo—. ¿Sabes cuánta gasolina gasta esa cosa?

Además, había un vuelo semanal a Guantánamo que se había utilizado para el juicio de las Comisiones Militares del 11 de septiembre. Era un 737 y podía transportar a cientos de personas a la vez. Me pareció un mejor uso del dinero de los contribuyentes. Mi trabajo en Guantánamo me trajo interminables rondas de drama y estrés. Un abogado de uno de los sospechosos del 11-S me etiquetó en un tribunal abierto como el «Zar estadounidense de la tortura». A partir de ese momento, algunos me calificarían para siempre como el «Darth Vader» de la nación. En un momento dado, me informaron de que Europa había emitido una orden de detención abierta contra mí y contra cualquier persona implicada en el tristemente famoso Programa de Entrega, Detención e Interrogatorio (RDI) de detenidos de alto valor (HVD). El Tribunal Internacional de Derechos Humanos había decretado que cualquier agente de los servicios de inteligencia estadounidenses implicado en ese programa sería juzgado si era detenido. Desde mi punto de vista, estaba sirviendo a mi país y a mi presidente, y evitando otro 11-S.

Algunas noches, llegaba a casa tan agotado que no podía dormir. Mi cerebro proyectaba para mis adentros las imágenes de aquellos FANI volando en formación en el vídeo del Predator. En mis pesadillas, los terroristas cazaban a mi familia. Los FANI y esos detenidos atormentaban mis días y mis noches. Aun así, enfrentarme a ambos era mi trabajo. El fracaso no era una opción. Para entonces, ya había estado en la guerra varias veces y me decía a mí mismo:

«Al menos, no me están disparando y no tengo bombas debajo del coche».

Así lo afronté. No obstante, aquello afectó mucho a mi salud. Engordé dieciocho kilos en el proceso.

Jenn me notaba dando vueltas en la cama cuando dormía. Sí, sabía que tenía que relajarme, le dije, pero dada mi carga de trabajo, a menudo no sabía cómo hacerlo. La administración Obama había jurado cerrar GTMO, o Gitmo, como se suele llamar a Guantánamo, a pesar de que me tenían dirigiendo su programa más secreto. Colegas míos me contaron que habían asistido a reuniones informativas en las que la cúpula de la administración había barajado mi nombre para eximirse de toda responsabilidad por el no cierre de GTMO, optando, en su lugar, por echarme a los tiburones como carnaza.

—No me echen la culpa a mí —llegó a afirmar un pez gordo—. GTMO sigue abierto gracias a una y solo a una persona: Lue Elizondo.

¿En serio? ¿Un empleado GS-15 era el responsable de impedir que todo un departamento y todo un Gobierno hicieran lo que querían hacer? Mientras tanto, me enteré de hechos que la mayoría de los funcionarios desconocían. La tasa de reincidencia de los terroristas que regresaban al campo de batalla era mucho mayor de lo que se decía públicamente: más del cuarenta por ciento había perdido a varios amigos a causa del encubrimiento de esto por parte del Pentágono. Habían sido asesinados por individuos que fueron puestos en libertad y que más tarde decidieron abandonar esta vida con bombas atadas al pecho. La administración quería ocultar ese hecho. También estaba la cuestión de los detenidos que utilizaban a los intérpretes de su equipo de defensa para enviar mensajes a otros terroristas. Se trataba de la prisión reconocida como más segura, Camp 7, que albergaba a algunos de los peores terroristas, los que admitieron su participación en el 11-S. Mis colegas, como John Robert, y yo creíamos que estas personas no debían ser puestas en libertad bajo ninguna circunstancia, pero los poderes fácticos no estaban todos de acuerdo. En los dos asuntos en los que participé, GTMO y FANI, consideré que debía darse mayor prioridad a los intereses del pueblo estadounidense. Estaban ocurriendo cosas que se estaban ocultando al público estadounidense y al Congreso.

Mi vida, en ese momento, era un tornado. Jenn era mi estrella polar cuando por breves momentos el cielo se despejaba, llena de sabiduría. El accidente en el paso de peatones de Annapolis había cambiado su visión de muchas cosas. Ya no le importaban los oropeles de esa vida de clase media-alta que supuestamente llevábamos. Ahora veía con total claridad lo que era más importante en la vida. Me preguntó: «Si murieras mañana, ¿a qué desearías haber dedicado tu vida?»

A punto de solicitar el divorcio más de una vez, Jenn se preocupaba ahora de tres cosas y solo de tres cosas: nuestras dos hijas y yo. Cada vez que llegaba a casa sumido en el estrés de la burocracia del Departamento de Defensa, ella calmaba mi mente y mi cuerpo con su irónico sentido del humor, recordándome el origen de su propia epifanía. «Chico —me decía—, ¡te tendría que atropellar un camión! Quizá entonces verías las cosas de otra manera».

Bueno, aún no estaba preparado para hacer tal cosa, pero fue un consejo que me ayudó a atravesar el drama laboral. Quería avanzar. Ansiaba respuestas al misterio de los FANI.

En el AATIP, centramos nuestro trabajo en preguntas sencillas.

¿Qué sabemos sobre *los FANI? ¿A qué podemos reducir todos nuestros conocimientos?* Los servicios de inteligencia se esfuerzan por encontrar patrones, por encajar las piezas de un enorme rompecabezas. El tema de los FANI es tan vasto que nadie podría tejer todos los hilos. El tema lo abarca todo, desde cómo vuelan los FANI hasta los relatos de los testigos, las cuestiones médicas, la ingeniería aeroespacial, los fenómenos inexplicables como los orbes y las luces, la física cuántica y las capacidades cognitivas humanas como la visión remota.

Debido a nuestra perspectiva militar, a menudo nos obsesionábamos con cosas tales como el aspecto de los aviones. La forma de los FANI es importante y nos resultó algo significativo al ver cómo operaban, pero también nos centramos en sus capacidades. Cuando observadores entrenados, como los pilotos, presenciaban los FANI en acción, ¿qué había en estos objetos que asombraba a los pilotos? ¿Qué impresionó a los expertos en aviación cuando les mostramos los vídeos?

Nos dimos cuenta de que todas las capacidades avanzadas observadas pueden clasificarse según cinco características de rendimiento distintas. Las denominamos observables.

El primer observable es la velocidad superpersónica.

El sonido viaja a una velocidad de 343 metros por segundo. Supersónico significa Mach 5, cinco veces la velocidad del sonido, es decir, entre 6.115 y 6.437 kilómetros por hora.

¿Tienen hoy los humanos vehículos que puedan ir a más de Mach 5? Sí, los tenemos. Por ejemplo, el X-15, el transbordador espacial de la NASA y algunos misiles pueden funcionar a velocidades superiores a Mach 5, pero solo en las capas altas de la atmósfera o en el espacio, donde la atmósfera es menos densa. A baja altitud, el aire es más denso, lo que dificulta exponencialmente los viajes a alta velocidad.

El SR-71 Blackbird puede alcanzar Mach 5 a gran altitud. Fabricado casi enteramente de titanio, si fuese más rápido, el avión se incineraría por el calor generado.

Además, cuando nuestras aeronaves alcanzan la velocidad supersónica, solemos oír un estampido sónico, al romperse la barrera del sonido. También hay otras señales asociadas, como son la ablación térmica y la ionización atmosférica, que también pueden ser detectadas por nuestros sensores.

Los FANI viajan habitualmente a Mach 17 y aún más rápido, a baja altitud, incluso a nivel del mar. Es decir, más de veinte mil kilómetros por hora, a baja altitud.

El siguiente observable es la aceleración instantánea, que se define como un aumento repentino de la velocidad. Los FANI que observamos viajan a veinte mil kilómetros por hora, a veces más, y aceleran y se detienen instantáneamente, en un abrir y cerrar de ojos. Esto incluye giros a alta velocidad que normalmente requerirían muchos kilómetros para ser completados por una aeronave convencional.

¿Tienen los humanos aviones que puedan realizar una aceleración instantánea? No, no como este.

Por ejemplo, a toda velocidad, el SR-71, conocido como «Blackbird», requiere un espacio aéreo de aproximadamente la mitad del tamaño del estado de Ohio para completar un giro a la derecha o a la izquierda. En cambio, los FANI realizan giros inmediatos en ángulo recto, a velocidades hasta diez veces superiores a las del SR-71.

Una de las consecuencias de la aceleración instantánea son las enormes fuerzas g que se generan. El término «fuerza g» describe cómo se siente el *impacto* de la gravedad y la aceleración cuando golpea el cuerpo humano. Esa emocionante sensación que se siente cuando una montaña rusa sube y baja son fuerzas g positiva y negativa. También se siente cuando el vagón de la montaña rusa circula a una velocidad relativamente lenta y luego se detiene.

Los pilotos de caza pueden experimentar fuerzas de hasta 9G durante un corto espacio de tiempo. Las maniobras con altas g conllevan el riesgo de desmayo, lesiones o muerte. Por esta razón, los pilotos llevan trajes especiales. Sin ellos, quedarían inconscientes mientras la sangre lucha por llegar a sus cerebros o, peor aún, los inunda.

Uno de los aviones tripulados más maniobrables es el F-16, de General Dynamics. Este avión, antiguo pero muy capaz, puede soportar fuerzas de aproximadamente 17G antes de experimentar un fallo estructural. Las alas empiezan a desprenderse y el avión comienza literalmente a desintegrarse.

En cambio, los FANI son capaces de soportar fuerzas de hasta varios miles de G, muy por encima de los límites que puede soportar el cuerpo humano. Los aviones convencionales se romperían en pedazos del tamaño de confeti.

El siguiente observable es un poco un oxímoron, porque es poco observable.

Todas las tecnologías modernas dejan una huella, ya sea ambiental, electrónica, acústica, térmica o visual. Por ejemplo, la mayoría de los aviones dejan estelas visibles en el cielo cuando vuelan y el calor de sus gases de escape convierte el vapor de agua en una fina corriente de nubes. Vemos estas estelas blancas todos los días. Sin embargo, los FANI no dejan casi ninguna huella observable, ni estampidos sónicos ni sonidos evidentes, ni ionización atmosférica, ni ablación térmica, ni estelas de condensación.

Afortunadamente, hay algunos casos en los que hemos recopilado datos limitados sobre los FANI, utilizando sistemas de captación visual, sistemas electromagnéticos como el radar y sistemas de recopilación acústica como el sonar. Sin embargo, captar datos claros ha sido todo un reto.

A veces, lo más importante es lo que no se ve. Los FANI son diabólicamente difíciles de detectar e identificar con cámaras, radares o a simple vista.

El siguiente observable es el viaje transmedio; es decir, la capacidad de operar en múltiples entornos, o dominios, como el espacio, nuestra atmósfera y bajo el agua.

Para que quede claro, tenemos vehículos en nuestro inventario actual que sí son transmedios. Por ejemplo, los hidroaviones pueden volar y flotar, pero reconozcámoslo: un hidroavión no es ni un avión muy bueno ni un barco muy bueno. ¿Por qué? Porque para construir la nave que pudiera operar en ambos entornos, aire y agua, sus diseñadores se vieron obligados a hacer concesiones en cuanto a rendimiento para que el vehículo hiciera lo que tenía que hacer.

En cambio, se ha observado que los FANI funcionan a la perfección en el espacio, en el aire y bajo el agua. En otras palabras, el mismo vehículo puede hacerlo todo igual de bien. Además, lo hacen sin comprometer sus prestaciones.

Por ejemplo, cuando tiras una piedra a un estanque, esperas ver un chapoteo y una ondulación. Este no es el caso de los FANI. Se ha visto a estos objetos pasar del espacio a nuestra atmósfera y luego sumergirse en el océano sin reducir la velocidad, sin salpicar y producir sin ningún efecto evidente en el entorno circundante.

El siguiente observable se describe mejor en la lengua vernácula como antigravedad. «Antigravedad» es una palabra maldita en la mayoría de los círculos científicos, pero, en esencia, significa la capacidad de desafiar los efectos naturales de la atracción gravitatoria que ejerce la Tierra sobre los objetos del entorno. Todos experimentamos la gravedad en la Tierra por igual, porque la masa de la Tierra es constante. Nos atrae a todos por igual hacia el centro de la Tierra, a 9,8 metros por segundo.

Como resultado, en la Tierra experimentamos la gravedad como el equivalente a una fuerza de 1G. La gravedad está directamente relacionada con la masa del objeto.

Si yo estuviera en la Luna y tú en Júpiter, cada uno de nosotros experimentaría la gravedad de forma diferente. La gravedad en la Luna es más débil porque su masa es mucho menor que la de Júpiter. Todo esto forma parte de la física newtoniana. No fue hasta Einstein cuando aprendimos que la gravedad es mucho más que una simple fuerza de atracción. La gravedad es, de hecho, la deformación del propio espacio-tiempo. En efecto, el tejido mismo del espacio está inextricablemente ligado a la propia noción de tiempo.

Si yo estuviera en la Luna y llevara un reloj de pulsera, experimentaría el tiempo un poco más rápido que en la Tierra o en Júpiter, porque la masa de la Luna es mucho menor y, por tanto, deforma un poco menos el espacio-tiempo.

Sin embargo, los FANI parecen desafiar el efecto natural de la gravedad terrestre sin ningún medio evidente para hacerlo, es decir, sin signos de propulsión o sustentación.

Sin alas, sin rotores, sin hélices. Sin superficies de control ni medios para maniobrar.

Los FANI destacan porque son capaces de cumplir estos cinco requisitos. Puede que no los muestren todos en cada encuentro individual, pero nos pareció que eran capaces de conseguirlos cuando se les presionaba para que lo hicieran.

El sexto observable no es una característica de vuelo y aún se no ha discutido públicamente por parte de nuestro Gobierno, pero ya lo he mencionado antes: los efectos biológicos.

Una vez más, he de decir que muchos miembros del personal de servicio y agentes de información que tuvieron encuentros con FANI han sufrido efectos biológicos como resultado de sus experiencias. Entre ellos se incluyen quemaduras por radiación, daños en órganos internos y otros problemas médicos muy reales y documentados.

Los efectos biológicos también incluyen distorsiones paradójicas del tiempo y la percepción que se revelan cuando los testigos hablan de sus encuentros.

Algunos pilotos, al ser interrogados, insistieron en que un encuentro en concreto solo había durado cinco minutos, pero el reloj indicaba que en realidad habían transcurrido treinta. Sin embargo, sus aviones indicaban que solo habían consumido cinco minutos de combustible. Algunos pueden atribuirlo a un fallo eléctrico, pero nosotros hemos visto pruebas suficientes para afirmar lo contrario.

Dicho de otro modo, la forma en que experimentamos el tiempo *parece* lineal. Un segundo sigue a otro.

Sin embargo, el tiempo no funciona así. Gracias a Einstein, sabemos que el tiempo es relativo. También lo es el espacio. Es un concepto difícil de entender.

Ahora estamos aprendiendo que el tiempo también puede ser relativo en cuanto a escala. El físico Max Planck desarrolló una escala llamada Tiempo de Planck para describir lo que ocurrió en el universo durante su fase inicial de existencia y expansión. Cada unidad de tiempo Planck es inimaginablemente diminuta. Hay más segundos Planck en un segundo humano que segundos desde los albores del universo hasta ahora. Catorce mil quinientos millones de años son muchos segundos humanos. El tiempo de Planck nos ayuda a visualizar nuestro protouniverso cuando era más pequeño que una molécula. Pudo ser pequeño, pero ya era un universo complejo. En resumen: el tiempo es más extraño de lo que imaginamos, y puede ser la clave del misterio de los FANI.

Creamos nuestra lista de seis observables para comprender mejor lo que no podíamos comprender. Nos permitieron identificar mejor y separar lo conocido de lo desconocido.

Cuando estábamos elaborando nuestra primera lista, se produjo un extraño avistamiento en Aguadilla (Puerto Rico) que parecía sintetizar gran parte de lo que acabamos de comentar. Se avistó un FANI cerca del aeropuerto y, con rapidez, un helicóptero del Departamento de Seguridad Nacional de Estados Unidos salió a su encuentro. Inicialmente, se pensó que era un narcotraficante o un dron, pero luego vieron el objeto cerca de una base de la Guardia Nacional. El objeto, pequeño, asimétrico y lobulado, pareció detectar que estaba siendo vigilado por uno de nuestros helicópteros. Cuando lo hizo, se alejó a toda velocidad. Los pilotos vieron cómo el objeto atravesaba en picado un aeródromo y se dirigía directamente a las aguas abiertas del Atlántico. Mientras el helicóptero lo perseguía, el objeto hizo lo inimaginable. Se zambulló en el océano (viaje transmedio). Este debería ser el final de la historia, pero no, pues los FANI siempre tienen una forma de subir la apuesta. Esta cosa volvió a salir del océano y se dividió en dos naves, aparentemente diferentes, antes de desaparecer de la vista (baja observabilidad), todo ello sin causar ningún chapoteo o dejar una estela.

Increíble, pero no era la primera vez que veíamos este tipo de actuación. En los famosos avistamientos que tuvieron lugar en Michigan en

1966, los testigos también vieron luces que se dividían en un punto. Exteriormente, una persona normal no confundiría los orbes y las luces con aviones. No obstante, si la visibilidad fuera baja, tal vez sí lo haría.

Luego se produjo el incidente de 1999, en el que se vieron implicados un helicóptero de recuperación de la Marina y un misil de crucero. La Marina probaba a menudo sus misiles de crucero desde aguas puertorriqueñas. A una hora predeterminada, la Marina disparaba un misil sobre el océano. Cuando el misil se quedaba sin combustible, golpeaba contra el océano y se hundía. Ese misil no tardaba en soltar su lastre y salir a la superficie para ser recuperado. Entonces, una tripulación de helicóptero devolvería el misil para su análisis.

En una tarde soleada, una tripulación –un piloto, un copiloto, un jefe de tripulación y un hombre rana– se encontraba a mitad de camino para hacer una recuperación. Mientras el hombre rana colgaba de su arnés, un gran objeto circular del tamaño de una pequeña isla comenzó a subir a la superficie, directamente bajo el misil y el hombre rana. No era un submarino, sino un objeto de forma circular, negro y enorme. El piloto me dijo que era negro como el diablo, y que el agua empezó a agitarse y a rodar como un guiso de brujas. La tripulación entró en pánico. Al ver que el océano se agitaba bajo ellos, el piloto del helicóptero subió. Cuando el helicóptero se elevó, el piloto se dio cuenta de que el misil era absorbido por el agua. La enorme sombra se hundió y desapareció por completo. El incidente cesó tan rápido como había empezado, dejando a la tripulación estupefacta. Por cierto, ese misil estaba diseñado para transportar varios tipos de cargas útiles. Una de ellas es una cabeza nuclear táctica aunque, en este caso, se trataba simplemente de un misil de prácticas.

Llegamos a plantearnos por qué los FANIS mostraban tal preferencia por las grandes masas de agua. ¿Se retiraban a una base submarina? ¿Se sumergían en los océanos para espiar a los submarinos nucleares? ¿Se escondían de la humanidad? La mayor parte de la Tierra es agua, la mayor parte de la cual permanece inexplorada, así que, si querías esconderte de la humanidad, ese es un lugar obvio al que ir. Se formularon muchas teorías.

Con el paso del tiempo, Hal solicitó y obtuvo permiso para publicar todos menos uno de los artículos que había escrito para nosotros. Contribuyó con su trabajo a una publicación científica seria, revisada por pares, el *Journal of the British Interplanetary Society*. El artículo hablaba de cómo podría funcionar un FANI, aunque las siglas FANI y OVNI no aparecen en ninguna parte. En su haber, la publicación cuenta con muchos años de compromiso con la promoción de ideas inusuales y progresistas en física.

Hasta entonces, nadie en el Gobierno ni en la comunidad física le había dado a Hal lo que nosotros teníamos: una lista de atributos verificados, extraídos de las plataformas de detección más fiables que existen.

Éramos como detectives de policía. Hal y Eric eran como criminólogos superdotados. Sus teorías no tenían sentido sin las pruebas policiales, pero las pruebas policiales eran inútiles sin un motivo. Mediante la elaboración de los observables, habíamos eliminado las distracciones. Cuando se resumen setenta y cinco años de trabajo detectivesco, ¿qué sabe el Gobierno de EE.UU. sobre los FANI? ¿Qué podemos demostrar?

Esto era algo útil, sobre todo para un científico como Hal. Se moría de ganas de meter nuestro trabajo y sus teorías en el supercolisionador de su cerebro. Cuando salió de mi despacho, se le veía ansioso por ponerse a trabajar, embarcado en una misión para explorar en busca de más respuestas.

CAPÍTULO 13
DÓNDE ESTÁN LAS PRUEBAS

Se nos dijo específicamente que un contratista de defensa, asociado con el Programa Legacy, tenía en su poder materiales de FANI de origen no humano, fabricados por alguna civilización de algún planeta lejano. Cuando Jay fue a preguntar de nuestra parte, el contratista reconoció que sí, que estaban en posesión de ese material. Dijeron que nos darían acceso a él, pero que, primero, teníamos que obtener el permiso del secretario de las Fuerzas Aéreas estadounidenses.

Se trataba de un acontecimiento importante. El contratista reconocía la existencia de un antiguo memorándum elaborado por las Fuerzas Aéreas que obligaba al contratista a cumplir los estrictos requisitos de manipulación de la USAF. Esto demostraba que, efectivamente, las Fuerzas Aéreas no solo conocían las recuperaciones de restos de accidentes, sino que tenían un control histórico sobre las mismas y una influencia sobre este contratista de defensa, y probablemente sobre otros. En palabras del propio contratista, después de décadas, ya no eran capaces de obtener ningún conocimiento significativo del material recuperado y lo consideraban ahora una costosa responsabilidad.

Ya sabíamos o sospechábamos que un puñado de empresas aeroespaciales habían sido autorizadas a aceptar y conservar para siempre cualquier tecnología extraterrestre que llegara a manos del Gobierno estadounidense. Sin embargo, no hablaban, y trabajaban activamente para que te despidieran o cancelaran tu autorización si empezabas a hacer preguntas. Así que esto era muy interesante, pero demasiado bueno para ser verdad.

Ahora ya sabíamos que la Fuerza Aérea había sido durante mucho tiempo un actor clave en los esfuerzos de Legacy, y este contratista en concreto probablemente se había reído mucho enviándonos a esta misión para tontos. En realidad, no tenían ninguna intención de entregarnos el material. Aquello supuso un recordatorio descarado del poder del complejo militar-industrial y, en concreto, de su poder en lo que se refiere al Programa Legacy sobre FANI.

Desde el momento en que me incorporé al equipo, comprendí que la Fuerza Aérea se mostraba, por alguna razón desconocida, obstinadamente poco cooperativa en el tema de los FANI. Su resistencia era irritantemente real. No puedo enumerar las veces que enviamos correos electrónicos cuidadosamente elaborados a los enlaces de las Fuerzas Aéreas solicitando información o detalles de seguimiento sobre incidentes con FANI, solo para que las solicitudes fueran denegadas o ignoradas por completo.

En mis primeros días, sencillamente, asumí que la USAF estaba en fase de negación. ¿Quizás estaban quemados por el espectáculo de payasos que se orquestaron con los proyectos Signo, Grudge y Libro Azul? Quizá les avergonzaba el hecho de no dominar nuestros cielos. Eran los máximos responsables de proteger el espacio aéreo estadounidense, pero cuando se trataba de FANI, habían fracasado estrepitosamente. Tal vez para la cúpula de la Fuerza Aérea, hablar con franqueza de los FANI significaba reconocer esta última cuestión. O puede que los actuales mandos, simplemente, no supieran mucho sobre el tema. Tal vez habían enterrado el pasado cuando eliminaron el Proyecto Libro Azul, en 1969. Sin embargo, yo me había hecho mayor, era más sabio y estaba mejor informado. Me había quedado muy claro que la Fuerza Aérea formaba parte del encubrimiento.

Pasaron los días y cada vez estaba más enfadado. Estábamos investigando lo impensable y otros miembros del Gobierno nos lo ocultaban. Sabíamos que nuestros adversarios tenían sus propios programas de investigación sobre FANI. También estábamos investigando incursiones regulares en nuestro espacio aéreo restringido más secreto y problemas urgentes de seguridad nacional. ¿Cómo podía ser posible que otras personas que trabajaban para nuestro Gobierno no compartieran con nosotros lo que sabían? Esto me resultaba algo tan incomprensible como atroz. Iba en contra de todo instinto de seguridad nacional. En esencia, si no eres parte de nuestra solución, entonces eres parte de nuestro problema.

Pensé en el 11-S y en cómo se podría haber evitado si las agencias hubieran compartido información. En aquel caso, tenías a la CIA en posesión de información, al FBI en posesión de información, a otras organizaciones en posesión información, y francamente, si la hubieran compartido entre todos, podrían haber evitado el atentado de Al Qaeda.

Tuvimos que insistir.

Sabiendo que el Gobierno estadounidense había recuperado naves intactas y parciales, ¿dónde estaban los restos biológicos? ¿Dónde demonios están las muestras *biológicas?*

Tras años de trabajo sobre el tema, aún no habíamos recibido respuesta a esta pregunta clave. Lo único que recibía eran excusas tras excusas. Teníamos datos, informes, fotos, vídeos e innumerables testigos presenciales.

Si se acepta que la era *moderna* de avistamientos de FANI data de 1947, eso significa que quienes nos precedieron tuvieron casi ochenta años para ofuscar y literalmente enterrar la verdad.

Algunos altos funcionarios me contaron, de forma continua y confidencial, que grandes empresas aeroespaciales han formado parte del Programa Legacy para recuperar y aplicar ingeniería inversa a los materiales del accidente. Los grandes nombres incluían a Lockheed Martin, TRW, McDonnell Douglas, Northrop Grumman, Boeing, Raytheon, BAE Systems y Aerospace Corporation, todos los cuales han sido durante mucho tiempo miembros prominentes del complejo militar-industrial estadounidense. También me dijeron que Monsanto, una corporación de biotecnología absorbida por Bayer en 2018, puede haber estado históricamente involucrada, muy probablemente tratando con especímenes biológicos.

Quién sabe cuántos inventos y avances tecnológicos de gran valor se derivaron de esta investigación, y cuánto dinero ganaron estos contratistas.

Si otra organización disponía de ochenta años de información sobre lo que estábamos investigando, deberíamos haber colaborado con ella en lugar de competir. Deberíamos haber trabajado juntos para abordar los problemas que afectan a seguridad nacional. La existencia del Programa Legacy significaría que había una profunda conspiración en el seno del Gobierno de Estados Unidos para ocultar la verdad a los ciudadanos estadounidenses. Un programa así requeriría enormes recursos y no solo para llevar a cabo las operaciones diarias. Solo los costes de seguridad del programa serían obscenos. Más tarde, supe que la verdad era mucho más compleja e impresionante de lo que había imaginado.

En cualquier caso, si queríamos avanzar, necesitábamos acceder a las muestras biológicas y a los materiales tecnológicos. Íbamos contrarreloj.

¿Podríamos encontrar a alguien que trabajara directamente en los programas de ingeniería inversa y estuviera dispuesto a ayudarnos? ¿O alguien les había metido el miedo en el cuerpo? Solo más tarde nos enteramos de que los poderes fácticos se valían de una ley arcaica, la Ley de Espionaje de los Estados Unidos, de principios del siglo XX para mantener a la gente callada. Enarbolaron esta ley para amenazar al personal militar y a los contratistas con que serían ejecutados sin juicio previo si hablaban.

Al final, después de insistir sin cesar, me enteré de que las muestras biológicas no humanas se habían trasladado muchas veces y algunas estaban ahora en Fort Detrick, Maryland, o en la Administración de Alimentos y Medicamentos de Estados Unidos. Irónicamente, las muestras se habían movido tanto que su cadena de custodia original podría haberse perdido, con muestras guardadas en un frigorífico en algún lugar sin que nadie tuviera ni idea de qué eran o de dónde venían. En cuanto a las muestras de bovinos relacionadas con supuestas mutilaciones de ganado, se pueden encontrar en el Departamento de Agricultura de Estados Unidos.

Un veterinario de Montana, que casualmente trabajaba con el Departamento de Agricultura y realizó autopsias a algunas de las reses, me expresó su preocupación por el hecho de que estas pobres criaturas hubieran sido sacrificadas con una tecnología que aún no conocemos, y también porque que nadie se lo hubiese tomado en serio, aparte de los ganaderos. No tenía forma de llegar a esas u otras muestras, lo que no hizo sino aumentar la frustración que todos sentíamos.

CAPÍTULO 14

EN BUSCA DE AVANCES

Hal estaba muy centrado en tratar de averiguar cómo explicar los observables utilizando la física tal y como la conocemos, concretamente, la teoría de la relatividad de Einstein.

La mayoría de la gente considera el trabajo de Einstein como una teoría abstracta. Los astrofísicos, sin duda, pero los científicos como Hal no pueden permitirse ese lujo. Por supuesto que les encanta deleitarse con las matemáticas, pero, al final, lo que quieren es dejar de lado la pizarra y construir algo que funcione de verdad. En la oficina de Hal en Austin, Hal y sus colegas disponían de mil quinientos metros cuadrados de laboratorio. Eran pensadores y creadores. Cuando visité el laboratorio de Hal, me enseñó un dispositivo gravitatorio que él y Eric Davis habían construido, y que era tan sensible que detectaba el campo gravitatorio de un automóvil estacionado en un aparcamiento adyacente.

De vuelta en nuestro SCIF, Hal hojeó su trabajo académico, en el que mostraba cómo los humanos podían aprovechar el vacío del espacio para proporcionar energía y empuje a los aviones. Hal era un experto en la teoría de la energía de punto cero, un santo grial de la ciencia que estipula que hay energía libre incluso en el vacío del espacio, y que podemos aprovecharla. Imaginemos un campo de energía que forme parte literalmente del tejido universal del espacio-tiempo, del mismo modo que el aire que nos rodea no es solo espacio invisible, sino un sustrato muy real.

Los científicos saben desde hace tiempo que el espacio rebosa de energía, estructura y campos. Teníamos que dejar de obsesionarnos con las limitaciones que nos imponían las reglas del espacio. Había llegado el momento de soñar cómo podríamos *diseñar el vacío* para que sirviera a nuestras necesidades. Si pudiésemos explotar el pegamento que mantiene unido el universo, podríamos olvidarnos de la electricidad y el electromagnetismo.

Se lleva hablando de esta idea desde los años noventa. Como en el espacio no hay gasolineras y la distancia entre los objetos es inmensa, tuvimos que considerar la física no newtoniana. Tecnologías tales como el combustible para cohetes, la propulsión nuclear y los trajes espaciales no bastan para atravesar la galaxia, y mucho menos fuera de nuestro propio sistema solar. Si queremos viajar largas distancias, debemos recurrir a otras tecnologías y fuentes de energía para llegar a donde queremos. La carrera hacia Marte es, en cierto sentido, el comienzo de ese viaje. Seguir con el combustible para cohetes es como utilizar un coche de caballos para viajar de Nueva York a Los Ángeles en lugar de un 757.

Los artículos que Hal escribió junto a nosotros en el pasado proponían un nuevo paradigma para los viajes interestelares. Su razonamiento era simple: «Oye, mira. Si alguien ya ha descubierto cómo hacer lo imposible, nosotros también podemos». Yo no podía estar más de acuerdo. Su artículo hablaba de motores de curvatura, agujeros de gusano, máquinas del tiempo...

Sonaba a ciencia ficción y, en cierto modo, lo era; y lo sigue siendo. La expresión *motor de curvatura* fue inventada por un escritor de ciencia ficción que escribía para revistas *pulp* de los años treinta. El productor de televisión Gene Roddenberry utilizó esas palabras para explicar cómo el USS Enterprise podía recorrer distancias tan largas en su exitosa serie *Star Trek*. La serie dio a conocer el concepto y, por desgracia, nos hizo pensar que la teoría era fruto de la imaginación de Hollywood. En realidad, los centros de investigación del Gobierno de EE.UU. asociados con el Departamento de Defensa, la NASA y el Instituto Tecnológico de Massachusetts consideraron en serio tal idea.

Mi madre, Janise Elizondo, a principios de los años setenta, sentada en el restaurante de un hotel que regentaba mi padre.

Mi padre, Luis Elizondo, conmigo hacia 1976. Un raro momento en el que mi padre no estaba trabajando y tuvo tiempo de hacernos una foto profesional a los dos, probablemente a instancias de mi madre.

Mi padre, en los Everglades de Florida, disparando un AR-15, luciendo una barba muy parecida a la de Fidel Castro. Una vez revolucionario, siempre revolucionario.

Mi padre me llevaba a volar cuando era muy joven. Aquí estoy aprendiendo a pilotar un Cessna, hacia 1978.

En los Everglades de Florida, disparando con un fusil de asalto automático israelí Galil. Tenía unos ocho años.

ROTC en noveno grado, Sarasota, Florida. La boina azul significaba miembro de los *Cannoneers*.

Entrenamiento básico del ejército estadounidense, 1995.

Ejercicio de entrenamiento en Corea del Sur, en una época de crecientes tensiones con Corea del Norte.

Día de despliegue en Afganistán a finales de 2001. Los familiares se reunieron para despedirse de sus seres queridos. Las sonrisas ocultan el verdadero dolor de dejar atrás a mi mujer y a mis dos hijos pequeños.

Con el director del FBI, Robert Mueller, en Kandahar. Como parte del Cuerpo Especial Dagger, el FBI fue una de las muchas organizaciones estadounidenses con las que trabajamos para localizar células terroristas que operaban en la zona.

Una visita a Italia en 2018 durante un rodaje *de Unidentified: Inside America's UFO Investigation*. Paolo Guizzardi (izquierda), Tom DeLonge (centro) y yo. Conocimos a individuos de la comunidad militar y de operaciones especiales italiana que habían presenciado e investigado por sí mismos muchos incidentes de FANI. Italia ha registrado quince mil incidentes de FANI desde 1901.

Una visita a Argentina para rodar *Unidentified*. Tuve el placer de reunirme con varios altos funcionarios, incluido su secretario de Defensa. También conocí a pilotos de caza que se enfrentaron a FANI e incluso intentaron derribar uno.

Con Chris Mellon, exsubsecretario adjunto de Defensa para Inteligencia, en 2023 durante uno de nuestros muchos viajes al Capitolio.
Cortesía del Departamento de Defensa.

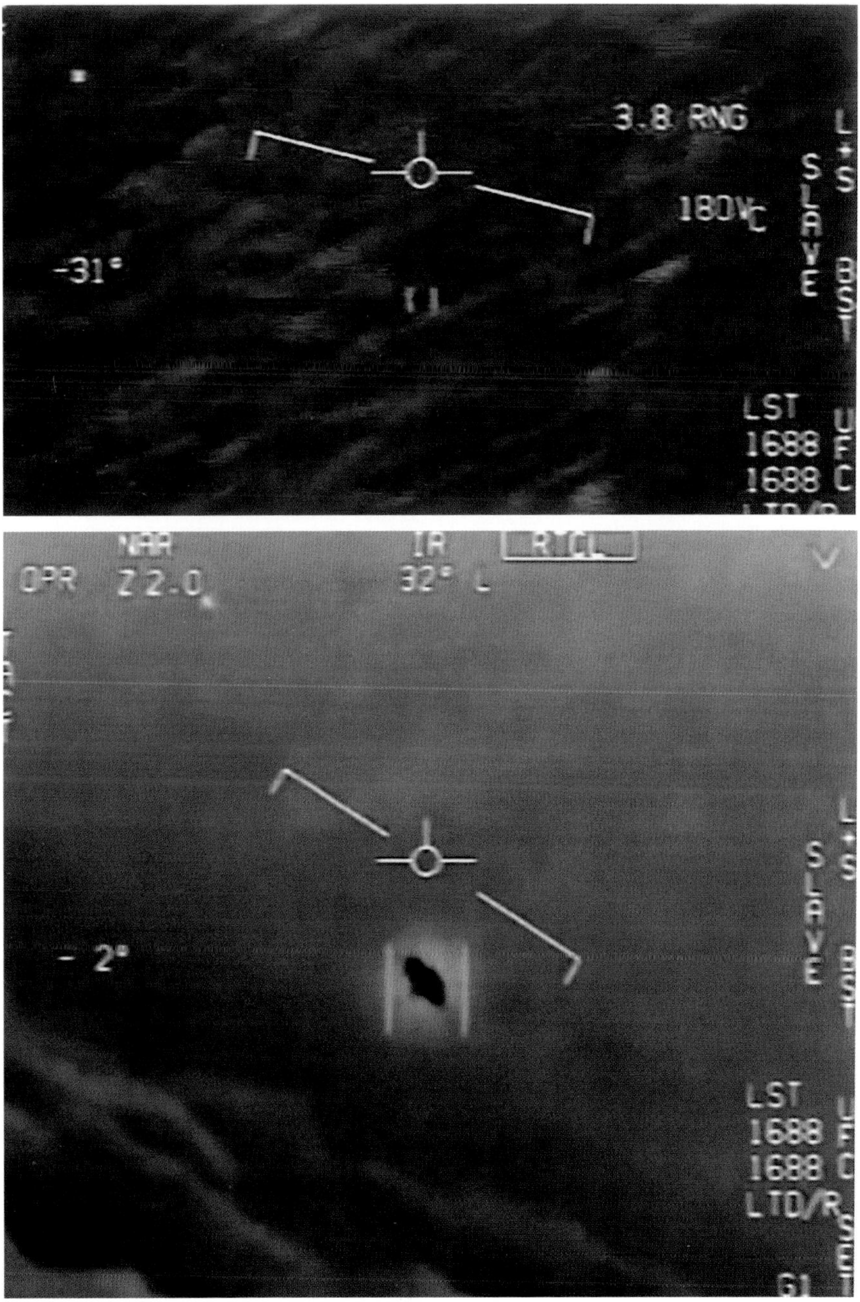

Imágenes de los vídeos de Tic Tac y GIMBAL que ayudé a publicar para dar más transparencia al Gobierno y su concienciación sobre los FANI. (Cortesía del Departamento de Defensa.)

En el Capitolio, visitando a los miembros del Congreso en 2024.

En México, un joven llamado Miguel Alcubierre Moya creció inspirado por *Star Trek*. A los treinta años, en su tesis doctoral en física teórica, Alcubierre, entonces estudiante en la Universidad de Cardiff (Gales), demostró cómo podían funcionar en teoría los motores de curvatura. Años más tarde, Alcubierre le contaría a un curioso fan que le había escrito que, efectivamente, las palabras *motor de curvatura* de su densísimo trabajo académico procedían directamente de *Star Trek*. (El admirador no era otro que el actor William Shatner.) Por supuesto, nada es tan sencillo en el campo de la ciencia. Después de Alcubierre, varios físicos escribieron artículos en los que decían que los motores de curvatura podían ser posibles, pero que seguramente no eran prácticos. Otros decían que algo así nunca funcionaría.

Hal conocía esta historia al dedillo. Tampoco era ajeno a la controversia. Décadas atrás, su aparición en la portada de la revista *Time* por su papel en el programa Stargate ya había puesto en su contra a científicos curtidos.

En 1955, cuando tenía diecinueve años y estudiaba ingeniería, Hal se sintió fascinado por una serie de artículos publicado en el *Miami Herald* sobre cómo los ingenieros de aviación estaban explorando la posibilidad de crear aviones antigravedad. ¿Podríamos, como sugería Alcubierre, borrar el impacto de la gravedad? ¿Y podríamos, tal como Hal –ahora un hombre de más de setenta años– estaba contemplando, construir aviones que pudieran volar bajo ese paradigma?

¿Qué significaría eso para los habitantes de la Tierra que observaran esa nave espacial?

¿Qué les ocurriría a los humanos en presencia de una nave así?

¿Cómo verían el mundo los seres a bordo de esa nave?

Hal repasó los seis observables de mi equipo. Sonrió y cogió su lápiz. Más tarde nos revelaría sus conclusiones, pero me estoy adelantando otra vez.

Mientras tanto, Garry Nolan y Jacques Vallée hablaban seriamente de colaborar en un artículo académico sobre materiales exóticos recuperados del accidente de un FANI décadas antes. En 1977, durante una noche cercana a Navidad, se divisaron unas luces extrañas en el cielo de Council

Bluffs, Iowa. Cuando los testigos corrieron hacia el lugar donde estas luces se acercaban al suelo, no encontraron un avión, sino lo que parecía un pequeño charco de metal fundido. ¿Se había fundido la nave al chocar con la Tierra? ¿Se había fundido en el aire y se había precipitado al suelo? Vallée había obtenido materiales recuperados de este incidente. Sospechaba que las luces multicolores vistas en el cielo por los testigos procedían de una nave que daba bandazos, en apuros. Cuando no se encontró ninguna nave en el suelo, surgió la pregunta: ¿Era el charco de metal fundido algún tipo de subproducto de la nave?

Tras algunos avistamientos, los investigadores habían recuperado una fina fibra metálica en el suelo. La llamaron «cabello de ángel». He manipulado algo de ese material. Se parece un poco a la lana de acero. La teoría sobre la que trabajamos es que los exteriores de estas aeronaves son de naturaleza ablativa; es decir, que son capaces de autosacrificarse. Cuando la piel de la nave interactúa con la unidad de propulsión, la nave expulsa o se desprende de parte de su superficie exterior, dando lugar a estas fibras.

En 1977, el caso Council Bluffs había sido objeto de una investigación inusualmente rigurosa por parte de las autoridades locales y federales. Era un caso emblemático de primer orden. Al igual que aquel encuentro con el USS Nimitz, este suceso civil encajaba en el perfil de un caso que podía servir de modelo para un estudio más profundo. Desde 1977, la tecnología metalúrgica había mejorado enormemente. Nolan tenía en su laboratorio una batería de instrumentos que, en su opinión, permitirían a Jacques entender mejor la muestra que tenía en su poder.

Al mismo tiempo, Garry también estaba trabajando con Will en la elaboración de un programa para estudiar las cuestiones planteadas por las circunstancias de los pacientes de Will. Conocí a Nolan tarde, en lo tocante a su relación con el proyecto. Aunque sabía de él y de su trabajo con nosotros, nunca nos informó en el Pentágono sobre en qué estaba trabajando directamente para Will. Recibíamos las actualizaciones sobre este tema de Will y confiábamos plenamente en la competencia de Nolan. El descubrimiento del tema del caudado-putamen nos dio pistas sobre la necesidad de examinar los cocientes intelectuales de los grupos de pacientes del estudio, incluidos los contactados y los videntes remotos. Cuando así lo hicieron, los cocientes intelectuales eran significativamente altos. Se trataba de un grupo de personas muy brillantes.

Garry pensó que sería una buena idea el investigar también el caudado-putamen de otros grupos de personas para establecer una base de referencia. Puso en marcha un proyecto para que algunos estudiantes de posgrado examinaran los escáneres cerebrales de tres grupos de personas: un grupo de control, un grupo con diagnóstico de autismo y un grupo con esquizofrenia. Los adultos y niños autistas experimentan distintos problemas de desarrollo, pero algunos son genios, lo cual es un signo de inteligencia asombrosa que la ciencia está empezando a comprender. Los esquizofrénicos, a su vez, suelen tener visiones o alucinaciones, pero en algunos casos también pueden ser genios.

En efecto, el equipo de licenciados de Nolan descubrió que tanto los autistas como los esquizofrénicos presentaban en sus caudado-putamen ligeras diferencias –patologías– con respecto a la media. Esto es algo puede sugerir que sus dotes de intuición estaban algo alteradas para bien o para mal. De hecho, algunos de estos individuos pueden tener dones que les permiten percibir o interpretar información que normalmente se descarta.

¿Explica esto por qué un maestro de ajedrez es un maestro de ajedrez? ¿Puede explicar las supuestas capacidades psíquicas e incluso la visión remota? Si la capacidad psíquica existe realmente, según la teoría de Nolan, tendría que estar relacionada de algún modo con el caudado-putamen.

¿Atraía el caudado-putamen de algún modo los FANI hacia los contactados? ¿Estaban los videntes remotos, al igual que los psíquicos, captando y tamizando las señales del mundo a través de esta supuesta antena de sus cerebros?

Nolan soñaba con hacer algunos estudios de ADN sobre la cuestión crucial. En su opinión, el caudado-putamen era el *hardware* que permitía a estos cerebros realizar su trabajo. El ADN era el diseño del *hardware*. Si conseguíamos los permisos de los pacientes adecuados y proponíamos el tipo de estudio correcto, tal vez podríamos identificar un gen que predispusiera a una persona a una mayor intuición, capacidad psíquica y, sí, tal vez incluso atracción a los FANI.

Los argumentos a favor de la causalidad genética no eran tan descabellados. Una psicóloga escocesa había rastreado el don de la premonición a través de árboles genealógicos, en su país natal. En Escocia era común que un niño heredara el don de la «segunda visión» de su padre. En las tradiciones nativas americanas e indígenas, el chamanismo se aceptaba sin reservas. No se consideraba sobrenatural entrar en comunión con la naturaleza o la vida salvaje ni utilizar esa experiencia para guiar a otros hacia un nuevo estado de curación, existencia o muerte. Los chamanes conectaban con el mundo de los espíritus a través de un estado de trance, a veces con la ayuda de psicodélicos. Las culturas eurocéntricas, impregnadas de creencias judeocristianas tradicionales, tendían a considerar estas cosas como extrañas, raras, dañinas o demoníacas. Sin embargo, ese tabú no existía en las comunidades indígenas. Tales prácticas eran socialmente aceptables. Como he dicho antes, quizá este *don* fuera en realidad una antigua habilidad compartida por muchos de los primeros humanos antes de la extensión del habla verbal y el lenguaje escrito; un sentido vestigial que quedaba de los tiempos primigenios y que permitía a la especie sobrevivir, detectando los peligros que le acechaban.

Lo que más interesante me resultó a mí fue el descubrimiento por parte de Will y Garry de la conexión con los pueblos indígenas de Norteamérica. Resultó que casi todas las personas de los estudios de Will –funcionarios militares y de inteligencia con capacidades de visión remota y/o encuentros con FANI y efectos biológicos– tenían ADN indígena norteamericano. En concreto, sangre cheroqui.

Y lo que fue aún más sorprendente, socializar esta revelación me llevó a descubrir también que casi todos los que participaban en el AATIP también tenían los mismos antecedentes. Yo la tenía; Jay también; Hal también; al igual que John Robert y otros.

Aún más extraño resulta que personas clave en los comités del Senado, personas muy activas en este tema, resultaron tener sangre cherokee. ¿Ere todo esto fruto de una extraña coincidencia?

Mi madre heredó sangre cheroqui de su familia de Kentucky. ¿Fue un designio mío encontrarme en este trabajo? ¿Fue siquiera mi elección, o fue tan solo el destino?

Empecé a cuestionarme muchas cosas. No solo la visión remota, no solo los FANI, sino la arquitectura misma de nuestra realidad.

¿Crees que las hormigas del hormiguero saben que están en un hormiguero y que siguen caminos diseñados para ellas? ¿Y que, por mucho que lo intenten, nunca podrán moverse en más de dos dimensiones, aunque existan en un mundo tridimensional?

CAPÍTULO 15

USS ROOSEVELT

En 2015, Jay recibió una serie de correos electrónicos, enviados por importantes miembros del Mando de las Fuerzas de la Flota de los EE.UU. en Norfolk (Virginia). En ellos se detallaban las incursiones de los FANI sobre el portaaviones USS Roosevelt. Jay me reenvió dichos correos electrónicos y me llamó para hablar de los hechos. El portaaviones estaba participando en un despliegue de diez meses por el Golfo Pérsico. Resulta que, durante las maniobras previas al despliegue a finales de 2014, en aguas de Virginia y hasta Florida, la tripulación tuvo hasta veintidós encuentros distintos con FANI. Los Hornets a bordo del portaaviones habían sido sometidos recientemente a actualizaciones para mejorar sistemas de radar que databan, en algunos casos, de la década de 1980. Pensando que podrían ser solo artefactos o algún otro problema con los nuevos radares de alta sensibilidad, los pilotos investigaron y validaron a simple vista y con diversos sensores. Había *decenas* de FANI operando en el espacio aéreo de uso restringido, donde ningún avión está autorizado a volar, aparte de las aeronaves militares estadounidenses.

La mayoría de estos FANI eran pequeños. Debido a su ubicación y a su osadía, nuestro personal supuso en un primer momento que se trataba de drones o sondas operados por algún programa militar estadounidense clasificado. Tal vez a la Marina se le habían *cruzado los cables* con una empresa de alto secreto que probaba nuevos equipos. ¿Era posible? Teníamos procesos para descartar esa opción, y así se hizo con rapidez.

El ejército y sus socios aeroespaciales tienden a evitar probar nuevos equipos cerca de pilotos que no han sido informados sobre la nueva tecnología. Disponemos de inmensidades de espacio aéreo seguro y remoto reservado para estas pruebas, denominadas «blue-on-blue testing», y nunca se realizan sin previo aviso. No hay ninguna necesidad de desplegar tecnología de alto secreto en presencia de personal que no haya sido autorizado. Es demasiado complicado, demasiado descuidado y demasiado peligroso. Podrías perder fácilmente prototipos cuya construcción te ha costado millones. En el peor de los casos, podrían morir pilotos.

Mientras asimilaba el contenido de los correos electrónicos y la llamada con Jay, me esforcé por considerar todos los detalles. La situación tenía todas las características del caso Nimitz/Princeton de 2004. Al igual que el USS Nimitz, el USS Roosevelt era un buque de propulsión nuclear. Se cumplían dos de los requisitos: agua y armas nucleares. La clásica combinación en los FANI. También parecía que los FANI estaban mostrándose provocadores. Según los testigos, fue algo prolongado que no duró días, sino meses.

Los pilotos y los operadores de radar observaron tales objetos y se mostraron cada vez más preocupados. La tripulación informó que los FANI mostraban las mismas habilidades que deslumbraron a las tripulaciones del USS Nimitz y del USS Princeton una década antes. Algunos volaban en solitario, mientras que otros lo hacían en una formación sincronizada, no muy diferente del vídeo que proporcioné a Neill Tipton sobre los tres objetos volando en formación. Si no era exactamente la misma tecnología, estaba seguro de que estaba relacionada. Los objetos cambiaban de elevación desde nueve mil metros hasta el nivel del mar en un abrir y cerrar de ojos. Se detenían en el aire y luego salían disparados en otra dirección. Algunos eran pequeños, del tamaño de una pelota de playa, mientras que otros eran mucho más grandes. También recibimos informes sobre naves submarinas luminosas que se encendían con un espeluznante resplandor verde mientras seguían a nuestros barcos. Parecía haber una gran variedad de formas y tamaños, y todos se mostraban interesados en nuestra flota.

En una ocasión, dos Hornets iniciaron un ejercicio que les obligaba a volar a menos de treinta metros el uno del otro. Las formaciones cerradas son fundamentales en combate para controlar el espacio aéreo y vigilar de cerca al compañero de ala. Sin previo aviso, un objeto se dirigió hacia los Hornets, pasó entre sus alas y desapareció. Según me dijo el piloto, el FANI *rompió su formación*.

La peor situación posible para cualquier piloto, una casi colisión.

El objeto se acercó lo suficiente a las cabinas de los pilotos como para que ambos lo vieran con claridad. Era un orbe o esfera transparente; en su interior había un cubo. Las cuatro puntas del cubo tocaban la circunferencia interior de la esfera. Realmente extraño.

Cuando los pilotos regresaron al USS Roosevelt, algunos estaban conmocionados y preocupados, y unos pocos aterrorizados. A medida que se difundía la noticia del encuentro, los demás pilotos se iban enfadando cada vez más. Un FANI del tamaño de una pelota playera puede parecer pequeño, pero basta un pájaro pequeño para calar un motor a reacción y derribar un avión. Los mandos de la Marina estaban preocupados y nosotros también.

¿Y por qué? No podía tratarse de un dron civil. Estaba demasiado lejos y demasiado arriba. Los FANI que habían avistado los nuestros últimamente podían volar durante más de doce horas seguidas sin necesidad de repostar, recargar o retirarse. Además, no había ninguna zona obvia para lanzar o recuperar drones.

Alguien especuló con que podría haber sido un reflector de radar hinchable, utilizado para entrenamiento y navegación, pero los globos no viajan con el viento en contra y, normalmente, no vuelan en formación coordinada. No se trataba de un reflector de radar hinchable. El escuadrón presentó informes de seguridad, con la esperanza de provocar una investigación. Durante este período, se presentaron numerosos informes similares a través de la Marina, en diversas áreas operativas de todo el mundo, quejándose de casi desastres similares por culpa de FANI. El lenguaje de esos informes es sorprendentemente similar. En algún momento del documento, un oficial de alto rango afirmaba: «Esto es muy peligroso.

Esto podría haber causado una colisión en pleno vuelo y puesto en peligro la vida de nuestros aviadores».

Los incidentes habían llegado a ser tan numerosos que ya no podían ser ignorados.

Los autores de estos informes esperaban que su grave advertencia se filtrara, de algún modo, hasta los supuestos responsables de programas de alto secreto que, según ellos, habían puesto imprudentemente a su gente en peligro. La mayoría de ellos no contemplaban o no podían contemplar la posibilidad de tecnologías extraterrestres. Los que lo hacían se expresaban con prudencia en términos generales, con la esperanza de que algún responsable de mentalidad abierta cayese en la cuenta. En última instancia, esto llevó al oficial superior de inteligencia del Mando de las Fuerzas de la Flota a ponerse en contacto con Jay, quien, en su papel de inteligencia naval en el Pentágono, sería la puerta de entrada adecuada para iniciar una investigación más amplia; algo que Jay hizo con el respaldo de su liderazgo.

De regreso al Pentágono, estábamos haciendo todo lo posible para investigar estos incidentes relacionados con el USS Roosevelt; pero fue como si volviéramos al principio.

—Entonces, ¿qué son estas cosas no identificadas? —preguntaba inocentemente uno de nuestros compañeros de reunión.

A lo que nosotros respondíamos:

—Bueno... no están identificados. Esa es la cuestión. Mira, estos objetos están sobre el Atlántico, cerca de Virginia. Eso significa que están actuando a minutos del centro de DC. A minutos por aire de la Casa Blanca y el Capitolio.

—Pero si no sabemos lo que son, ¿por qué deberíamos preocuparnos por ellos?

Lo crean o no, ese fue el mensaje del secretario de la Fuerza Aérea, Frank Kendall III. En una entrevista concedida a *CBS Mornings* el 8 de septiembre de 2022, reconoció la realidad de los OVNI, pero cuando se le preguntó específicamente si los OVNI eran un problema para él, Kendall declaró:

—Realmente no. Existen amenazas reales que me preocupan cada día. Esto es como decirle a alguien que se ha encontrado un submarino nuclear en el río Potomac pero que, como no podemos saber a quién pertenece, no es motivo de preocupación. No creo que haga falta ser un genio para comprender que ese razonamiento es erróneo hasta la médula. Una amenaza es una amenaza. Si observadores militares entrenados informan de problemas en el espacio aéreo restringido y piden ayuda, hay que tratarlo como un problema.

Aun así, este es el clásico pensamiento del Pentágono en acción: Dime por qué debería importarnos. Mejor aún, demuéstramelo. Si estos FANI tuvieran, digamos, una estrella rusa en el ala, o un número de cola norcoreano, entonces al menos sabríamos con quién estamos tratando. Sin embargo, estos FANI no tenían alas ni cola, ni nada parecido, por lo que la cadena de mando se llenó de grillos.

Me recordó una historia que había oído sobre la llegada de los conquistadores españoles al Nuevo Mundo. Algunos estudiosos sostienen que los incas no reconocían la tecnología y, por tanto, no tenían un marco de referencia para entender o apreciar lo que estaban viendo. Los soldados con armadura y a caballo que llegaban a las playas bien podían haber sido dioses. Esto llevó a errores de comunicación y a que no se informara de la fuerza invasora a los jefes de guerra incas. El resto es historia.

¿Estaba volviendo a ocurrir lo mismo con el Gobierno estadounidense? ¿Fue el hecho de que no reconociéramos estos FANI como la tecnología de un enemigo conocido lo que nos impidió hacer algo al respecto? De nuevo, si estos objetos fueran rusos o chinos, la historia sería noticia al instante en todas las cadenas, pero no fue así. Si fueran rusos o chinos, habríamos enviado inmediatamente interceptores y habríamos desafiado la incursión, pero no lo hicimos. Si hubieran sido rusos o chinos, habríamos recogido datos al respecto, pero no pudimos. Y por muy frustrado que yo estuviera con la Marina, al menos la Marina tuvo las agallas de informar de los incidentes.

El Ejército también sufrió sus propios incidentes. El año anterior, una batería de misiles Patriot del Ejército rastreó en su radar múltiples objetos no identificados que parecían alcanzar velocidades de más de nueve mil kilómetros por hora. Durante el tiempo en el que trabajé en las investigaciones del Ejército, tuve conocimiento de uno de esos informes que, posteriormente, fue abierto por el Ejército bajo la atenta supervisión del entonces director de contrainteligencia, pero, ¿dónde estaban los demás informes? En cuanto a las Fuerzas Aéreas, estaban desaparecidas en combate, como de costumbre. Según el Ejército del Aire, los FANI no existen, así que, ¿para qué investigarlos?

Ya estaba acostumbrado a esta respuesta pero, aun así, me enfureció. En los últimos años, habíamos trabajado duro para cultivar relaciones con el personal que acudía a nosotros de entrada, en cuando detectaba un FANI. Se trataba de una investigación en tiempo real. Le habíamos dicho a nuestro corresponsal que no se preocupara. La caballería estaba al llegar.

Basándonos en estos veintidós incidentes con FANI en los que se vio implicado el Roosevelt Carrier Strike Group, con testigos presenciales y pruebas de vídeo, sabíamos que necesitábamos un plan de acción sólido. Jay pasó semanas creando un plan de operaciones (OPLAN), cuyo nombre en clave era Interloper. Se trataba de una clásica trampa *panal de rica miel.* Crearíamos una situación irresistible y casi imposible de ignorar para el enemigo. Con cada nueva iteración del OPLAN, Jay introducía más datos en la propuesta para reforzar nuestro argumento. Fechas, horas, ubicaciones, indicativos de llamada y los nombres de todos los buques que habían tenido encuentros con FANI. Jay también incluyó datos de radar que corroboraban los testimonios de pilotos y tripulaciones nerviosos. El documento Interloper ofrecía una imagen muy persuasiva a quien lo leyese.

Por desgracia, para entonces mi amigo Michael Higgins ya no era director de operaciones de la DIA y estaba en su nuevo destino. Su sustituto era un hombre en quien yo no confiaba llamado Garry Reid (sin relación con nuestro benefactor en el Congreso, el senador Harry Reid). Había llegado a la OUSD(I) procedente de la comunidad de operaciones especiales. Al principio le admiraba, pero pronto me di cuenta de su propensión al favoritismo y al chovinismo. Entre todos, él y sus compinches, redujeron la OUSD(I) a jirones, dejándola acuciada por una moral baja y una gestión deficiente. Pasaban más tiempo tratando de superar a los demás que superando a los enemigos reales, extranjeros y nacionales, y todo ello a costa de nuestro personal. Los empleados no tardarían en presentar acusaciones ante el inspector general del Departamento de Defensa por algunos de sus comportamientos. La Oficina del Inspector General del Departamento de Defensa investigó a Reid por numerosas acusaciones, entre ellas la de mantener una relación sexual con una empleada subordinada, acoso sexual y fomento de un ambiente de trabajo tóxico.

La Oficina del Inspector General llegaría a la conclusión de que Reid había infringido el Reglamento Conjunto de Ética al establecer, en apariencia, una relación inapropiada o de trato preferente con una subordinada, así como al manejar indebidamente información no clasificada controlada.

Más adelante hablaremos de ello, pero en resumidas cuentas: supe de inmediato que no podía confiar en él y, por desgracia, era mi superior jerárquico y mi jefe. La cadena de mando se había corrompido.

Para hacer avanzar el asunto Interloper, Jay y yo eludimos los canales habituales en favor de un proceso ACCM. Eso significa que el plan de la operación se presentaría a la junta de jefes de Estado Mayor. Esperábamos eludir a la OUSD(I) porque toda la organización se había infestado de individuos de los que no te podías fiar. Yo ya no confiaba en mi cadena de mando para entregarles nada que fuese confidencial, y mucho menos para suministrarles información sobre los FANI.

Jay me había presentado al nuevo responsable del Programa de Acceso Controlado (CAP) de la Marina, que era amigo suyo. , y que en aquel momento era un GS-14; era un experimentado oficial de inteligencia. pronto se convirtió en un miembro de confianza de nuestro equipo y se mostró especialmente hábil a la hora de moverse por la maraña de los sistemas de clasificación. De hecho, creo que fue idea de coordinar Interloper a través de los jefes conjuntos de Estado Mayor.

█████ era exactamente el tipo de persona que necesitábamos en el equipo, y Jay nos había encontrado, una vez más, un gran miembro para el mismo.

Durante semanas, Jay y ahora █████ se estuvieron poniendo en contacto con nosotros cada vez que recibíamos una nueva remesa de imágenes o datos, asegurando a nuestros agentes de campo que seguíamos insistiendo en el asunto. Nos sentíamos cómodos recibiendo actualizaciones periódicas desde el terreno y nos animaba la idea de que pronto se encontraría una solución. Sin embargo, no queríamos que la burocracia nos convirtiera en mentirosos. No queríamos prometer a los nuestros que la caballería del AATIP vendría a resolver sus problemas, solo para acabar dándonos cuenta de que la caballería no podía molestarse en ensillar.

Jay y █████ coordinaron afanosamente Interloper con el Estado Mayor Conjunto y todo parecía ir por buen camino. La NSA y la CIA también se ofrecieron a aportar recursos. Además pusimos en marcha reuniones semanales en los espacios SCIF que teníamos disponibles. Algunas de estas reuniones tuvieron lugar en el Pentágono, mientras que otras se celebraron en otras agencias. Con la OUSD(I) fuera de juego, creía que teníamos una buena oportunidad de revitalizar el AATIP.

El plan para Interloper consistía en utilizar uno de nuestros grupos de ataque de portaaviones nucleares como cebo. Escogeríamos un punto concreto en el Atlántico y dejaríamos caer una enorme huella nuclear, irresistible para nuestros amigos de fuera, como se les llamó más tarde. Portaaviones de propulsión nuclear, destructores de propulsión nuclear, activos con capacidad nuclear, submarinos de propulsión nuclear, todo en la misma zona dentro de una enorme masa de agua. La trampa estaba preparada. Armas nucleares y agua: irresistible. Nuestras agencias asociadas asignarían activos de recolección ocultos en las proximidades. Cuando los FANI apareciesen para investigar nuestras maniobras, la trampa se cerraría. Entonces, centraríamos todos nuestros activos de inteligencia en la recopilación de datos. Los detalles de la tecnología que utilizaríamos permanecen clasificados, pero servían para la misión, por decir poco. La logística de una operación así era desalentadora, pero factible. Al fin y al cabo, las flotillas de portaaviones suelen viajar juntos de esta forma.

Una mañana, durante todo este proceso, nuestra bandeja de entrada de correo electrónico nos recompensó con dos vídeos que recibimos en un envío masivo de datos del Mando de las Fuerzas de la Flota. Ambos vídeos los habían tomado desde el aire pilotos del Roosevelt Carrier Strike Group, utilizando el mismo tipo de ATFLIR pod[22] que el escuadrón del comandante Fravor había utilizado para capturar el vídeo del Tic Tac de 2004.

El objeto presente en uno de los vídeos también se parecía a un Tic Tac, al menos en el sentido de que era redondeado, liso y con forma de huevo. Sin embargo, mientras que el Tic Tac de 2004 medía más de doce metros de largo, este objeto –en el vídeo que más tarde se haría famoso como GoFast– tenía unos cinco metros y medio de largo como máximo. Es más pequeño que un Piper Cub, un avión construido para pilotos de caza y aviadores recreativos. Un Cub es ligero, pesa unos trecientos cincueta kilos y no vuela a más de ciento cuarenta kilómetros por hora.

—¡Guau, lo tengo! ¡Guau!

Otra voz, probablemente la del piloto, dice:

—¿Qué coño es eso?

Alguien más, probablemente el operador de radar que presenció este acontecimiento a bordo del Roosevelt, interviene:

—¿Enfilaste un blanco en movimiento?

—No —responde el Operador de Sistemas de Armas (WSO)—. Está en seguimiento automático.

—*Okey*. ¡Dios mío, amigo!

—¿Qué es eso?

—¡Mira esa cosa volando!

El objeto se desplaza desde la parte superior derecha hasta la parte inferior izquierda de la pantalla. No hay cola de gases de escape, ni alas,

22 *Advanced Targeting Forward-Looking Infrared*, un sistema avanzado de mira infrarroja orientada hacia adelante, que proporciona imágenes y capacidades de rastreo en misiones de combate y vigilancia (*N. del T.*).

ni hélices. Solo un pequeño y veloz huevo sobrevolando el océano. En aquel momento, nadie en el Departamento de Defensa o en el CI podía explicarlo. Sin embargo, tras varios años de análisis, investigadores posteriores afirmarían que el objeto iba mucho más despacio de lo que se pensaba. Este efecto se denomina paralaje. Sigo sin estar de acuerdo con esta apreciación ya que los pilotos que presenciaron el vuelo del objeto se maravillaron ante su velocidad.

La segunda película se haría mundialmente famosa años más tarde con el nombre de GIMBAL. Fue algo más intrigante debido a la insólita forma de volar del objeto. Cuando se rodó la película, los pilotos acababan de encontrarse con una flota de cinco FANI en su espacio aéreo. Consiguieron fijar la cámara en uno solo de estos objetos y observaron cómo volaba de derecha a izquierda de la pantalla.

En el vídeo, el objeto parece alargado y blanco. No obstante, ese color resulta algo engañoso. Dado que la cámara está en modo infrarrojo, el blanco indica simplemente que el objeto está *frío*; es decir, la aeronave no desprende calor alguno.

Una vez más, se oyen las bromas soeces y sorprendidas de los pilotos y de cualquiera que esté viendo el vídeo mientras se graba en directo.

—Es un maldito dron, hermano —dice alguien.

—¡Mira, hay toda una flota de ellos! Mira en el [radar].

—¡Dios mío!

—Seguro que no es un dron —responde otra persona.

—¡Todos van contra el viento! El viento es de ciento veinte nudos del oeste.

En este punto del vídeo, la OSM (gestión de sistemas a bordo) cambia el modo de la cámara. De repente, todo en la imagen adquiere una mejor resolución. Prácticamente se puede oír a los pilotos jadear.

—¡Mira esa cosa, hermano!

Les encara de manera directa lo que parece un platillo volante estereotipado, sacado de alguna película de los años cincuenta. El objeto es lenticular, con protuberancias en la parte superior e inferior. El objeto es ahora negro, lo que en este modo de cámara también indica que el objeto está *frío*, sin señal de calor.

Las palabras de los pilotos son un poco confusas en este punto.

—Pero eso no es [indistinguible], ¿verdad?

—Eso es un [indistinguible].

Entonces, el FANI frena, se estaciona en el aire y comienza a desplazarse. La protuberancia de la parte superior oscila de izquierda a derecha, y ahora la de la parte inferior está orientada hacia el viento. En un momento dado, el objeto vuela perpendicular al viento, pero no se desvía ni se inclina debido la resistencia. Es impermeable a la atmósfera. Solo se desvía cuando quiere.

—¡Mira esa cosa! —dice un piloto.

—¡Está girando!

El vídeo termina poco después.

Debí de ver el vídeo veinte veces antes de que Jay me llamara.

—¿Estás viendo esto? —dijo, incrédulo.

Ciento veinte nudos, la velocidad del viento que registraron los pilotos, equivale a vientos de más de doscientos kilómetros por hora. (Los meteorólogos advierten que hay que atar los muebles sueltos del patio cuando las rachas de viento locales rondan los sesenta u ochenta por hora). Por cierto, los globos viajan con el viento imperante, no contra él. Sin embargo, este objeto –que no tiene calor, ni alas, ni hélices, ni gases de escape– se estaciona a seis mil metros en el cielo y se voltea tranquilamente con vientos que en la Tierra se clasificarían como huracanes de categoría 4. Ni siquiera se agita como una cometa. Esto me recordó de nuevo la investigación anterior sobre los *globos* que obligaron a romper la formación de aviones de combate frente a la costa de Virginia. Los globos no pueden hacer algo así.

Cuando llevamos el vídeo a las reuniones que tuvimos con algunos miembros del equipo y amigos interinstitucionales, vimos cómo se sucedían una serie de reacciones previsibles. Primero observaron detenidamente las pruebas. Luego vino la comprobación de los hechos. Espera, ¿cuál es la altitud? ¿Cuál era la velocidad? A continuación, conmoción, asombro, maravilla, seguidos de agitadas discusiones. Sin dudarlo, supimos que utilizaríamos ambos vídeos para reforzar el OPLAN Interloper.

Teníamos más de un motivo escondido en la manga.

En el fondo, seguíamos pensando en aquella empresa aeroespacial que nos negó el acceso a los materiales de origen no humano que tenían en su poder. Empezaba a preguntarme si podríamos dirigirnos directamente al secretario de Defensa. Seguramente, pensé, la empresa aeroespacial aceptaría una carta procedente de la figura de más alto rango del Pentágono. Si conseguíamos una carta del secretario de Defensa, nadie en las Fuerzas Aéreas intentaría obstaculizar nuestros esfuerzos. Dado mi trabajo de dirección de la cartera de Guantánamo, yo tenía acceso rutinario al personal superior del secretario, pero no al propio secretario ni a sus subordinados directos. Para eso, se necesitaría otra persona, alguien con acceso a niveles superiores a los de Dios. Alguien que conociera a todos y todo. Hasta que encontré a la persona adecuada, no pudimos hacer otra cosa más que trabajar dentro del sistema.

Hace algún tiempo compartí el vídeo del Predator con Neill Tipton, que también era el enlace con la gente que trabajaba en el Grupo Especial de Inteligencia, Vigilancia y Reconocimiento (ISR) del Ejército. Neill era un *técnico* y, probablemente, conocía cómo funcionaba el ISR mejor que nadie. Si lo que veíamos en el vídeo era un proyecto supersecreto estadounidense, Neill lo sabría. Sin embargo, aunque se quedó fascinado por las pruebas que tenía ante sí, Neill no tenía ni idea de lo que podía ser.

Le creí porque se hacía eco de lo que nos habían dicho nuestros expertos en aviación. Confiaba en Neill, que había demostrado ser un buen líder y un pensador agudo. Si cultivaba más aliados como él, estaría en buena posición para conseguir apoyo técnico adicional para Interloper.

Unos meses más tarde, estaba sentado en una sala con oficiales de alto nivel de la Marina, representantes de la CIA y alguien de la NSA. Tras el habitual intercambio de cortesías y algunas palmadas en la espalda, pasamos las cintas.

La sala se quedó en silencio cuando mostramos el vídeo de GIMBAL. Lo que hacía a GIMBAL tan desconcertante era el hecho de que el objeto nunca perdiera altitud al girar noventa grados. Como por arte de magia, se mantuvo en su sitio. Si un avión construido por humanos hiciera lo que este objeto hizo en el vídeo, perdería altitud inmediatamente, porque las alas crean sustentación de forma desproporcionada. En este caso, sin embargo, el objeto parecía flotar a una altitud de seiscientos metros y permanecer allí, de manera inquietante. Los escépticos sugerirían más tarde que se trataba de un globo, pero no era el caso.

Uno de los asistentes a nuestra reunión hizo una broma incómoda, diciendo que esa cosa parecía estar mostrándonos lo que era capaz de hacer, burlándose de nosotros, como si dijera: «¡Eh, chicos, mirad esto!».

Naturalmente, disponemos de vehículos capaces de flotar, pero no de esta manera, y no a esa altitud, y no con ese viento en contra. Fuera lo que fuese, no era tecnología convencional ni nuestra. Era algo diferente. Para que quede claro, nadie en esa sala pensó que aquel FANI hubiera sido hecho por humanos.

Aquello inquietaba, desconcertaba y preocupaba a nuestro equipo de expertos en aviación y óptica. ¿Se trataba de algún tipo de tecnología innovadora? ¿Se había dado cuenta un adversario de algo que nosotros no habíamos descubierto? A pesar de los miles de millones de dólares que gastamos cada año en inteligencia, de alguna manera, alguien se coló por las rendijas de nuestra arquitectura de inteligencia multidisciplinar y desarrolló una tecnología superior, en completo secreto. Fue una idea que resultó inquietante para todos los que asistieron a la reunión.

El GIMBAL maniobraba de una forma tal que me recordaba al antiguo módulo lunar del Apolo 11, que era tan aerodinámico como un lavavajillas. No tenía por qué serlo, porque funcionaba en el casi vacío del espacio, donde no encontraba resistencia al viento. Por tanto, no necesitaba alas. Sin embargo, en las imágenes antiguas de la NASA que se pueden encontrar en Internet sobre maniobras de acoplamiento, cuando el módulo lunar se acerca al vehículo en órbita lunar para su *enganche* de encuentro, comienza a colocarse en posición, haciendo pequeños ajustes con sus propulsores a medida que se acerca al orbitador. Si se compara esa maniobra con la forma en que gira el objeto en el vídeo de GIMBAL, se observará un asombroso parecido. Esto *puede* sugerir que lo que aparece en el vídeo de GIMBAL *también* está operando en un entorno de vacío, creando una burbuja a su alrededor para que los efectos de la resistencia atmosférica sean irrelevantes. ¿Fue esa la razón por la que se puede ver una ligera aura alrededor del objeto GIMBAL? ¿Se trataba de una burbuja protectora? ¿Era un producto de la unidad de propulsión?

En nuestra reunión, observé cómo un representante de la CIA negaba con la cabeza y se lanzaba a explorar las posibilidades a medias.

—La única forma en que veo que esto sea remotamente posible es si tuvieras un... globo híbrido con algún tipo de ventilador inducido en su centro —dijo, sin acabar de creerse sus propias palabras—. Tal vez se trate de una especie de globo de mylar[23] que tenga su propia navegación y propulsión.

Mantuve la boca cerrada, solo para ver a dónde iba a llegar con todo aquello.

Sus ojos se desorbitaron mientras intentaba seguir la pista de su propia lógica retorcida. La gimnasia mental era hercúlea.

Globos. Aficionados. Balón de Mylar. Vale.

—¿Qué pasa con el combustible y su capacidad para permanecer quieto a una altura determinada? Esta cosa está en medio de la nada —dije.

Su respuesta fue aún más cómica.

—Mmm ... tal vez utilicen algún tipo de amarre o energía dirigida para darle propulsión, ¿sabes? Como una plataforma flotante próxima a la costa.

Esta cosa estaba justo en medio del océano. Se indicaba que el objeto en sí estaba muy caliente; sin embargo, el aire que lo rodeaba estaba muy frío. No tenía ningún sentido.

Soltó una risita incómoda con expresión de disculpa. Me sentí mal por él porque todos habíamos pasado por lo mismo. El GIMBAL era un misterio tan grande como llamativo. En la escala de observables, era, con claridad, un dispositivo antigravedad. Los pilotos lo respaldaban con el testimonio de testigos oculares todo lo que se mostraba en el vídeo.

---

[23] Mylar es un material plástico que se usa para hacer balones de futbol americano. Algunos FANI, debido a su forma elipsoide, han sido llamados así por similitud (*N. del T.*).

Cuando se levantó la sesión y nos fuimos cada uno por nuestro lado, tuve ocasión de volver a ver las imágenes, fotograma a fotograma. Mis ojos siempre se posaban en esa extraña burbuja. ¿Era algún tipo de ilusión o efecto producido por la cámara? Según la CIA, no. No era un artefacto de la cámara ni un destello del objetivo. Fuera lo que fuese, era real.

Había que preguntarse: si el aura era algo nuevo, ¿era posible que fuera una pista sobre el sistema de propulsión del FANI? Para obtener la verdad, teníamos que pinchar esa burbuja. Y lo haríamos antes de lo que nunca había imaginado.

CAPÍTULO 16
EL DETONANTE

Acababa de regresar de un viaje de trabajo internacional cuando me enteré de que nuestro amigo Hal estaba en la ciudad y visitaba el Pentágono. Tenía noticias que compartir y nos esperaba en un SCIF.

Cuando llegué, encontré a otros miembros del equipo con los ojos puestos en Hal, que estaba de pie ante una pizarra, escribiendo una de las ecuaciones matemáticas más largas que había visto nunca. La ecuación ocupaba ya dos pizarras enteras y aún no había terminado. El penetrante olor del rotulador llenaba la sala de conferencias.

Al cabo de un rato, Hal terminó la ecuación, anotó los observables y los leyó en voz alta mientras marcaba cada uno de ellos.

¿Velocidades hipersónicas? *Comprobado.* ¿Aceleración instantánea? *Comprobado.* ¿Baja observabilidad? *Comprobado.* ¿Viaje transmedio? *Comprobado.* ¿Antigravedad? *Comprobado.* ¿Efectos biológicos? *Comprobados.*

Hal sonrió y afirmó con orgullo:

—Un avance tecnológico podría ser responsable de todo. De todo. Y puede que acabemos de descubrir cómo funciona.

Todos asentimos... sin palabras.

Hasta ese momento, nuestro Gobierno había invertido una cantidad demencial de esfuerzos durante muchos años, tratando de identificar las tecnologías exóticas concretas que podían explicar cada uno de los observables. De hecho, muchos de los estudios académicos encargados anteriormente por la DIA y que dieron lugar a los Documentos de Investigación de Inteligencia de Defensa (DIRD) se habían centrado en determinadas tecnologías que intentaban explorar y explicar el rendimiento de los FANI . Parecía que Hal había conseguido encontrar una especie de teoría unificadora. Nunca nos planteamos la pregunta obvia: «¿Eran todos los observables producto de una única tecnología?».

La respuesta parecía ser un «sí» rotundo.

Hal explicó que «si tuviéramos la tecnología adecuada, podríamos deformar el espacio y el tiempo en un área en concreto, creando una *burbuja* localizada alrededor de una nave».

Dentro de la burbuja, uno experimentaría el espacio y el tiempo de forma distinta a como lo haría fuera de ella... sería como una campana de buceo, que protege a un submarinista de las profundidades aplastantes que le rodean.

¿Cómo se crea esta burbuja?

—En teoría, solo hay dos formas de deformar el espacio-tiempo: mucha masa o muchísima energía —Una sonrisa se dibujó en su rostro, y añadió—: Una cantidad obscena de energía.

La masa y la energía tienen una relación muy especial. Lo sabemos gracias a la teoría de la relatividad de Einstein, $E=mc^2$. La masa y la energía son fundamentalmente la misma cosa, pero en dos estados diferentes. Como el hielo y el vapor: ambos están hechos de agua, pero se encuentran en estados energéticos diferentes.

Obviamente, los FANIS no utilizan grandes cantidades de masa para deformar el espacio-tiempo. Tendrían que traer algo más grande que el tamaño de la Tierra a la propia Tierra. Los resultados serían catastróficos, sería como aparcar un agujero negro estelar junto a la Tierra... y nos habríamos dado cuenta.

Así que nos queda la segunda vía: la energía. Con suficiente energía, en teoría, se podría crear una burbuja que deformase el espacio-tiempo alrededor de una nave.

—Si alguien tuviera la tecnología para crear una burbuja de curvatura alrededor de un vehículo, podría atravesar el universo mucho más rápido de lo que permite cualquier tecnología conocida —afirmó—.

La velocidad de la luz siempre se ha considerado el límite de velocidad universal. Sin embargo, es teóricamente posible que, con una cantidad suficiente de energía, un vehículo pueda comprimir el espacio que tiene delante mientras lo estira detrás. Si se dispusiera de la tecnología necesaria, se podría alcanzar (o empezar a alcanzar) una velocidad superior a la de la luz.

—¿Esos observables que me diste? Cada uno de ellos funciona con la teoría de Einstein. Con la relatividad general. Mano en guante. No es magia, Lue. Es física.

Me acordé de la cita de Arthur C. Clarke: «Cualquier tecnología suficientemente avanzada es indistinguible de la magia».

Hal dijo:

—Ya no es un reto teórico; ahora es un reto tecnológico.

La ecuación fue clave para la conclusión de Hal.

Los astrónomos suelen considerar la velocidad de la luz como una constante universal, pero, ¿y si el espacio por el que viaja la luz pudiera comprimirse o expandirse? Ya sabemos que el espacio-tiempo es flexible y, en algunos casos extremos, como ocurre con un agujero negro cósmico, puede comprimirse y distorsionarse de forma inimaginable. El espacio y el tiempo están inextricablemente conectados; no puede haber uno sin el otro. Ambos son tan inseparables como un matrimonio de ancianos, pero también son flexibles. A medida que aumenta la densidad de la materia, también lo hacen las fuerzas de la gravedad. Cuando esto ocurre, se deforman el espacio y el tiempo.

Los militares están acostumbrados a lidiar con las ligeras fluctuaciones o *deriva atómica* de los relojes atómicos de cesio instalados a bordo de los satélites. Con el tiempo, estos relojes funcionan a un ritmo ligeramente diferente al de los relojes de las estaciones terrestres de las Fuerzas Aéreas. Periódicamente, tales relojes deben recalibrarse.

Esto es lo que nos enseñó Einstein: el tiempo se ralentiza cuanto más te acercas a una fuente de gravedad. Lo mismo ocurre cuanto más nos acercamos a la velocidad de la luz. La Tierra es nuestra fuente de gravedad. Es como un imán que nos atrae hacia abajo.

Los pájaros que vuelan sobre tu cabeza *experimentan* el tiempo infinitesimalmente más rápido que tú en tierra. Eso se debe a que están más lejos de la superficie terrestre que nosotros. Es una cantidad minúscula, pero cierta. Lo mismo ocurriría si estuvieras en un tren bala que recorre las vías a toda velocidad. En teoría, si puedes ir lo suficientemente rápido y durante el tiempo suficiente, puedes añadir uno o dos segundos más a tu esperanza de vida. Si estás cerca de un agujero negro, cuya masa es millones de veces mayor, el tiempo se ralentiza tanto que puedes vivir miles de años más de lo que te corresponde. Por desgracia, los efectos aplastantes del agujero negro probablemente te convertirían primero en espagueti. Además, si sobrevives, no tendrás a nadie con quien hablar de ello, porque todos tus conocidos en la Tierra habrán muerto.

Imagina que pudieras diseñar el espacio a tu medida. Imagina que eres capaz de encerrar tu aeronave en una burbuja que la hace inmune a los efectos de la gravedad. En tal caso, esta podría volar sin alas porque ya no necesitaría sustentación. Y tampoco necesitaría motores a reacción ni hélices porque ya no tendría que generar velocidad de avance. La forma en que experimentamos el tiempo en la Tierra ya no sería relevante porque estarías aislado del tiempo y la gravedad terrestres.

Recordé que una burbuja alrededor de un avión era *exactamente* lo que habíamos visto en el vídeo de GIMBAL… y en otros.

Si tienes esa burbuja en su lugar, continuó Hal, de repente el efecto de la relatividad se altera, se desplaza. Un humano en Tierra y el ocupante de la cabina de un FANI experimentan el tiempo de forma ligeramente distinta.

Los seres (o lo que sea) que pilotan la nave experimentan el tiempo con normalidad *para ellos*. El FANI vuela a una velocidad que parece normal para sus ocupantes. De hecho, si los pilotos del FANI se asomaran al exterior de su aeronave, verían una Tierra que se mueve a cámara lenta en relación con ellos mismos.

Mientras tanto, en el suelo, el tiempo pasa más despacio para ti y para mí, debido a que la gravedad es algo más fuerte. Miramos a este disco brillante y vemos que vuela a una velocidad mágica e imposible. Cuando la aeronave gira, el efecto nos parece, a los espectadores humanos, precipitado. Dentro de la aeronave, es solo un giro normal o cambio de elevación. El cuerpo del piloto no siente el impacto de esas fuerzas g porque está experimentando el espacio-tiempo de forma diferente, dentro de su burbuja. Algunos científicos dirán que la deformación del espacio-tiempo, a causa de la masa terrestre, es minúscula y que, por tanto, el tiempo no es tan diferente del tiempo dentro de la burbuja, es decir, a menos que la burbuja sea como la burbuja de deformación de Alcubierre descrita anteriormente.

Recordemos al comandante Dave Fravor pilotando aquel F/A-18 Hornet mientras descendía en círculos para enfrentarse al Tic Tac frente a la costa de San Diego. El Tic Tac planeó sobre el morro del Hornet y desapareció. ¡Casi un percance! Pero, ¿realmente lo fue? Para el Tic Tac, el Hornet de Fravor se movía con la velocidad de la miel. El rombo volador tuvo tiempo *de sobra* para lanzarse en picado.

Quiero ser claro: no estoy describiendo una ilusión óptica. No estoy diciendo que el FANI *parezca* volar a una velocidad imposible. Vuela *tremendamente* rápido en nuestro espacio-tiempo.

Dos realidades diferentes en un mismo lugar al mismo tiempo. ¿Cómo es posible algo así?

Aun así, ¿cómo se relaciona esto con la baja observabilidad, uno de nuestros observables? Toda la luz está sometida a la gravedad. Cuando la luz de una estrella lejana atraviesa una gran galaxia en su camino hacia la Tierra, la luz se desvía a través de un proceso denominado lente gravitatoria.

Hal nos dio esta analogía:

—Si miras un pez koi en un estanque de jardín, el agua curva la luz del sol, provocando una distorsión de lo que ves. Los peces koi parecen distorsionados y ondulados. Sabemos que no lo son, pero lo parecen. Si vas a sacar los peces con una red, verás que no están donde crees que están. Cuando el agua o la luz cambian de dirección, el pez puede desaparecer por completo.

La burbuja que rodea al FANI distorsiona la forma en que la luz y otras emanaciones electromagnéticas interactúan con el FANI dentro de la burbuja. La frecuencia de la luz que entra en la burbuja no es la misma que la que se refleja en el observador exterior. El espacio-tiempo es diferente dentro de la burbuja que fuera, como la analogía del pez koi en el estanque, pero, en lugar de agua, es una burbuja de deformación, y en lugar de que la luz simplemente se desvíe, la frecuencia de la luz cambia. El FANI, en este caso, es el pez koi en el estanque. Así que no es de extrañar que cada vez que alguien intenta hacer una foto de un FANI, salga todo borroso y oscuro, porque es como hacer una fotografía a través de una barrera, como si intentaras hacer una foto de un pez bajo el agua desde la superficie.

Por eso, la radiación electromagnética, como el radar, suele tener problemas para rastrear estos FANI. Si alguien fuera de la burbuja disparara un haz de radar a la burbuja, el haz de radar que entra en la burbuja no está necesariamente en la misma frecuencia que se refleja de vuelta al receptor de radar.

La luz se comporta de forma diferente, dependiendo de la cantidad de gravedad o energía que tenga que atravesar. La luz solar, por sí sola, no es capaz de incendiar tus muebles de madera del patio mientras tomas el sol. Sin embargo, si coges una lupa y enfocas un pequeño rayo de luz solar hacia esa madera, de repente verás un rizo de humo. Efectivamente, la madera arderá. Si una hormiga se cruza con ese rayo de luz, se incinerará. ¿Por qué? Porque has manipulado la luz solar con tu lupa. En esencia, la pobre hormiga ha pasado de una realidad (la luz del sol no puede hacerme daño) a una segunda realidad de energía concentrada (¡ay!).

Los científicos representan todos los tipos de luz y sus niveles de radiación en una escala conocida como espectro electromagnético. Imagínenselo como un arco iris. Fíjate: hay un lado rojo del espectro y un lado azul.

Cuando la luz se curva a través de una lupa, está enfocando la luz hacia un punto central, aumentando su intensidad. La luz ultravioleta y la infrarroja (IR) se sitúan a caballo entre la luz visible y la infrarroja. La longitud de onda de la luz también puede estirarse y comprimirse, dándonos los colores del arco iris.

A medida que la luz de una estrella se *aleja* de la Tierra, su longitud de onda se alarga en lo que se conoce como desplazamiento Doppler hacia el rojo. A medida que la distancia a la Tierra desde una estrella *disminuye*, la onda de luz experimenta una compresión conocida como desplazamiento hacia el azul. En la mayoría de los casos, los desplazamientos pueden medirse, lo que ayuda a determinar el ritmo de expansión o contracción del universo.

Las lentes gravitacionales y el paradigma del desplazamiento al rojo/desplazamiento al azul pueden explicar por qué los objetos de la burbuja parecen extraños y difíciles de describir.

Hasta hace poco, la mayoría de los científicos defendían que la gravedad era un campo o fuerza inmutable. Ahora, algunos proponen la noción de que la gravedad es en realidad una onda. Si eso es cierto, quizá la gravedad pueda manipularse como otras ondas, como los rayos X, las microondas o las ondas de radio. Hal estaba proponiendo que *nuestros amigos de fuera* han descifrado los misterios de la gravedad y se han construido un motor de curvatura. La nave genera una burbuja. La burbuja encapsula la nave, aislándola del entorno espacio-tiempo local. El resultado serían los seis observables.

Aceleración instantánea: La burbuja permite a la nave realizar maniobras que parecen imposibles. Dentro de la burbuja, las fuerzas g son mínimas, porque el espacio y el tiempo se experimentan de forma diferente que en el exterior de la burbuja.

Velocidad supersónica: La burbuja permite a la nave viajar a velocidades increíbles para el observador exterior, pero dentro de la burbuja, las velocidades pueden no ser mucho más rápidas que un paseo tranquilo. El tiempo pasa más rápido para la nave que está dentro de la burbuja que para quienes la observan desde fuera.

EFECTO DOPPLER

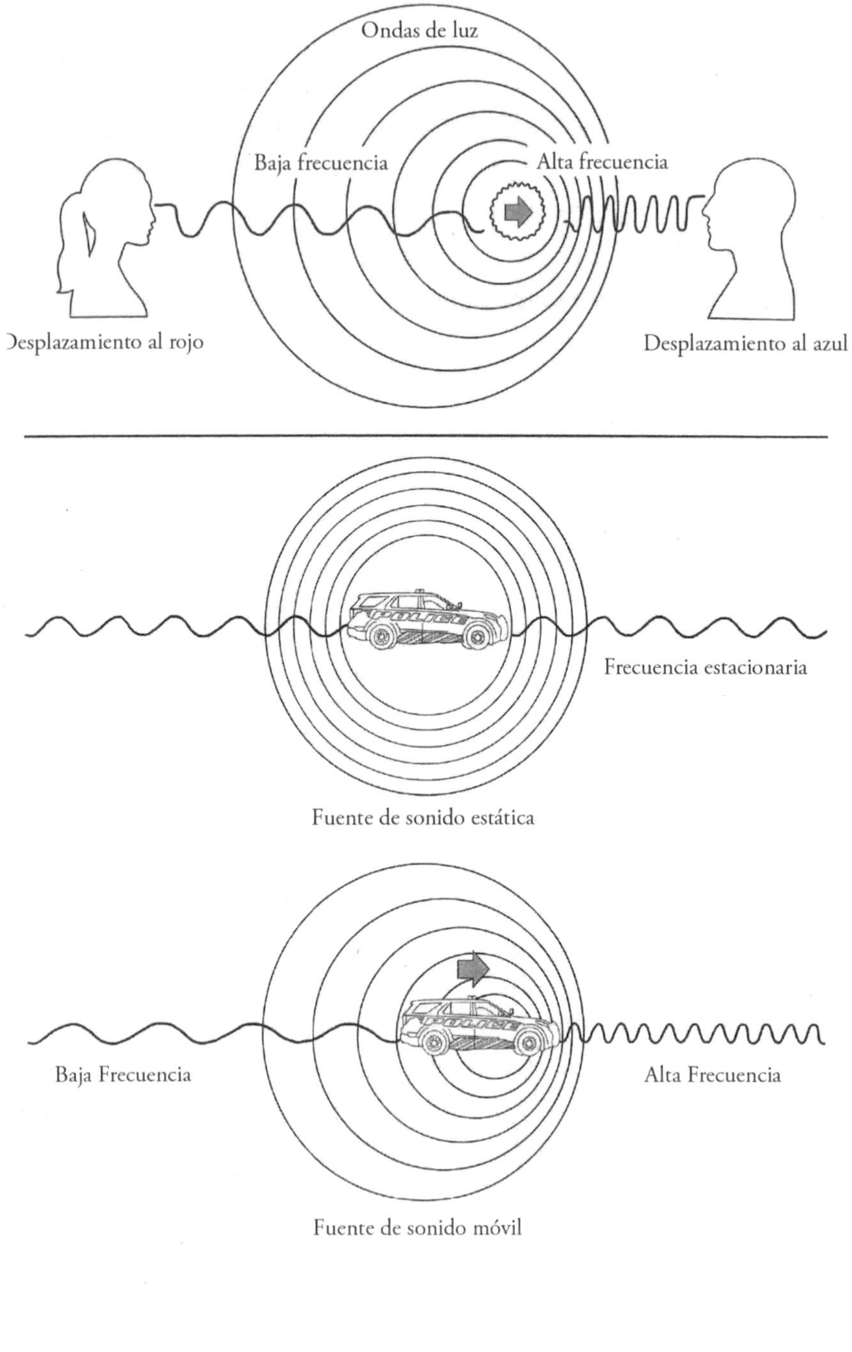

Baja observabilidad: La burbuja distorsiona la luz y otras ondas electroópticas que intentan penetrar en su perímetro, potenciando la distorsión y creando un efecto de lente gravitatoria. Actúa como una barrera entre dos entornos espacio-temporales que elimina u oculta la mayoría de las huellas producto de la tecnología que se conocen.

Viaje transmedio: La burbuja elimina cualquier fricción o resistencia de la atmósfera exterior por la que viaja la nave. Lo mismo ocurre con el agua y el espacio. La nave siempre se mueve dentro de su propia burbuja espacio-temporal. El entorno por el que viaja es intrascendente para la nave que se encuentra dentro de la burbuja, siendo similar a una campana de buceo bajo el agua, donde el entorno dentro de la campana de buceo está protegido del entorno fuera de la campana de buceo.

Antigravedad: La gravedad de la Tierra ya no tiene efecto sobre la nave dentro de la burbuja, razón por la cual la nave no necesita motor, alas ni tecnología asociada para *volar*.

¿Y qué hay de los efectos biológicos? ¿Por qué se perjudica a los testigos cuando se acercan o tocan estas naves? Es exactamente lo mismo que la lupa y la hormiga. Cuando se dobla o desplaza una banda del espectro hacia otra, aumenta el potencial de radiación dañina. En esta situación, cabe esperar que las ondas de luz normales dentro de la burbuja se desplacen hacia la banda de rayos X suaves, en el exterior de la burbuja. Los ocupantes en el interior de la burbuja están a salvo, pero cualquiera que se encuentre fuera de la burbuja podría estar en peligro.

En esencia, cualquier forma de radiación, como el calor o los infrarrojos, o la luz normal, se desplaza a una frecuencia mucho más alta al transitar o salir de la burbuja. Este desplazamiento al azul explica por qué algunos describen los FANI como sumamente luminosos. La luz infrarroja o el calor, que no se pueden ver, se desplazan hacia el espectro de luz visible, lo que hace que los FANI parezcan brillantes.

Esto también generaría una onda altamente energética que podría causar una quemadura solar dramática y, en algunos casos, dañar tejidos y órganos humanos. Piensen en los rayos gamma.

Para que quede claro, estos efectos biológicos no son necesariamente intencionados. Podría ser como situarse involuntariamente detrás del motor de un avión durante el despegue.

Cuando el sistema de propulsión de un FANI esté operativo, se comportaría como una gigantesca central eléctrica radiactiva. Desplazaría hacia el azul la luz visible hacia un territorio peligroso para los tejidos vivos. Los testigos resultarían bombardeados con rayos ultravioletas, rayos X suaves y, posiblemente, rayos gamma.

Los rayos gamma son los más peligrosos. Son como pequeñas balas superenergéticas que penetran en la carne, destruyen la sangre y las células, y alteran el código genético del ADN.

DISTANCIA Y EFECTOS

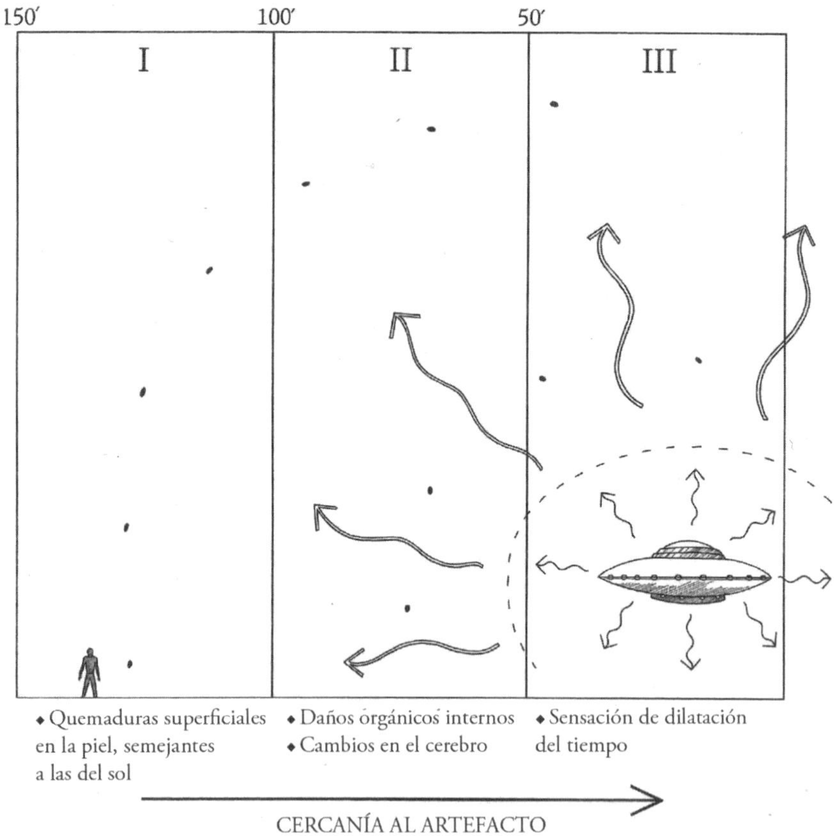

La teoría de Hal explicaba por qué algunas personas decían perder la noción del tiempo. Al acercarse a una nave de este tipo, se empieza a experimentar el tiempo de forma más parecida a como se hace en la burbuja. Esto también podría alterar la percepción del testigo sobre el tamaño de la nave. La nave que a primera vista parece pequeña desde lejos puede ser bastante grande de cerca.

EN EL EXTERIOR DE LA BURBUJA

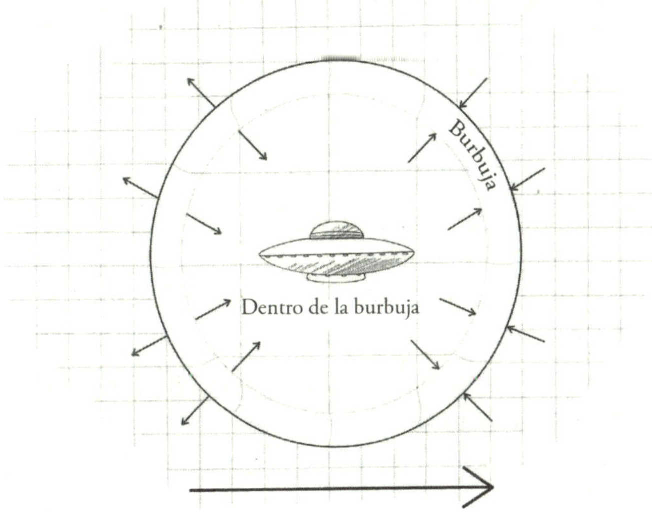

DIRECCIÓN DEL MOVIMIENTO

Nuestra conversación giró, por supuesto, en torno a la posibilidad de construir una tecnología de este tipo. Se necesitaría mucha energía para crear y mantener la burbuja, por ejemplo, entre 3,2 y 5,6 terahercios. Si se va a generar tanta energía, hay que utilizarla de la forma más eficiente posible.

Eso nos hizo pensar más…

También resulta que esta burbuja, en teoría, solo puede ser así de grande debido a la gran cantidad de energía necesaria para crearla.

Así que, lo que pongamos dentro de la misma, tiene que encajar a la perfección dentro de la burbuja, que tiene las mismas dimensiones por todas partes, desde el centro, en trescientos sesenta grados. Como no se puede estar en diferentes espacio-tiempos a la vez, nunca querrás tener parte de tu nave *dentro* de la burbuja mientras otra parte de la misma está *fuera* de ella. La burbuja debe rodear la nave por igual por todos los lados para evitar consecuencias catastróficas.

Solo hay una forma en geometría que te permite estar protegido por igual en todos los lados: piensa en nuestra analogía de la campana de buceo, una esfera. Una nave con forma de esfera puede no ser muy práctica cuando se apaga la burbuja. El objeto rodaría por todas partes.

Así que una solución alternativa sería aplanar tu esfera hasta convertirla en un disco…

Un platillo.

La forma se ajusta a la función. El platillo volante estereotipado tiene ese aspecto porque *debe* caber dentro de esa burbuja sin dejar de estar protegido por todos los lados.

¿Y si más de un platillo quisiera viajar en grupo? La burbuja solo puede ser así grande. Bueno, si quisieras tener una nave que fuera más grande que la burbuja, podrías hacer que varios discos volaran muy juntos para que sus burbujas se superpusieran entre ellas.

También se puede crear un disco alargado, como una nave en forma de vara o cigarro, con una burbuja en cada extremo. A lo largo de la historia, tenemos informes de sobra que hablan de estas naves en forma de cigarro.

Y, si necesitas algo más grande que eso, hay otra forma en la geometría que te permite maximizar tu área de superficie, mientras minimizas el número de unidades de propulsión, o *generadoras de burbujas*. Si fusionas tres burbujas, puedes encajar un triángulo equilátero en el centro, que es la otra forma FANI común entre las observadas.

Lo que algunos testigos presenciales señalan como luces en cada vértice de estas naves de forma triangular puede que no sean luces en absoluto, sino unidades de propulsión, o generadores de burbujas. La luz que se ve en cada esquina podría ser en realidad el resultado de un desplazamiento Doppler. Algunos testigos han informado de la presencia de una cuarta luz en el centro de los triángulos más grandes. ¿Otro generador de burbujas?

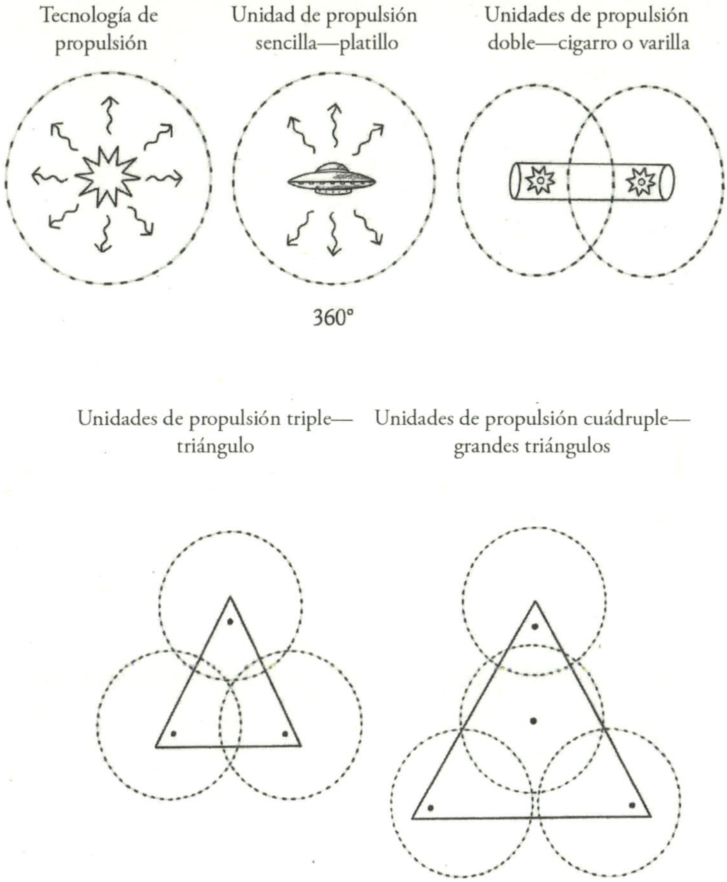

Algunos testigos oculares describen grandes y torpes bumeranes, con una serie de luces por debajo. Si se necesita una nave mayor que un triángulo, no hay otras formas geométricas en las que se pueda maximizar el tamaño minimizando el número de unidades de propulsión. En ese caso, basta con crear un vehículo que tenga una larga hilera de unidades de propulsión en una sola fila.

Unidades de cinco o más propulsores—
gran bumerán

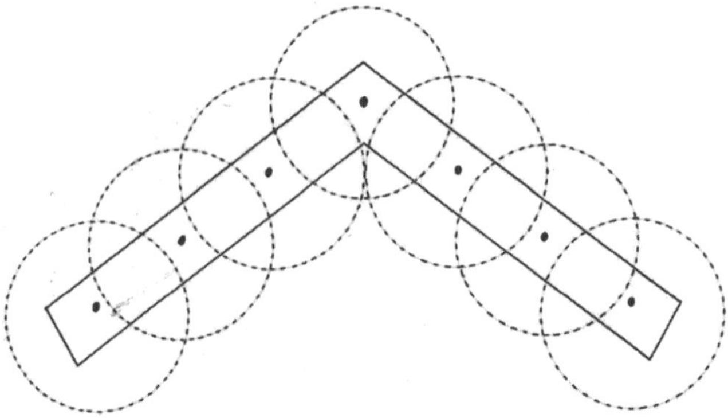

Al parecer, Hal tenía en su poder material recuperado del accidente de Roswell. Era una pieza intrincada y frágil que revelaba múltiples capas microscópicas de bismuto y magnesio entrelazadas. También parecía tener un borde biselado. ¿Era esto parte del secreto del vuelo de los FANI? Hal y otros científicos teorizaron que las unidades de propulsión por sí solas no podían generar la burbuja. La clave estaba en el aprovechamiento de la energía y su interacción con la piel de la nave. Imaginen que el exterior de tu coche fuera en realidad una parte integral del motor del coche.

Aun así, ¿de dónde sacaban toda esa energía? Sentados en aquella sala, intentamos imaginar un santo grial de los combustibles, un motor de ensueño que ardiera sin crear un enorme calor térmico y proporcionara al mismo tiempo un suministro inagotable de energía.

Hal explicó que, para alcanzar los niveles de energía necesarios para deformar el espacio-tiempo, habría que empezar por la forma de energía más básica que conocemos: las fluctuaciones cuánticas subyacentes del espacio vacío, las llamadas fluctuaciones del vacío. Esta hipótesis especulativa, que aún no se ha llevado a la práctica, se basaba en el fenómeno, ahora bien estudiado, de lo que comúnmente se conoce como energía de punto cero. No obstante, también se debatieron hipótesis alternativas.

Recordé una conversación que había mantenido años antes con otro científico. Su idea consistía en que el átomo de hidrógeno o, más concretamente, el protón de un átomo de hidrógeno podría aprovecharse y, en última instancia, utilizarse para producir energía de forma similar a como lo hacemos hoy con las centrales nucleares. Lo único que faltaba era una tecnología eficaz para abrir el protón de forma útil y controlada para liberar su energía potencial. A partir de ahí se podría desbloquear la inimaginable energía que se oculta en las profundidades del núcleo. Aunque el hidrógeno es el elemento más abundante del universo, normalmente se encuentra en forma de gas. Sin embargo, resulta que el hidrógeno abunda en una forma muy densa que conocemos más comúnmente como agua líquida, o H_2O.

En aquel momento, ya disponíamos de datos suficientes como para suponer que los FANI se encontraban a menudo cerca de masas de agua y, en algunos casos, parecían interactuar con ella. El agua líquida parecía ser un elemento común, y algunos datos sugerían incluso que los FANI llevaban agua a bordo.

Si esto fuera cierto, todo lo que habría que hacer es eliminar el oxígeno de la molécula de hidrógeno del H_2O, y ¡*voilá*! Tendríamos una cantidad prácticamente ilimitada de protones para abrir y liberar la energía que se esconde en su interior.

Pensé, ¿quizás nuestro planeta es, para ellos, tan solo una gasolinera? Los humanos hemos ido a la guerra muchas veces para proteger nuestros propios recursos. ¿Quizás los FANI están preocupados por su gasolinera planetaria? ¿Somos simplemente una estación de Exxon galáctica? Recientemente, nuestros propios científicos en la Tierra han identificado otros planetas con agua. Seguro que una especie tan avanzada puede averiguar lo mismo.

Me daban escalofríos de solo pensarlo. Muchos de los antiguos misterios ahora tenían más sentido para mí.

Los avistamientos del USS Nimitz y el USS Roosevelt se produjeron en mar abierto. En el Congo Belga, en 1952, el FANI huyó de las minas de uranio y lo hizo en dirección al lago Tanganica, el segundo lago de agua dulce más grande del mundo. Y en aquel incidente del FANI de 1988, en el lago Erie, mientras el FANI descendía, los investigadores de la Guardia Costera observaron «que el hielo se resquebrajaba y se movía de forma anormal a medida que el objeto se acercaba». Pensé en ese Tic Tac lanzándose alrededor de un círculo burbujeante del océano Pacífico en 2004. ¿Quizá, cuando el agua o el hielo se agitan, estas naves pueden despegarse más fácilmente y recoger los átomos de hidrógeno?

En cuanto a la teoría del hidrógeno como combustible, no podía quitarme la idea de la cabeza. No dejaba de pensar en cómo el ser humano ha generado energía a lo largo de la historia. Pasamos de quemar madera como única fuente de energía a aniquilar ciudades enteras en menos de dos mil años. Desde la producción de vapor, pasando por el uso de la pólvora y la dinamita, hasta las bombas atómicas y nucleares. El tiempo transcurrido entre cada hito de la extracción de energía sigue reduciéndose con cada salto tecnológico. Cuanto más pequeña es la materia, mayor es la liberación de energía una vez desbloqueada.

Un ejemplo: Herón, el antiguo inventor que escribió el primer relato sobre una máquina de vapor, llamada eolípila, demostró cómo la expansión del agua líquida en vapor podía utilizarse para realizar trabajo mecánico. Separando las moléculas de agua entre sí, se podía utilizar ese vapor para realizar trabajo. Después llegaron la pólvora, la dinamita, y el motor de combustión interna, que aumentaron aún más nuestra capacidad de realizar trabajo mecánico, separando los propios enlaces moleculares dentro de cada molécula. Más tarde, el Proyecto Manhattan desveló los secretos del átomo con un efecto devastador y milagroso. Con la fisión del átomo, se liberó aún más energía. Apenas cincuenta años después de la bomba atómica y los reactores nucleares, el ser humano estaba a punto de doblar el tiempo y el espacio y, posiblemente, de crear microagujeros negros en el Gran Supercolisionador de Hadrones del CERN (Europa).

A pesar de todo mi entusiasmo, Hal no suscribía esta hipótesis del H_2O, pero le parecía lo bastante intrigante como para no descartarla por completo. Más tarde, Hal propuso una hipótesis alternativa. Hal sugirió que, además de hidrógeno y oxígeno, el agua líquida tiene pequeñas cantidades del isótopo de hidrógeno, el deuterio, en forma de D_2O, un ingrediente importante para la generación de energía por fusión nuclear.

También hay *agua deuterada*, HDO, más abundante en el agua normal que el D_2O. ¿Quizás los FANI estaban extrayendo agua para una forma de propulsión aún por identificar?

Hasta ese momento, seguía siendo un misterio por qué los FANI parecían interesados en el agua líquida.

Llevábamos ya varias horas en el SCIF. Hal había explicado cómo eran posibles los observables primarios, incluso los tamaños y formas de las diversas naves vistas a lo largo de los años, basándose en teorías de propulsión.

Al más puro estilo de los servicios de inteligencia, se discutió una lista de puntos en común de los encuentros con los FANI. Durante lo que parecía una conferencia universitaria en nuestro SCIF, nos dimos cuenta de lo que esto también sugería: la explicación de por qué ha habido tanta actividad de FANI en torno a nuestros emplazamientos y tecnologías nucleares.

Hemos evolucionado técnicamente más en los últimos ochenta años que en los doscientos mil anteriores, y el repunte de la actividad de los FANI ha aumentado en consonancia con nuestro avance en el aprovechamiento de la energía.

Nos dimos cuenta de que estábamos en la senda de explotar los niveles de energía necesarios para posiblemente deformar el espacio-tiempo por nosotros mismos, y los FANI han estado observando (principalmente mediante ISR) y se han preocupado por nuestro progreso.

Por ejemplo, si tú pertenecieses a una especie cuya evolución te hubiera dado los conocimientos necesarios para viajar a las profundidades del cosmos, empezarías a darte cuenta de cuando tus vecinos cósmicos empiezan a hacer lo mismo. La señal reveladora de que tu vecino está a punto de hacer lo mismo que tú podrían ser las señales de una explosión atómica causada por tu vecino.

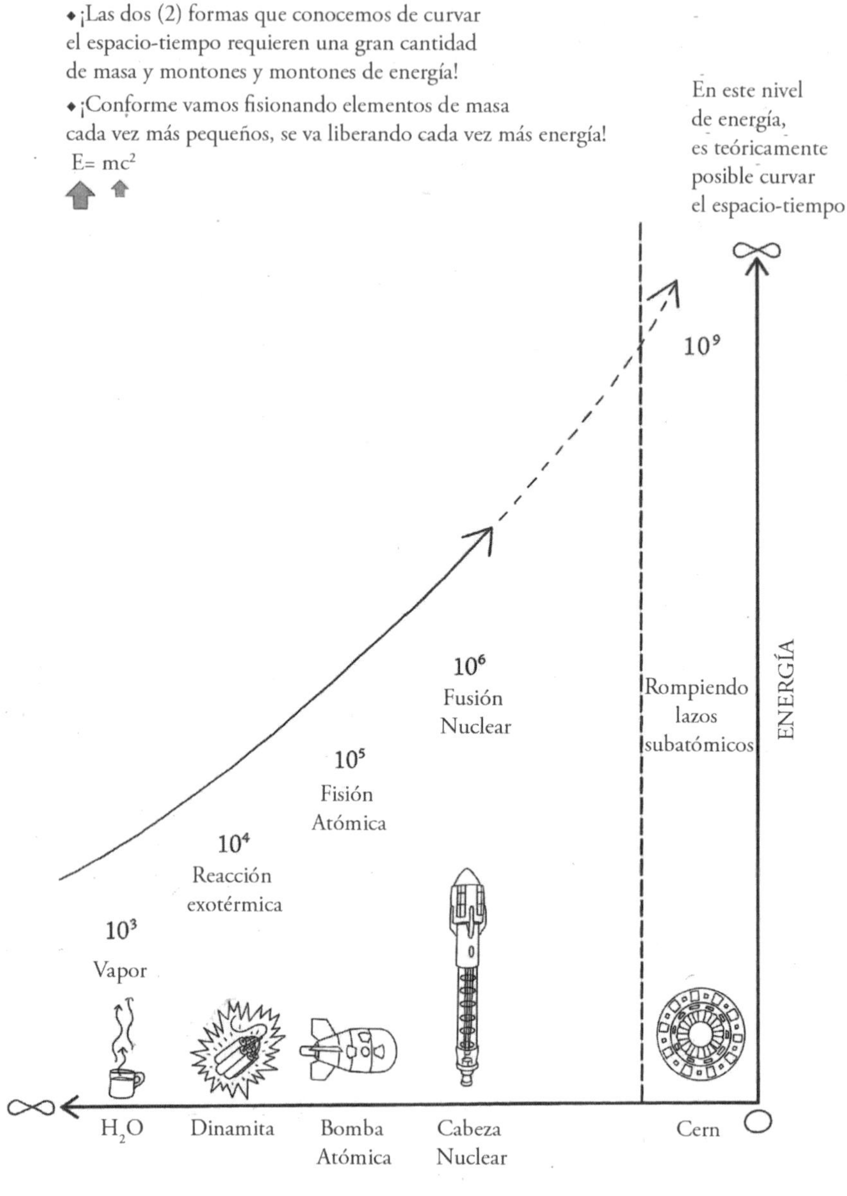

Si fueras una especie avanzada, quizá empezarías a ponerte un poco nervioso, sobre todo si tu vecino galáctico tiene un largo historial de violencia.

Hal había sacado este problema del ámbito de la teoría para trasladarlo al mundo de la ingeniería. ¿Qué pasaría si los humanos pudieran hacer, teóricamente, lo que estos FANI han hecho durante miles o millones de años?

¿Y después?

Podríamos viajar por el universo. Podríamos explorar nuevos mundos.

Pero, ¿es lo primero que haríamos?

Es posible que no. Si tuviéramos el poder de hacer lo que hacen los FANI, probablemente lo utilizaríamos primero para hacer la guerra. Después de todo, tenemos un largo historial de violencia como especie, y fama de aniquilar todo aquello que percibimos como una amenaza.

Como tal, ellos pueden considerarnos una amenaza potencial.

Décadas de investigaciones y teorías que no dieron resultado habían desembocado en este momento histórico, alrededor de esta mesa, con este pequeño grupo de personas. Todos nos dimos cuenta a la vez de que quizá acabábamos de descifrar algunos de los mayores misterios de todos los tiempos.

Aunque Hal nos advirtió que todo esto era algo teórico, la cadena de lógica era inatacable y evidente, tremendamente evidente.

Ya tenemos una hipótesis de trabajo de por qué estamos siendo visitados. Por qué nos vigilan. Por qué están probando nuestra tecnología. Teníamos ideas buenas y fundamentadas sobre cómo funciona su tecnología, por qué sus naves tienen el aspecto y el rendimiento que tienen, cómo afecta su tecnología a nuestro medio ambiente, y un motivo para el interés que muestran por nuestro planeta. Y habíamos llegado a la aleccionadora verdad de que la humanidad se está acercando rápidamente al punto de peligro. Un punto sin retorno.

Durante mucho tiempo, han estado recogiendo agua y vigilándonos, quizá para calibrar lo peligrosos que nos hemos vuelto y medir nuestro nivel de amenaza.

Les doy una analogía.

Imagina que eres un biólogo en un zoo que estudia a un gorila, y que este trabaja para dominar nuevas habilidades, todos los días, durante décadas. Es usted un estudioso de la ciencia, sin intención de causar ningún daño a esa magnífica criatura.

Entonces, un día te enteras a través del personal de seguridad de que el gorila ha salido de su jaula y ha destrozado su recinto. «Vamos a observar esto», le dices a tu equipo.

Días después, el gorila consigue entrar en la oficina de seguridad, jugar con una pistola de tranquilizantes y volver corriendo a su jaula.

El gorila está evolucionando hasta un punto en el que podría ser un problema para todos en el zoo.

Un sábado por la mañana, tú y tu familia salis de casa y descubrís que el gorila del zoo está en vuestro jardín con una escopeta que ha robado de la oficina de seguridad. Nunca tuviste intención de hacerle daño, pero ahora toda tu familia está en peligro. La magnífica criatura que estudiaste y aprecias es ahora un gorila de espalda plateada de doscientos kilos que se dirige hacia tu porche con un arma cargada.

Tiene dos opciones: aprender a comunicarte con el gorila de inmediato o matarlo a tiros.

Las voces en el SCIF se callaron y permanecieron en silencio.

Todos se quedaron pensativos. Todos percibimos las implicaciones. Todos nos dimos cuenta de que podríamos ser el gorila que está a punto de aparecer en el jardín del biólogo con una escopeta, y tenemos un largo historial de violencia. La humanidad se acerca a un momento para el que nada en nuestra evolución nos ha preparado. Nos dirigimos a toda velocidad hacia una nueva realidad, como un tren bala que no puede detenerse. Tenemos ante nosotros una encrucijada, ese momento en el que aparecemos en el jardín delantero del biólogo y hay que tomar una decisión.

Una decisión que podría dictar el futuro de la humanidad.

Una vez más, algunos creen que la atención que los FANI han mostrado hacia nuestras instalaciones nucleares es simplemente la de una especie avanzada preocupada ante la posibilidad de los humanos dañen el planeta. Aunque es un pensamiento agradable y positivo, no hay nada en nuestra historia que lo corrobore. Dicho esto, espero sinceramente que su intención sea la de ayudarnos, pero también creo firmemente que tenemos que estar preparados para cualquier cosa.

La humanidad actúa como si nadie más nos observara, como si estuviéramos solos. No obstante, es probable que una vida inteligente más avanzada nos esté observando. La humanidad necesita ser más consciente de nuestro lugar en el universo y de las posibles consecuencias de nuestros actos.

Independientemente de su motivación, si otro estado-nación, con malas intenciones, descifra esta tecnología, eso es algo que será una amenaza existencial para nuestra nación y el planeta en su conjunto.

Estas son las preocupaciones urgentes en materia de seguridad nacional y para la humanidad en general.

Algunos de los anteriores líderes de nuestra nación fueron informados de todo esto, y por eso este asunto se está tomando ahora más en serio que nunca.

Independientemente de que nuestro Gobierno lo divulgue o no, creo que el público tiene derecho a saberlo.

CAPÍTULO 17

¿Y AHORA QUÉ?

El tráfico al salir de Washington es siempre una locura. Te mueves parachoques contra parachoques, sintiendo cómo te sube la tensión a cada centímetro que avanzas con lentitud. Las veces que he volado desde Washington por la noche me he quedado hipnotizado por los faros que se ven desde el cielo. Una gargantilla interminable de luz blanca que va en una dirección, una gargantilla interminable de rojo que se mueve en la otra. No se puede evitar la sensación de que la ciudad se aprieta y constriñe lentamente, como una anaconda gigante cuyas espirales envuelven el perímetro urbano de dieciseis kilómetros, apretándose con cada respiración.

Así me sentía yo aquella tarde al volante de mi viejo Cadillac. La *suite* de música clásica que solía escuchar en el trayecto de vuelta a casa no ayudaba a aliviar mi estrés. Las venas de mi cuello palpitaban contra el cuello de mi camisa. Me sentía hiperactivo, abrumado y aterrorizado. En cierto modo, me recordaba a lo que puede sentir alguien cuando lo llevan a la guillotina. El silencio era inquietante y todo parecía moverse a cámara lenta, no solo el tráfico. Por alguna razón, los colores también parecían más intensos.

Solo unas pocas personas eran conscientes de que la humanidad podría estar enfrentándose a una terrible extinción provocada por nosotros mismos porque no nos tomamos en serio la amenaza. Más allá de las ventanillas de mi coche, mirara donde mirara, miles de personas estaban atrapadas dentro de las brillantes cajas metálicas de su propia realidad.

Los tres carriles de coches a mi derecha y los dos carriles a mi izquierda... llenos de gente pensando en reuniones de padres, ligas infantiles y ballet. Algunos escuchaban la radio mientras otros rumiaban sobre cómo ocultarle a su cónyuge la aventura que tenían en el trabajo.

Fue algo profundo. Me sentí como en la superficie de la Luna. Nada parecía importar. Había ingerido la píldora roja y no me gustó lo que vi. Vi una especie que no estaba preparada. Vi una realidad que no era real en absoluto.

Mientras miraba a través de las hilera de coches, me sentí aliviado, aislado y traicionado. «Esta gente no tiene ni puta idea de nada», pensé. Todo es una gran mentira. Nos decimos a nosotros mismos que somos el depredador supremo, pero en realidad somos minúsculos.

El tráfico se despejó un poco, una vez que estuve en la autopista 50 en dirección a Kent Island, Maryland. En ese estado elevado de la conciencia, me di cuenta de cosas que normalmente no vería. Señales de tráfico. Un policía deteniendo a alguien por violar las normas del carril para vehículos de alta ocupación. Los anuncios absurdos en la parte trasera de los camiones.

Me golpeó como un ladrillo: somos una especie tremendamente simple. Nos tienen que decir qué hacer y cómo comportarnos porque no podemos hacerlo por nosotros mismos. Desde los límites de velocidad a las restricciones de los carriles de circulación, pasando por lo que debemos cenar; se nos dice constantemente cómo debemos comportarnos al estar entre nuestros conciudadanos. ¿Está la humanidad realmente preparada para la verdad? La mayoría de nosotros solo queremos oír verdades que encajen cómodamente en nuestras narrativas preexistentes y desgastadas por el tiempo. Cuando nos vemos obligados a enfrentarnos a la verdad, la suprimimos sistemáticamente para sentirnos mejor.

De repente, las diversas historias de la literatura sobre los FANI cobraron un nuevo enfoque.

Acontecimientos como Roswell dejaron de ser un enigma para convertirse en un juego intelectual para niños. Por supuesto que esos dos platillos se habían estrellado aquel día de 1947. Nuestro primitivo dispositivo PEM debió de perturbar de algún modo su burbuja de propulsión, haciéndolos vulnerables. Habría sido como si un 757 perdiera toda la potencia de sus motores a reacción. Entonces, de golpe, el FANI se topó de manera dolorosa con la realidad del desierto de Nuevo México.

¿Y el caso de Socorro, Nuevo México, en 1964? Aquel día, el policía Lonnie Zamora fue testigo involuntario de dos formas de propulsión FANI. Cuando la nave con forma de huevo despegó del suelo del desierto, lo hizo con un enorme estruendo y una llamarada azul. Fue tan fuerte que Zamora corrió a toda prisa por el barranco para escapar, temiendo que la aeronave pudiera explotar. Después, en cuanto la nave alcanzó cierta altura sobre el suelo, voló de manera silenciosa. Es posible que tuviera que utilizar la tecnología de fuerza bruta para abandonar el suelo, y una vez que su burbuja antigravedad se encajó en su lugar, se alejó navegando sin esfuerzo. Tal vez este modelo podría explicar por qué los testigos ofrecieron diferentes versiones de los sonidos y los niveles de calor que emanaban de la nave que habían visto.

Me pregunté por el carácter de estos supuestos visitantes, *nuestros amigos de fuera*, igual que lo había hecho cuando intentamos comprender su interés por los emplazamientos nucleares. ¿Qué era lo que les motivaba? Solo veía tres posibilidades:

1. Los visitantes son benévolos y no quieren interferir en nuestra existencia. Solo quieren seguir utilizando la Tierra como estación de paso galáctica para los recursos naturales. O, posiblemente, son tan benevolentes que esperan salvarnos de nosotros mismos.
2. Son malévolos; están aquí para robarnos y aparecerán en gran número en el futuro.
3. Son neutrales; como los humanos, pueden hacer tanto el bien como el mal, esperan observar y aprender de nosotros.

Si son buenos, no están haciendo un buen trabajo a la hora de impulsar un programa de benevolencia. No descendieron como ángeles en la década de 1940 para detener el lanzamiento de dos bombas atómicas en Hiroshima y Nagasaki, Japón. Tampoco han detenido el hambre, las guerras y las matanzas masivas. No han impedido la proliferación nuclear ni el desarrollo de la bomba nuclear. Así que esta teoría sobre su carácter parece falsa. Por otra parte, también es posible que su concepción de benevolencia signifique abandonarnos a nuestra suerte.

Si son neutrales hacia nosotros, debemos empezar a pensar en términos diplomáticos y políticos. ¿Qué quieren ellos y qué queremos nosotros? ¿Podemos aprender los unos de los otros? ¿Existe alguna posibilidad de comercio entre nosotros? ¿Favorecerán a uno de los gobiernos de nuestro planeta frente al resto?

El peor escenario para nosotros es que sean malos. Si son malos, podrían estar llevando a cabo lo que los militares llaman una operación IPB (preparación inicial del campo de batalla). ¿Y sabéis qué? Para alguien que conoce la realidad de la guerra, todo lo que hemos visto hasta ahora se parece mucho a una IPB.

Han visitado incesantemente nuestro plano de existencia, desde la antigüedad, con visitas más recientes desde los albores del siglo XX. Se han puesto a prueba con nuestros aviones. Se han entrometido en nuestros misiles balísticos intercontinentales, encendiéndolos y apagándolos. En Colares, pusieron en marcha de manera intencional un programa hostil contra los humanos. Aunque muchos investigadores serios se debaten con este aspecto del fenómeno, lo cierto es que no faltan informes sobre abducciones, implantación subcutánea de dispositivos y mutilaciones de ganado. Tenemos pruebas que sugieren claramente que están interesados en nuestras capacidades militares y nuestra tecnología nuclear.

Todo lo que he mencionado es lo que una cultura superior podría considerar hacer si estuviera llevando a cabo un reconocimiento de largo alcance. Intentarías evaluar la destreza militar, la respuesta y las capacidades de tu enemigo. Probarías subrepticiamente a neutralizar sus mejores armas. Querrías comprender su fisiología, sus defensas inmunológicas corporales y quizás sus fuentes de alimentos, su ganado y su agricultura.

Lanzarías una serie de reconocimientos en un pequeño segmento de su población, solo para ver si puedes lograrlo.

Todo lo que hemos visto en el siglo XX *podría* ser el preludio de una invasión. Es una posibilidad que no podemos ignorar.

¿Lo creo personalmente? No importa lo que yo crea. Lo que importa es lo que *podría* estar pasando.

Veamos el tercer escenario posible.

Una de las palabras que se oyen a menudo en la investigación sobre abducciones es *indiferente*. Los que afirman haber sido abducidos y examinados médicamente por visitantes dicen que sus captores tuvieron cuidado de minimizar su dolor y tormento. En algunos casos, los captores aseguraron a los abducidos que recordarían poco de lo ocurrido. Al final, los abducidos dicen sentir que a estos seres no les importaba si vivían o morían. Muchos de los que vivieron la experiencia declararon sentirse completamente vulnerables, indefensos y asustados.

Como antiguo agente especial, si un testigo dijera que se lo han llevado contra su voluntad, lo consideraría un acto de secuestro, un delito federal. Y si el testigo dijera que le han tocado en contra de su voluntad, lo consideraría una agresión, otro delito en términos humanos. ¿Nos hemos vuelto tan cómodos coloreando dentro de las líneas de nuestra realidad proyectada que nos negamos a mirar hacia arriba y alrededor para ver lo que realmente podría estar sucediendo?

Cuando los humanos nos enfrentamos a otra especie, *siempre* anteponemos los intereses de *nuestra* especie. Practicamos la indiferencia. Debemos prever la posibilidad de que los ocupantes de los FANI hagan lo mismo cuando nos convirtamos en una molestia.

He aquí una pregunta que no pude resistirme a formular: «¿Ha sido esta una operación IPB desde siempre, durante los miles de años de existencia humana? ¿O nos hemos acercado más al límite, evolucionando hasta llegar a ser una amenaza?» Después de mi estancia en el SCIF, pensaba lo segundo. Aun así, no podía demostrarlo. Aunque en realidad, tampoco importaba. Si había una pequeña posibilidad de que fueran malévolos, teníamos que estar más preparados. Desde el punto de vista de la seguridad nacional, no podíamos correr ningún riesgo.

La noche se deslizaba a mi alrededor. Las luces de la orilla opuesta del puente de la bahía de Chesapeake titilaban. La locura del área metropolitana se había desvanecido y podía ver las balizas de los canales de la bahía.

Me sentí más solo; más inseguro, pero al menos me dirigía a casa.

No me sentís bien teniendo esta información filtrándose en mi mente. Era demasiado; demasiado. Por derecho propio, todos los humanos de la Tierra deberían saber lo que yo sabía. Si todos lo supieran, quizá podríamos unirnos por una vez como especie.

Mi trabajo no me permitía compartir este tipo de información. Ni una pizca. ¿Qué se suponía que debía hacer con estos conocimientos? ¿Se suponía que Hal, Jay, yo y todos nuestros colegas debíamos escabullirnos hasta algún rincón del Pentágono, con esta carga sobre los hombros que podía cambiarnos la vida? ¿Sencillamente ignorarlo, ser jugadores de equipo y fingir que lo que más importaba era la burocracia? En el peor de los casos, puede que ni siquiera quedara burocracia. ¿Cómo demonios iba a explicárselo a los demás miembros de la cadena de mando? ¿Cómo lo procesarían?

No conocía esas respuestas, pero tenía que encontrarlas, y pronto.

Esa noche no dormí mucho. Para no perturbar el descanso de Jenn, salí sigilosamente del dormitorio. Nuestro nuevo pastor alemán, Paris, bostezó, me miró una vez y luego volvió a acurrucarse en las mantas, a los pies de la cama. Eché un vistazo a las niñas antes de dirigirme a la oscuridad del salón.

Me consumía la idea de que tenía que hacer todo lo posible para mantenerlos a salvo. Jenn sabía que últimamente el trabajo me había estado estresando. No tenía ni idea de por qué, y desde luego no sabía nada de los nuevos conocimientos que se habían cargado en mi mente ese día. Ella y yo habíamos vuelto a hablar sobre distintas formas de sacar más tiempo para la familia, relajarnos más, tener más tiempo libre, pero, francamente, esa forma de pensar a menudo nos hacía parecer ladrones furtivos, de los que creen que un último golpe puede dar un vuelco a sus vidas. Nuestra hija mayor, Taylor, se iría pronto a la universidad. No había forma de que nos librásemos de Washington y de los trabajos que teníamos en el área metropolitana. No podíamos; todavía no.

Como todos los que trabajaban en la administración pública, a menudo pensaba en marcharme al sector privado. No obstante, profesionalmente, quería que mi carrera en el Pentágono terminara con una nota positiva.

Dos ojos brillantes aparecieron en la oscuridad. Nuestro gato negro, Boo, se deslizó por el salón y se detuvo un momento para estudiarme. Estoy seguro de que mi aspecto era el de alguien sumido en total perplejidad. Los gatos parecen tener una forma curiosa de percibir cuándo sus dueños están angustiados. Cuando me senté en el sofá, ladeó la cabeza y me miró durante unos instantes. Durante el día, toda la familia lo veía como un gato doméstico normal y corriente. Sin embargo, por la noche, se convertía en el depredador que dictaba su ADN. La oscuridad nunca pareció molestarle a Boo. De hecho, la prefería.

Sentado en la oscuridad, volví a darme cuenta de algo: mi verdadero propósito en la vida siempre ha sido encontrar y defender la verdad. Recordé la cita bíblica de uno de mis jefes: «La verdad os hará libres». Ahora tenía que encontrar la forma de guiar a otros hacia esta nueva verdad, pero, ¿podría lograrlo sin violar mi juramento de seguridad o perder mi empleo? El Pentágono era mi vida. Mis colegas eran mi vida. Mi familia era mi vida. Sin embargo, la raza humana necesitaba transparencia y divulgación. Tenía que encontrar la manera de informar a todo aquel que quisiera escucharme. Pero ¿cómo? ¿Realmente iba un hombre a desafiar a los gobiernos del mundo, a las religiones y a la ciencia para que cambiaran su manera de ver las cosas? Solo soy una persona y, desde luego, no soy un héroe. Serví con varios héroes y no estoy ni de lejos a su altura.

Recapitulé sobre todo lo que tenía a mi favor. ¿Sabía que el fenómeno era real? Inequívocamente, sí. ¿Sabían otros que era real? Sí. ¿Confiaba en ellos? Implícitamente. Hombres como Hal, Will, Jay y otros colegas eran mucho más inteligentes que yo. Confiaba plenamente en ellos. También confiaba en las ideas de nuestros asesores. Si todos ellos pensaban que la tecnología FANI que habíamos observado no se parecía a ninguna otra encontrada en el planeta, me inclinaba a creerles a ellos, a nuestros testigos y a las pruebas.

Aun así… También sabía que todo profesional tiene puntos ciegos. Cuando los trabajadores trabajan en silos y solo hablan con los miembros de su equipo, desarrollan una visión de túnel. No se trataba solo de un fallo gubernamental. Era mundial. Académicos, científicos, políticos y expertos de todo el mundo eran culpables de lo mismo.

¿Había salido de mi silo e investigado pruebas más allá del material que nuestro equipo había reunido? Estaba convencido de que sí. Había leído los registros históricos del Gobierno. Había investigado a fondo el Proyecto Libro Azul y sus predecesores, los Proyectos Signo y Grudge. Había leído el testimonio de aviadores que habían sido testigos de la manipulación de nuestros misiles balísticos intercontinentales por parte de entidades desconocidas. Una moderna empresa aeroespacial se había mostrado interesada en esto. Aún no teníamos claro si este aparente cambio de postura era un gesto sincero o no. Estas empresas han pasado décadas manteniendo oculto este material y ahora, por alguna razón, una de ellas quería compartirlo con nosotros.

Ahora, más recientemente, Nolan y Vallée habían explorado la composición de la aleación de metal fundido de Iowa de 1977 y se habían encontrado con otro misterio que debíamos resolver. Por fuera, las muestras contenían elementos que se pueden encontrar en cualquier lugar de nuestro sistema solar: sodio, magnesio, aluminio, silicio, hierro y manganeso. Sin embargo, algunos de esos elementos habían sido fabricados como isótopos del elemento original. ¿Por qué alguien fabricaría tres isótopos *diferentes* de magnesio y cuatro de hierro? A nivel atómico, los isótopos estaban dispuestos en una matriz con una organización y estructura deliberada. Nuestros expertos no sabían cómo podríamos reproducir algo así. Además, parecía haber algunas propiedades fractales asociadas al material, una repetición interminable de patrones dentro de la matriz física que parecían aleatorios y uniformes al mismo tiempo. Curiosamente, los materiales parecían tener la capacidad de transmitir múltiples frecuencias. Según me explicó Hal, normalmente, las antenas deben tener al menos la mitad del tamaño de la forma de onda para poder funcionar. Este material, sin embargo, parecía capaz de transmitir frecuencias con una amplitud mucho mayor de lo que debería. Hal especuló con que se podría transmitir una gran cantidad de datos a través de dicho material. Sin embargo, ningún experto en materiales de los que inspeccionaron estos isótopos sabía cómo se podía hacer para fabricarlos.

Las palabras de Hal Puthoff resonaron en mi cabeza: «Esto, ahora, es un reto tecnológico».

Necesitamos a las mejores mentes del mundo en este asunto y pronto. Si los gobiernos del mundo se sinceraran, tal vez las mentes más brillantes del mundo podrían unirse para utilizar esta tecnología con el objetivo de salvar nuestro planeta y nuestras especies de todos los problemas a los que nos enfrentamos. La buena ciencia, la que se practica en las universidades e institutos del mundo, triunfó porque era transparente. Los genios de los laboratorios hacían el trabajo, lo escribían y lo publicaban para que todo el mundo lo conociese. Los investigadores posteriores se basaban en ese conocimiento hasta que cada disciplina llegaba a un consenso.

No teníamos consenso sobre los FANI porque el trabajo había quedado relegado a las sombras. Me había pasado la vida protegiendo secretos. Ahora sentía en mis huesos que guardar secretos por el bien de los secretos era, en última instancia, una idea falsa y podía causar más daño que bien.

No me malinterpretéis, siempre he salvaguardado la información clasificada frente a los enemigos. Sin embargo, como nación ocultamos la realidad de los FANI a nuestro propio pueblo. Diantres, ocultábamos la verdad a nuestros propios líderes. Fue una violación atroz que se nos impuso como guardianes de los secretos.

Confuso, regresé a mi dormitorio y observé una tras otra a mis dos hijas.

No tenía ni idea de cuál iba a ser su futuro. Apenas se conocían a sí mismas. Aun así, si algún día querían perseguir los secretos del universo, ¿no merecían saber la verdad? ¿Y no merecían ellas y sus amigas saber que no estábamos solos en el universo?

Tenía el poder de iniciar esta conversación, pero las consecuencias no serían buenas ni para mí ni para mi familia. Hay un viejo refrán que dice: «La Historia nunca trata bien a los que intentan empujarla».

Al entrar en nuestro dormitorio, escuché a Paris soltar un largo suspiro, casi como si reconociera mi difícil situación. Aparté las sábanas y bebí un trago de agua. La Luna iluminaba el líquido. Aquí había algo precioso para nuestra especie y que dábamos por sentado. ¿Cómo nos sentiríamos si otras formas de vida recorrieran miles de millones o incluso billones de kilómetros en busca de algo tan simple como un vaso de agua?

Al día siguiente me metí con el Cadillac en la gran ciudad, decidido a empezar a mover el dial. Tenía esperanzas. Había visto lo que pasaba cuando le presentabas pruebas sólidas sobre los FANI a gente inteligente. Les abres los ojos. Y las primeras palabras que salieron de sus bocas después de asimilar este nuevo conocimiento fueron: «Vale, entonces es real. ¿Y ahora qué?».

Más datos consistentes ayudarían a abrir todavía más los ojos.

Una noche de dar vueltas en la cama había implantado dos líneas de actuación en mi mente.

1. Sabíamos que *nuestros amigos de fuera* se sentían atraídos por el mar y por nuestras capacidades nucleares. Nuestro OPLAN Interloper estaba pendiente de revisión por el Estado Mayor Conjunto. Llevábamos meses sin recibir noticias al respecto y teníamos que empezar a llamar a la puerta de las personas adecuadas. El documento era elegante en sus fundamentos. Contaba con todos los ingredientes necesarios: tiempo, ubicación, circunstancias y un apéndice que incluía los informes de los tres últimos meses sobre FANI. Cualquiera que lo leyera comprendería rápidamente la urgencia.
2. Necesitábamos llegar al secretario de Defensa. El hombre al que todos en el Pentágono se referían como SECDEF. Si se nos permitía hablar directamente con él, sabía que confiaría en la información que le transmitíamos.

Solo hay cinco personas en el planeta por las que me pondría el uniforme y a las que seguiría a la guerra hoy mismo. Una de esas personas era el nuevo secretario de Defensa, James *perro loco* Mattis, o, como le llamaban sus amigos, «caos».

En el Pentágono se hablaba de él en voz baja. Era un pensador, un ávido lector, un erudito. Un verdadero monje guerrero. Le conocí en 2001 en Kandahar, Afganistán. Poco después, presentaría a Mattis a mi amigo John Robert, que se convertiría en uno de los hombres de confianza de Mattis sobre el terreno.

Incluso antes de que se creara el cargo, fui la primera autoridad coordinadora de contrainteligencia en Afganistán. Me convertí en uno de los asesores de inteligencia extraoficiales de Mattis. Mattis tenía el poder de salvar vidas o aniquilarlas. Mi trabajo, con la ayuda de John, era asegurarme de que tenía la información adecuada para tomar la decisión correcta.

Uno de mis primeros contactos con él fue cuando me comuniqué con él con lo que se conoce como *flash traffic*.

—Señor, va a haber un ataque con cohetes contra nosotros en unos diez minutos, justo aquí en el aeródromo —le dije—. Tenemos que conseguir apoyo.

Se volvió hacia uno de sus subordinados y empezó a gritar.

—¡Todos los helicópteros al aire ahora! Artilleros en todos los perímetros. Quiero a esos cabrones muertos. Una vez transmitidas las coordenadas, se volvió hacia mí y me dijo con una risita:

—Espero que tengas razón, Lue.

Así era Mattis: un comandante sin pelos en la lengua, curtido en mil batallas, pero sin miedo a mostrar su humanidad. Amaba a sus tropas. Tuve el privilegio de ver cómo su bondad se extendía a los demás.

En otra ocasión, algunos de sus hombres se vieron acorralados en un tiroteo, fuera del perímetro del aeródromo. Se quedaron sin munición y pidieron ayuda por radio, pero no había nadie cerca que pudiera ayudarles. Por casualidad, un pequeño convoy de vehículos anfibios blindados ligeros (LAV) se encontraba cerca. Mattis encabezaba el convoy. Cuando recibió la llamada, como un personaje de una vieja película de John Wayne, Mattis ordenó a los suyos que cambiaran de ruta:

—Vamos a por nuestros chicos.

La caravana se apresuró hacia el nuevo emplazamiento y destrozó al enemigo. Equipados con el cañón Bushmaster de 25 mm, ese *tum-tum-tum* significaba que el enemigo estaba teniendo un mal día. Un vehículo anfibio superó una cresta e impactó contra el suelo. La capota se abrió y allí estaba Mattis.

—Ha llegado el coche oficial, chicos —gritó.

Nuestros chicos se salvaron. Los enemigos huyeron en cuanto comprendieron la magnitud de la abrumadora potencia de fuego que Mattis llevaba consigo. Historias como esta, y muchas más, las vivía a diario Mattis, y yo tuve el privilegio de presenciar algunas de ellas en primera personsa. Le reconozco el mérito de haber salvado muchas vidas, incluida la mía.

Por Dios que le queríamos y le seguimos queriendo.

Más de una década después, estaba trabajando en el edificio del Pentágono con el mismísimo *Perro Loco*, que había aceptado el cargo de secretario de Defensa en la administración entrante de Trump. El único problema era que había otras veinte mil personas entre él y yo.

Informé a Jay de mis objetivos. Me había propuesto informar de todo al secretario. Quería transparencia por parte del SECDEF de cara al futuro sobre incursiones y cuestiones de seguridad. Quería una carta para asegurar el acceso a los materiales de FANI del Programa Legacy. Quería mucho más, pero solo necesitaba una oportunidad para exponer mi caso. Para conseguir estos objetivos, inicié un elaborado complot con todos los que estaban en la órbita del secretario.

Algunos se preguntarán por qué no cogí el teléfono y llamé a Mattis para una reunión, puesto que ya me conocía y confiaba en mí. Es una pregunta razonable. La respuesta es que esto seguía siendo el Pentágono. La mayoría de nosotros éramos civiles, pero trabajábamos para el ejército. En ningún caso podía saltarme la cadena de mando y utilizar mi relación anterior con el general para programar personalmente una reunión informativa con él. Hacerlo sería un acto de insubordinación, una acusación a su cadena de mando, y un insulto a la institución y al propio general. Es importante entender que Mattis estaba muy centrado en fortalecer la autoridad y el reconocimiento de la cadena de mando durante la administración Trump y yo estaría socavándole a él y sus esfuerzos si ignorase la cadena de mando, sin importar cuán importantes fueran mis preocupaciones.

Tenía que pasar por los canales adecuados, aunque no podía confiar en mis propios canales dentro de la OUSD(I). A pesar de mis esfuerzos, ni Jay ni yo pudimos vencer a la burocracia. Llamé por teléfono y dije a cualquiera que pudiera ayudarnos que teníamos un grave problema entre manos.

En concreto, me preocupaba el reciente aumento de la actividad de los FANI, empezando por los incidentes del USS Roosevelt y que ahora se está extendiendo a otros emplazamientos militares altamente secretos. Nuestros hombres y mujeres de uniforme ansiaban recibir orientación sobre esta cuestión, y la única forma que tenía de obtener una directriz era elevarla al siguiente nivel. Llegué incluso a pedir algunos favores políticos, basándome en el capital que había acumulado haciendo favores a diversas personas a lo largo de mi dilatada carrera.

Todo fue en vano. Me encontraba en un callejón sin salida. La lista de los posibles era escasa; tenía que tener cuidado con lo que decía sobre lo que estábamos haciendo. Si decía demasiado poco, nadie querría ayudarme; si decía demasiado, nadie me creería. Como en el viejo cuento de *Ricitos de Oro*, las gachas tenían que estar en su punto. Sin embargo, cada cual en la cadena de mando deseaba que sus gachas estuvieran a una temperatura diferente a las de los demás.

Durante este tiempo, Hal había hecho algunas conexiones por su cuenta. Uno de ellos era un hombre muy inteligente llamado Jim Semivan, un alto cargo de la CIA que había tenido una larga y exitosa carrera. Hagamos una breve descripción de Jim: nacido y criado en Ohio, Jim ingresó en la CIA en 1982 y se jubiló en 2007 tras veinticinco años de carrera. En el momento de su jubilación, era miembro del Servicio Superior de Inteligencia de la CIA. Sirvió en múltiples misiones en el extranjero y en el país, además de ocupar altos cargos directivos en el cuartel general de la CIA. También había recibido la Medalla de Inteligencia de Carrera de la Agencia, junto con numerosos Premios al Rendimiento Excepcional y Citaciones de Unidad Meritoria. Operó en todo el mundo y reclutó a agentes de alto nivel. Sus antecedentes eran totalmente opuestos a los míos. Yo reclutaba a luchadores callejeros, insurgentes y artificieros. Jim reclutaba embajadores y agregados extranjeros. Tras haber abandonado recientemente la Agencia, Jim se convirtió en contratista de la CIA pero, al tiempo, seguía *conectado*.

Hal sugirió a Jay que nos reuniéramos con Jim en el Pentágono. Era la primera vez que traíamos a alguien de fuera. Corríamos un gran riesgo confiando en Jim. Ninguno de nosotros lo había visto antes, pero Hal respondía por él.

Jim se reunió con Jay, otro colega, y conmigo en una sala tranquila, en las profundidades del Pentágono. Para nuestra primera reunión, acordamos que no informaríamos a Jim de nada de lo que estábamos haciendo. Cuando entré en la sala, vi a un caballero bajo, canoso y con una chaqueta deportiva de color azul. Con una enorme sonrisa, se levantó y nos tendió la mano. Estaba muy contento de vernos. La reunión fue relativamente tranquila, como una buena primera cita. Nadie dijo mucho ni ofreció nada. Fue simplemente una reunión para conocernos y, como auténticos espías, evaluar las motivaciones, la experiencia y el entrenamiento de cada uno. No podíamos permitirnos el comprometer nuestros verdaderos esfuerzos, así que todos hablamos en una especie de código incómodo, esperando que la otra persona entendiera lo que intentamos decir, sin decirlo realmente.

Unas semanas más tarde, Jim se puso en contacto conmigo y quedamos en vernos. Investigué un poco más sobre Jim. Resultó que seguía colaborando con algunos proyectos muy importantes de la CIA. Al entrar en la sala, Jim se levantó y nos saludó cordialmente. Nos agradeció profusamente que volviéramos a verle. Esta vez, Jim mencionó que estaba trabajando con algunos colegas que consistían en una mezcolanza de antiguos altos cargos militares y de inteligencia, junto con una estrella del rock.

«¿Una estrella del rock?», pensé para mis adentros. ¿Qué coño hacía una estrella del rock en su grupo? Jim enumeró los nombres de los funcionarios, todos muy válidos, con acreditaciones de seguridad y pedigrí profesional. Luego dijo que la estrella de rock era Tom DeLonge.

Jim captó mi mirada de confusión.

—¿Conoces —preguntó— al vocalista de Blink-182?

Algo hizo clic. De repente recordé por qué conocía ese nombre. Mis dos hijas eran grandes fans de su música. En esta ocasión, Jim se mostró más comunicativo. Su equipo y él mismo estaban trabajando para sacar el tema de los FANI de los silos del Gobierno y ponerlo en manos del pueblo estadounidense. Había oído rumores de que en el Pentágono se estaba llevando a cabo un verdadero programa sobre FANI, así que estaba encantado de haber dado finalmente con nosotros.

—Mira, Jim —le dije, a modo de advertencia—, aún no te hemos dicho nada de calado. La única razón por la que estamos teniendo esta reunión es porque Hal responde por ti y tienes una autorización de seguridad de alto secreto. No puedes contarle a nadie quiénes somos.

—Lo entiendo perfectamente, Lue. Tienes mi palabra.

—Si queremos que esto funcione —continué—, tenemos que generar confianza. Es un gran paso en la dirección correcta, pero debemos proteger el programa a toda costa.

Era la primera vez que le hablábamos del AATIP a alguien que no formaba parte del equipo. Jim recibió por fin la verificación que buscaba. Para aliviar mis temores, Jim me reveló, con coraje, una experiencia muy personal al AATIP que había tenido cuando aún era un alto funcionario de la CIA. Me estaba ofreciendo una moneda de cambio, una forma de decir: «Oye, mira... Yo también estoy en esto y tengo mucho que perder si comparto esta información contigo. No obstante, aquí tienes una muestra de mi confianza». Aprecié mucho ese gesto y los detalles del incidente que sufrió eran muy similares a otros acerca de los que yo tenía conocimiento.

Jim se convirtió en un aliado. Más adelante, encontraríamos a otro aliado fundamental que se convertiría en un compañero de equipo inestimable.

CAPÍTULO 18

EL GORILA DE CUATROCIENTOS KILOS

Uno de los miembros de mi equipo llamó a la puerta del SCIF y dijo:

—Señor, un antiguo funcionario de muy alto nivel del Departamento de Defensa está aquí para hablar con usted.

Habían comprobado las credenciales del invitado y tenía las autorizaciones de la Oficina de Inteligencia Naval que necesitaba para estar en el edificio y acabar en un SCIF conmigo. Yo tenía mucha curiosidad por saber qué quería aquel tipo.

Unos instantes después, Jay, otro colega y yo entramos en nuestra sala de conferencias SCIF y nos encontramos con un hombre alto y en forma, vestido elegantemente y con una cartera de cuero bajo el brazo izquierdo.

—¡Hola! Soy Chris Mellon —dijo.

Chris nos relató, sin arrogancia, su experiencia profesional en el Departamento de Defensa.

El titular, por así decirlo, sería CHRIS FUE SECRETARIO ADJUNTO DE DEFENSA PARA INTELIGENCIA.

En tal puesto, solo estaba a un peldaño del secretario de Defensa. Supervisaba todas las actividades de inteligencia del Departamento de Defensa y los Programas de Acceso Especial (SAP). Cuando era senador, el asesor más cercano de William Cohen en el Capitolio era Chris Mellon. Más tarde, cuando Cohen se convirtió en secretario de Defensa, se llevó a Chris con él para que fuera uno de sus directores de confianza en su nuevo personal. Una decisión muy astuta, en mi opinión.

Mi subordinado se había quedado realmente corto al referirse a él como una persona *muy veterana*. Ahora sentía más que curiosidad.

Alguien de tal nivel que quisiera ayudarnos podría ser el golpe de suerte que necesitábamos, o podría haber acudido a nosotros para causarnos problemas y ser la proverbial granada de mano en la cubitera de nuestra fiesta.

Chris manifestó tener interés por ayudarnos. Estaba encantado de saber que existía nuestro programa e incluso sabía que se llamaba AATIP. Me asombró que nos conociera, ya que habíamos actuado en secreto. Entonces, Chris preguntó:

—¿Cómo puedo conseguir que me deis un pase para vuestro proyecto?

«Vaya, ¿qué pregunta tan presuntuosa», pensé. En la jerga de nuestro mundo, darle un *pase* para un proyecto a alguien, equivale a darle la bienvenida al grupo, y asumir que vas a compartir con él todo lo que sabes. Yo aún no sabía si realmente era alguien en quien se podía confiar, así que pensé en ganar tiempo y ponerle un poco a prueba. Recuerdo que miré por encima del hombro a uno de mis chicos y le sonreí; luego me volví hacia Chris y le dije:

—Vale, si quieres una sesión informativa, la tendrás, pero vas a necesitar una serie de pases específicos antes de que podamos informarte de nada. Esas son las reglas

Saqué una larga lista de autorizaciones: A, B, C, D, E, F, G, etcétera. En nuestro mundo, los *pases* se referían a las autorizaciones de seguridad de una persona, sus credenciales y sus accesos específicos.

Chris los cumplimentó al momento y dijo:

—Vale, ningún problema —Dejó de lado el bolígrafo y añadió—: Si consigo estas autorizaciones, ¿hablarás conmigo?

—Sí —respondí—. Chris nos dio las gracias por haberle dedicado nuestro tiempo, nos estrechó la mano y prometió volver.

Yo sabía que a veces se tarda más de un año en *obtener* algunas de esas autorizaciones. Así que pensé que era muy probable que no volviéramos a saber nada de él y, si al final conseguía las autorizaciones que necesitaba y volvía, ya cruzaríamos ese puente a su debido tiempo. Tal vez algún día volviera y nos contara lo que sabía sobre el Programa Legacy sobre FANI a los que había accedido gracias a su pasada supervisión de los SAP.

Después de que Chris se marchase, me llamó Jim Semivan, quien me reveló que había sido él quien le había hablado a Chris del AATIP y de dónde encontrarnos. Dio fe de Chris y también mencionó casualmente que, aparte del prestigioso currículum gubernamental de Chris, este también era un miembro destacado de la poderosa familia Mellon, dueña de Carnegie Mellon, Gulf Oil, y Mellon Bank, por nombrar algunas de sus empresas. Chris era un rico heredero independiente de una de las dinastías financieras e industriales más antiguas de los Estados Unidos. Su abuelo ayudó, literalmente, a construir nuestro país. Recuerdo que respeté al instante el hecho de que Chris no nos hubiera dado a conocer esos detalles, ni siquiera de forma sutil. Otra vez, se mostraba como alguien muy humilde.

Una semana más tarde, los abogados del equipo de defensa de los terroristas del 11-S habían preparado una petición legal en la que me presentaban como la encarnación del diablo y afirmaban que estaba impidiendo que sus clientes detenidos tuvieran un juicio justo. Mientras escribía una respuesta a nuestro abogado general, llamaron a la puerta.

—Señor —me dijo mi asistente—, Chris Mellon está aquí de nuevo.

Le contesté:

—Bueno, ¿y qué quiere? Le he dicho que no podemos informarle si no tiene los pases.

Mi asistente dijo:

—Mmm, Lue, tiene los pases.

«No puede ser», pensé. «¿Ha conseguido todas las debidas autorizaciones en solo una semana?».

Sin embargo, cuando hojeé los documentos que me ofrecía, estaba claro que los tenía. Todos y cada uno de ellos. Para asegurarme, hice una llamada rápida y volví a comprobar cada uno de sus documentos. Todos eran correctos. Estaba más que impresionado. Chris era claramente un operador del más alto nivel. Nunca había visto a nadie acumular credenciales tan complicadas con tanta rapidez.

Acompañé a Chris a una pequeña sala de conferencias dentro de otro SCIF.

Durante las tres horas siguientes, compartí con Chris los informes, fotografías, imágenes, datos e información que habíamos recopilado sobre las operaciones de Legacy. Chris se quedó paralizado ante el gran monitor mientras los vídeos se sucedían, junto con el audio de los pilotos.

Al final de nuestra reunión, Chris estaba, cuando menos, frustrado. Llevaba años supervisando todos los SAP del Departamento de Defensa y nos confesó que no tenía ninguna información sobre el tema de los FANI. En pocas palabras, debería haber estado al tanto y no lo estaba. Ahora, se sentía entusiasmado y quería participar en la solución de lo que consideraba un grave problema. Tras expresar su frustración, nos prometió su lealtad y se convirtió en un miembro de confianza del equipo. Mirando atrás, es una de las mejores y más importantes decisiones que he tomado nunca.

CAPÍTULO 19

¡QUE OS DEN!

Antes de que acabase 2016, recibí la noticia, a través de Jay, de que el Estado Mayor Conjunto había rechazado asignar a OPLAN Interloper una clasificación ACCM, clave para nuestro plan para sacar a los FANI de su escondite. Donde yo veía una iniciativa audaz para dar sentido a lo que nuestros militares presenciaban en los cielos, los mandos veían un gran saco de rarezas que no entraba en sus listas habituales de tareas diarias. No querían que se les asociara con el estigma histórico en torno a los ovnis, pero ¿y si se tratara de un adversario? ¿Y si China o Rusia nos superan tecnológicamente? ¿O si se trata de un adversario no humano? ¿No deberíamos hacer algo?

Ese estigma al que seguimos enfrentándonos me indigna. Es la misma forma de pensar que nos ha metido en problemas en numerosas ocasiones. ¿Es que nunca aprendemos? ¿Es que nadie se acuerda del 11-S? ¿Nadie se preocupa por la sorpresa estratégica?

Al principio, para facilitar la conversación, a Jay se le ocurrió llamar a estos objetos fenómenos aéreos no identificados, FANI, en lugar de ovnis.

En resumidas cuentas, consideré que se trataba de un atroz fallo en nuestra seguridad nacional. Si le decíamos a la gente que analizaba el vídeo que conocíamos el origen de la *aeronave*, estaban encantados de analizarlo, pero si le decíamos simplemente que se trataba de un OVNI, se reían de nosotros. El término FANI era mucho más aceptable. Me recordó a una película de Disney que solíamos ver mi hija y yo, *WALL-E*.

La historia trata de un humilde robot que, inocentemente, causa estragos al entrar en un mundo estéril de robots no terrestres, a bordo de una nave espacial. Los robots de la nave están tan acostumbrados a su rutina normal que no pueden, o no quieren, reconocer nada más que la tarea específica que tienen entre manos. Eficaces en su trabajo, sí eran; capaces de pensar con originalidad, no; ni de lejos.

Puede que Interloper no estuviera oficialmente muerto, pero lo parecía. No tenía esperanzas de que la operación se llevase a cabo pronto, ya que no era una prioridad para nadie más que nosotros. La decisión me dolió. Jay y yo habíamos dedicado mucho tiempo a coordinar aquel esfuerzo. Lo hablamos y trazamos un nuevo plan. ¿Y si Jim Semivan tenía razón? ¿Y si de alguna manera teníamos que llevar este tema a *la gente*?

No pensaba en *todo el mundo*, sino en unos pocos de confianza. Nuestros amigos y socios de la industria de defensa tenían habilidades y conocimientos de los que carecía el vasto laberinto del Pentágono. Estábamos deseosos de ampliar el número de expertos que pudieran analizar vídeos menos sensibles y ofrecer sus opiniones al respecto. En lugar de que los expertos obtuvieran una autorización y se vieran obligados a ver las grabaciones en un SCIF con nosotros, imaginé que se podían desclasificar algunos vídeos y ponerlos a disposición en un servidor seguro del Gobierno. Compartiríamos la contraseña apropiada con colegas cuidadosamente seleccionados y les daríamos instrucciones para que vieran los vídeos cuando quisieran. El AAWSAP había utilizado con gran éxito, el mismo método para compartir todos menos uno de los treinta y ocho trabajos de investigación teórica académica que Hal había encargado a varios científicos. ¿Por qué reinventar la rueda en este caso?

Era muy consciente de la responsabilidad que teníamos a la hora de enviar todo lo que quisiéramos compartir públicamente a través de los canales adecuados para su revisión, incluso si no estaba clasificado o era para uso oficial (FOUO). Sabía que tenía que seleccionar tres vídeos no clasificados para compartir. Sabiendo perfectamente que serían los menos útiles, no tenía elección. No podía difundir un vídeo clasificado con la conciencia tranquila. Una vez seleccionados los tres vídeos, tendría que presentar la documentación adecuada y esperar una decisión.

Aun así, ¿qué vídeos elegir? Consideré que el vídeo del DHS de Aguadilla, Puerto Rico, era demasiado delicado debido a su origen, que era una agencia hermana. Aunque ya se hubiera filtrado en Internet, no iba a confirmar que se trataba efectivamente de un vídeo del Gobierno estadounidense sin que el DHS estuviera de acuerdo con esa decisión. En su lugar, opté por tres vídeos que mostraban las características de los FANI. Preveía que su baja resolución sería una ventaja y aceleraría el proceso de aprobación. Elegí el vídeo de FLIR (también conocido como Tic Tac, de 2004) y los vídeos de GoFast y GIMBAL, de 2015. Describí los tres vídeos en un único formulario 1910, que el Departamento de Defensa utiliza para solicitar la desclasificación de todo tipo de material, desde documentos hasta contenido multimedia.

En el espacio del formulario donde debía indicar el motivo de la publicación, simplemente escribí: «No aplicable. No se publicará. Investigación y análisis ÚNICAMENTE e intercambio de información con otros socios del Gobierno y la industria estadounidenses con el fin de desarrollar una base de datos que ayude a identificar, analizar y, en última instancia, derrotar las amenazas [de sistemas aéreos inusuales]». La razón por la que elegí decir *No aplicable* fue simplemente que, *publicar*, publicas un libro; un vídeo no se *publica*, sino que se *da a conocer*. Siempre me he enorgullecido de comunicar con la mayor precisión posible.

Pocos días después, recibí un correo electrónico de la Oficina de Revisión Previa a la Publicación y de Seguridad del Departamento de Defensa (DoDOPSR), el organismo gubernamental que gestiona estas solicitudes. El DoDOPSR entendió que deseábamos poner los vídeos a disposición de socios de la industria, es decir, personas con las que ya trabajábamos en el sector aeroespacial y las universidades. El DoDOPSR informó de que no podía desclasificar este tipo de material para su difusión a un público restringido. Nos instaron a cambiar nuestra petición y solicitar en su lugar la liberación sin restricciones para hacer públicos los vídeos.

No me lo esperaba. Fue como un regalo de cumpleaños anticipado. En última instancia, esto nos daría flexibilidad para decidir quiénes iban a ser nuestros compañeros. «Después de eso, podrías hacer lo que quisieras con ellos», me dijeron.

Poco después, la aprobación apareció en mi bandeja de entrada. El DoDOPSR había sellado oficialmente mi formulario 1910 con las siguientes palabras: DISTRIBUCIÓN ILIMITADA.

CAPÍTULO 20

LAS TRES CABEZAS DE CERBERO

Estábamos desorientados. Habíamos investigado numerosos casos, realizado análisis, consultado a los mejores científicos y llegado a conclusiones históricas en nombre del Gobierno estadounidense. ¿Por qué resultaba tan difícil informar a las personas adecuadas de la cadena de mando? Me sentía un poco como aquel operador del radar, minutos antes de Pearl Harbor. ¿Por qué nadie se preocupaba por lo que estábamos viendo?

Sin embargo, un día sonó mi teléfono y el identificador de llamadas reveló que era del despacho del secretario de Defensa, el mismo despacho en el que yo necesitaba entrar.

Una semana antes, había dado permiso a Chris Mellon para que compartiera mi nombre con algunos funcionarios de alto nivel que él conocía y que estarían en condiciones de ayudarnos a Jay y a mí a llegar a Mattis adecuadamente.

Bueno, que me aspen, pensé. ¡Chris lo hizo posible!

No debería haberme impacientado. Sabía cómo funcionaba este lugar. La presentación de Chris dio el pistoletazo de salida a lo que acabarían siendo meses de reuniones con personas muy bien situadas en el Pentágono. La persona de más alto rango con la que estaba tratando por entonces –un enlace del SECDEF– tomó nota de mis comentarios y prometió (una vez más) volver. Comprendí sus dudas. Al enlace le costó comprender la enormidad del asunto y se dirigió sin dilación a dos colegas suyos, un alto asesor de la Casa Blanca llamado Brad Byers y una agente de enlace de la CIA a la que llamaré Shari Smith. Pidieron montones de datos. Quisieron hablar con nuestros testigos pilotos. Trajimos a Fravor, Dietrich, y un operador de radar. Luego querían los informes, fotografías y cualquier otra cosa.

Sin embargo, después de todo eso, nada llegó a Mattis. Sus tres guardianes querían ofrecer al secretario una solución, no solo un problema. También supe que Brad dudaba en informar a Mattis hasta que mi oficina, la OUSD(I), tuviera un nombramiento permanente. Desde que Michael Vickers había dejado su puesto, la OUSD(I) estaba ocupado por personas *en funciones* o temporales. El puesto requería una persona confirmada por el Senado, por lo que el Pentágono seguía buscando a la persona adecuada. Una persona fija en el puesto de USD(I) significaba que podíamos mantener a todo el mundo informado. En aquel momento no me gustó este razonamiento, pero en retrospectiva, probablemente era lo correcto. Brad era un buen hombre y tan leal a Mattis como yo. En una de estas ocasiones, le dije a bocajarro:

—El tiempo no está de nuestro lado. Tenemos que actuar. Alguien tiene que informar al secretario —Hice una pausa, me calmé y me disculpé. Entonces hice referencia a mi trabajo en la operación Libertad Duradera en Afganistán, algo de lo que no esperaba ni quería hablar, a menos que el destino me obligara—. Estuve en Kandahar con el secretario, cuando este era comandante de la Unidad Expedicionaria de Marines. No puedo decir que sepa cómo piensa. No obstante, mi experiencia con él me ha enseñado que es un hombre que quiere disponer de más información, no menos.

Mattis era aún bastante nuevo en su puesto; la prensa estaría pendiente de todos sus movimientos. Mis contactos principales, Shari y Brad, no querían poner a Mattis en una situación imposible. Si la prensa se enteraba de estas reuniones, podrían preguntarle directamente a Mattis en una rueda de prensa abierta: «Sr. Secretario, ¿es cierto que se le ha informado recientemente de la realidad de las FANI y de los peligros que pueden suponer para nuestros pilotos?». A partir de ahí, los escenarios imaginados no harían más que empeorar: «Sr. Secretario, ¿cree usted en los extraterrestres? Sr. Secretario, ¿nos estamos preparando para una invasión alienígena?»

Avanzábamos en la dirección correcta, pero las grandes preguntas siempre estaban ahí. ¿Cómo superamos el estigma y el miedo a que el tema se convierta en una burla, y poder informar brevemente? ¿Cómo deshacemos ochenta años, o quizá más, de negacionismo oficial?

Ideé mi propio plan. De vuelta en mi despacho, planteé una pregunta a █████.

—¿Qué es lo único, lo único, que nos ha impedido una y otra vez hacer las cosas?

Sin pestañear, █████ bromeó:

—Autoridad. No tenemos suficiente autoridad para hacer lo que tenemos que hacer.

¡BINGO!

—¿Y cómo conseguimos más autoridad? —pregunté.

—Con rango —respondió. Creo que le pareció que acababa de poner en marcha un concurso improvisado.

¡EXACTO!

—Pero no podemos darnos a nosotros mismos un ascenso…

—No hace falta, porque tenemos amigos que ya están allí.

Poco después, █████ y yo aparecimos en el despacho de Neill Tipton, mi antiguo jefe. Como siempre, se mostró amable y bromista.

—Lo que voy a contarte sonará un poco extraño —le dije.

—Oír eso de ti, Lue… ya nada me sorprende —dijo riendo.

Trazamos nuestro plan. Neill se uniría al AATIP y ayudaría en la labor. Nosotros le facilitaríamos los datos y la secretaría le brindaría la cobertura y protección necesarias (Brad y Shari estuvieron de acuerdo con esto). Neill tenía el entusiasmo que se necesitaba en este tema. Ya nos había ofrecido sus conocimientos cuando investigamos el vídeo del Predator, y tomó la iniciativa de seguir el caso con un correo electrónico. Ahora se encontraba entre los tres altos cargos de la OUSD(I), el equivalente a un general de tres estrellas.

Solo tenía que decir que sí.

Neill se sentó en su silla, tras su nuevo escritorio de roble.

—Solo pongo una condición —dijo—. Tienes que quedarte como consejero y...

—No pienso irme a ninguna parte —le aseguré.

Neill exigió el resumen completo y algo por escrito. Unos días más tarde, volví al despacho de Neill, le di el resumen y le entregué una gran carpeta con copias impresas de los informes sobre los FANI. Tenía varios centímetros de grosor. También le di acceso a nuestra carpeta compartida en el disco clasificado compartido de la OUSD(I). Lo único que me faltaba era que el SECDEF firmara un memorándum por el que se transferían las responsabilidades del AATIP a Neill.

A los pocos días, conseguí una reunión entre Neill, Brad y Shari. Confiaba en que casi hubiéramos superado la línea de meta. Todos estaban de acuerdo en que Neill sería el nuevo zar del tema FANI para el Departamento de Defensa. Aquella tarde redacté un memorándum no clasificado y envié una copia a Neill y a ██████ para que lo revisaran. Breve y suave, pero suficiente para que Neill asumiera su nuevo cometido.

Neill leyó y aceptó el contenido de mi memorándum, pero tardó en firmarlo y dijo que lo haría a su regreso de un viaje oficial. Y una vez más, el secretario de Defensa no estaba al corriente. De nuevo, la burocracia y el estigma habían dificultado las cosas.

Durante ese tiempo, algo cambió dentro de mí. Me di cuenta de que habíamos hecho todo lo posible. Yo había reunido las pruebas. Había luchado para llevarlas a lo más alto. Estaba agotado.

En esos largos viajes de vuelta a casa, meditaba mis opciones y luchaba contra mi inquietud.

Me había dedicado desinteresadamente al Departamento de Defensa, que me había encarrilado y había nutrido mi carrera. El Pentágono era mi alma. Mi identidad.

Aun así, no podía quitarme la sensación de que nadaba en un charco de hormigón que estaba fraguando con rapidez. Se habían negado a poner en marcha Interloper. Me habían puesto trabas para informar al secretario. El Pentágono se contentaba con mantener el *statu quo*, con dar vueltas a la cabeza sin parar de hablar, sin actuar nunca en función de la información. Mientras tanto, teníamos amenazas muy reales que planteaban los FANI para la seguridad nacional. Sabía que, si no se prestaba la debida atención a este asunto, podría producirse un fracaso de seguridad nacional que eclipsaría el del 11-S. Mientras tanto, el Programa Legacy existía en la sombra, en posesión de tecnología avanzada fabricada fuera del mundo por inteligencia no humana, pero, al parecer, ningún cargo electo ni nadie en el Pentágono lo sabía. Luego estaba el simple hecho de que la verdadera naturaleza de nuestra realidad –el hecho de que no estamos solos en el universo– se estaba ocultando al pueblo estadounidense y a la humanidad en general. Decir eso en voz alta... es una locura y está mal.

Me sentí como en un episodio de *The Twilight Zone*.

Tenía que haber una forma mejor de hacer las cosas.

Practicando juegos de guerra con Jay y Chris Mellon, nos dimos cuenta de que la única manera de cambiar la forma en que el Pentágono estaba manejando esto era conseguir que el Congreso les hiciera cambiar. Y como nos recordó Mellon, la forma de conseguir que el Congreso prestara atención era sacarlo a la calle y conseguir que la prensa se implicara. Sin embargo, como funcionarios, no podíamos hablar con la prensa.

Tal y como yo lo veía, solo tenía dos opciones: (1) entregarnos al silencio y ocultar el mayor secreto de la humanidad, dejando a oscuras al pueblo estadounidense y al resto de la sociedad, y sin abordar una amenaza muy real para la seguridad nacional, o (2) renunciar a la carrera que amo para cumplir con mi deber de servir a los intereses del pueblo de los Estados Unidos y hacer lo correcto, haciéndolo público y revelando la verdad sobre los FANI al pueblo estadounidense. Al fin y al cabo, es a él a quien servimos. La mayoría de los empleados del Gobierno no piensan en algo así, ni saben cómo hacerlo. Nos enseñaron que el Gobierno es la cúspide de todo. Es cierto, muchos de nosotros soñábamos con dar el salto al sector privado, pero eso se hacía para pasar a una carrera mejor remunerada en una empresa militar. No se salía del Pentágono para hablar públicamente de asuntos delicados.

No podía pedir a ninguno de mis colegas que sacrificase su carrera. Tenía que ser yo. Yo era el más veterano en este momento.

Había que decir la verdad y afrontarla de alguna manera. Me vino a la mente una cita del gran patriota estadounidense Samuel Adams: «Para los verdaderos patriotas, guardar silencio es peligroso». Ni en un millón de años violaría mi juramento de seguridad. Podría decirse que el daño causado por personas como Bradley (ahora Chelsea) Manning y, más tarde, por Edward Snowden hicieron más mal que bien. Sí, cierto que la verdad salió a la luz, pero hubo gente que perdió la vida y la inteligencia se vio comprometida en el proceso.

¿Cómo podríamos concienciar al Congreso, al secretario de Defensa y al pueblo estadounidense de un problema sin comprometer la información clasificada? Si pudiera decir lo suficiente, a un nivel no clasificado, como para abrir los ojos de la gente a los hechos, y hacer suficiente ruido en la prensa para llamar la atención del Congreso, entonces Jay podría utilizar ese impulso para hacer avanzar las cosas dentro del Gobierno. Este sería el mayor desafío que jamás podría haber imaginado. No había precedentes de lo que queríamos conseguir.

Repasando mentalmente una lista de lo que era legal y lo que no, confiaba en poder hablar de nuestras investigaciones y de las amenazas a la seguridad nacional que planteaban los FANI sin violar los numerosos acuerdos de confidencialidad (NDA) que firmé al incorporarme al Pentágono. Había dirigido programas secretos clasificados durante buena parte de mi carrera y sabía lo que podía y lo que no podía decir.

Cuando tienes un trabajo que requiere una habilitación de alto secreto, aprendes rápidamente a dividir tu mente como si fuera un disco duro dado que la mayoría de nosotros vivimos entre personas no habilitadas. El mundo en el que yo vivía estaba marcado como CLASIFICADO o NO CLASIFICADO. Si me ceñía al material no clasificado, tenía muchas posibilidades de sobrevivir a la descarga inicial.

Me preocupaba la guerra asimétrica que probablemente se desenca-denaría. Esperaba una campaña de acusaciones que cuestionaran mi integridad, mi estado mental, mi rendimiento y mi ética laboral. Si eso no funcionaba, mis enemigos lo llevarían a un nivel aún más sucio. Me había pasado la vida protegiendo a mis compatriotas, a mi familia y nuestro futuro. Ahora lo estaba poniendo todo en peligro. Perdería mis ingresos y la capacidad de mantener a mi familia. Mi pensión también se vería comprometida.

Me vino a la mente otra cita. Thomas Paine dijo una vez: «El deber de un verdadero patriota es proteger a su país de su Gobierno».

Sabiendo que esto no solo me afectaría a mí, sino también a mi mujer y a mis hijas, tuve que discutir la situación con ellas. Empecé con Jennifer, por supuesto.

—¿Ovnis, Luis? —preguntó—. ¿En serio?

—Bueno, FANI.

Estaba más que irritada. De todas las causas del mundo, ¿por qué tenía que elegir la que sonaba más loca de todas?

Me lancé a una letanía de razones. Lo hacía por mí, por nosotros, por nuestras hijas, por todos los que viven ahora y por todos los que están por nacer. ¿Cómo podía mirar hacia otro lado ahora que sabía la verdad?

Los minutos se convirtieron en horas mientras Jennifer hacía una pregunta tras otra. No tardamos en hablar de los misterios del universo y de cómo, por ejemplo, el tema de los FANI podría relacionarse con nuestras ideas sobre Dios.

Jenn seguía enfadada. No obstante, algo había cambiado en nuestra relación que ninguno de los dos apreciamos en ese momento. Después de dos décadas de matrimonio en las que nos habíamos prohibido hablar de mi trabajo, en un abrir y cerrar de ojos nos unimos de una forma totalmente nueva. Fue duro, pero hermoso. Mi antiguo trabajo nos había mantenido separados. Dejarlo iba a acercarnos mucho más.

—¿Pero qué vamos a hacer? —dijo Jenn—. Necesitamos tu sueldo.

Así comenzó uno de los fines de semana más tortuosos de nuestro matrimonio.

Entendía de dónde venía Jenn. Tenía un trabajo de alta dirección que le encantaba, en el departamento de informática del interventor de Maryland, y por el que había trabajado durante años, hasta conseguirlo.

Aun así, no le pagaban lo suficiente para cubrir todas nuestras facturas. Taylor y Alex pronto irían a la universidad y las facturas aumentarían. Desde su accidente, Jenn se había centrado más que nunca en la familia. Estar a la moda, dejarse atrapar por las trampas de la vida suburbana, ahora tenía poco atractivo para ella o para mí. Aun así, seguíamos viviendo en las afueras una de las ciudades más caras de los Estados Unidos y teníamos gastos importantes.

Con calma, racionalmente, hizo un millón de preguntas.

—¿Por qué no esperas a conseguir un trabajo decente y *entonces* lo dejas?

—No puedo quedarme. Ya no.

—Pero, si *dejas* el Pentágono —me recordó—, no podrás tocar tu pensión hasta los sesenta y dos años. Si esperas, aguantas, puedes jubilarte a los cincuenta y siete.

Yo solo tenía cuarenta y tantos.

—No se trata de dinero.

—Pero Lue, ¿quién abandona un trabajo estable en el Gobierno después de veinte años sin encontrar antes algo mejor?

—Un hombre que no puede vivir consigo mismo si no lo hace.

—¿De verdad quieres hacer esto, Luis?

—No quiero hacerlo. Tengo que hacerlo.

Compartimos la noticia con las chicas durante la cena. Les expliqué que era difícil dejar el Pentágono, pero que en el fondo sabía que era lo correcto.

—Pero, ¿te jubilas o dimites? —Quisieron saber.

Dimitir, he dicho. Solo de este trabajo. Sin duda habría otro trabajo o trabajos, dado que solo tenía cuarenta y tantos años. Añadí que podrían ser un poco duros a corto plazo, y no por las razones que podrían esperar.

—Existe la posibilidad de que algunas personas digan cosas malas sobre mí —les dije con franqueza—. Pero lo superaremos. Todo va a salir bien.

En el fondo, sabía la verdad. No iba a salir bien y me estaba poniendo en una situación muy precaria. Si lo hacía público, debía estar dispuesto a hacer lo que hiciera falta para llegar a fin de mes. Haría entrevistas en la zona de Washington para encontrar un trabajo de oficina decente. Hasta encontrar algo que encajara, podría trabajar en una tienda, si fuera necesario. O podría trabajar como mecánico de automóviles o en la construcción. Mis manos nunca habían visto un motor que no supieran reconstruir o una casa que no pudieran reformar. Electricidad, mecánica, fontanería, motores marinos... . . Me sentía cómodo haciéndolo todo. Haría lo que hiciera falta para mantener a mi familia. ¿Cuántas veces en mi infancia había visto a mi padre resurgir de sus cenizas para reconstruir su vida y los ahorros que necesitaba? Era duro, pero factible.

Tras el divorcio de mis padres, visité a mi padre durante un largo fin de semana en Immokalee, Florida, donde conducía camiones de fruta con destino a los mercados de Miami. Algo que era muy distinto a las comidas de cinco estrellas que servía a los mejores de Sarasota cuando él y mamá regentaban su restaurante. Después de un largo día dando tumbos en un camión de diez ruedas, dormíamos en el suelo de su remolque de un solo cubículo, en medio de un campo de cerdos. El remolque no tenía habitaciones ni cocina; tan solo una cafetera apoyada en un cubo de pintura. El remolque era un armatoste hueco de acero, iluminado por una única bombilla de cuarenta vatios. Por la noche, veía hocicos de cerdo asomando por los agujeros de las tablas del suelo mientras se daban un festín de cucarachas.

La situación en la que vivía papá me aterrorizaba, pero a él no le preocupaba en absoluto.

—Hijo, yo tuve que vivir en las cárceles de Castro —dijo—. *Esto* es un lujo para muchos hombres. Sé que no estás acostumbrado a esto porque te di una buena casa y buenas comidas. Tu valor como persona no se mide por lo que te rodea, sino por lo que hay en tu interior. Algún día aprenderás esto. Vete a dormir, y que sepas que esta situación no será así para siempre.

Tenía razón. Mi padre ahorró dinero, invirtió en bienes inmuebles y un día reconstruiría su fortuna hasta el punto de poder vivir en un yate.

Las chicas estaban preocupadas, desde luego, pero me colmaron de cariño y afecto. No podrían haberme apoyado más. No creo que otro hombre se haya sentido nunca tan afortunado.

La elección estaba clara: todos creíamos firmemente que el pueblo estadounidense merecía conocer la verdad y podía manejarla. La divulgación pública era la única forma de avanzar, la única forma de lograr un cambio positivo. Había demasiado en juego. Tenía que dimitir de mi trabajo en señal de protesta y revelar los hechos de la forma más pública posible, a pesar de conocer las consecuencias para mi reputación, mi credibilidad y mi medio de vida, y de saber que quienes no querían que lo hiciera público me pondrían piedras en el camino e intentarían socavar mi reputación. Era lo correcto.

El lunes por la mañana, Jenn me acompañó hasta la puerta cuando me iba a trabajar. Me agarró y me abrazó con fuerza.

—¿Estás seguro? —preguntó ella.

—Si no hago esto, todos los días a partir de ahora sabrás que estás casada con un fraude y yo también lo sabré.

Ella asintió para indicar que había sentido la profundidad de mis palabras. Se inclinó hacia mí y me dio un beso de despedida.

—Te quiero, Luis —dijo—. Pase lo que pase, encontraremos la manera de sobrevivir.

Esa mañana compartí coche con mi viejo amigo John Robert.

Nos llevaba al trabajo en mi Cadillac de dieciocho años. Lo había comprado porque veía que aún le quedaba mucha vida y pensé que me merecía un coche barato pero cómodo para los largos trayectos al trabajo. Largo, elegante y negro, el coche había sido confundido con una limusina en numerosas ocasiones en la gran ciudad. Era una fuente inagotable de diversión para mis colegas.

Esperé el momento adecuado antes de decir:

—Tengo que decirte algo. Voy a dimitir.

Se echó a reír.

—Y una mierda.

—Lo digo en serio.

—Espera, ¿no estás de broma?

—No.

—¿Por qué?

Se lo resumí con rapidez. Como había estado al tanto de los detalles del AATIP, podía hablarle con más libertad que a mi propia esposa. Cuando terminé, me encogí de hombros.

—¿Qué te parece?

—Esto... esto no es bueno —dijo—. Te doy menos del cinco por ciento de posibilidades de éxito. Nadie habla de estas cosas. Es un suicidio. Sobre todo si alguna vez hablas del AATIP. Estás frito.

Me quedé callado.

—Pero si alguien puede lograrlo, eres tú, Lue.

Fiel a su estilo, John me detalló dónde estarían las proverbiales minas terrestres. Agradecí su sinceridad sobre el duro camino que me esperaba, así como su confianza y fe en mí. Yo había planeado innumerables operaciones de inteligencia en todo el mundo, pero nunca me había enfrentado a los mundos turbulentos de los medios de comunicación, el Gobierno y el público estadounidense. Y nadie como yo había sido nunca alguien que trabajase públicamente para oponerse a todos aquellos que han ocultado la verdad al mundo durante ochenta años.

Recuerdo que de niño me acurrucaba en la cama mientras mis padres discutían a gritos en la habitación de al lado; tirando cosas. Era un puro caos. Entonces no tenía nada más que mi campo de fuerza imaginario para protegerme. Ahora, era una persona adulta y ya no necesitaba el campo de fuerza de mi infancia. Tenía algo mejor: años de resistencia, entrenamiento y disciplina endurecidos por la batalla. Lo que más odiaba era la adversidad, pero parecía prosperar en ella.

De niño, me di cuenta de que llega un momento en el que, pase lo que pase, lo más probable es que te den una paliza de todos modos. Ese es el momento en que pierdes todo el miedo. Te liberas; a partir de ese momento puedes luchar con confianza. En el fondo de mi corazón, esperaba *no* luchar contra el Departamento de Defensa. Después de todo, intentaba hacer algo por su propio bien. Quería salvar al Departamento de Defensa de cometer un enorme error. Quería salvar a Mattis. Quería salvar la reputación del Departamento de Defensa. Quería salvar al Departamento de Defensa de sí mismo, pero si me empujan, yo voy a responder, y con fuerza.

Esperaba que John tuviera razón: si alguien podía lograrlo, era yo. Estaba decidido. Al pisar el acelerador, tuve la sensación de que estaba a punto de seguir el ejemplo de mi mujer: ¡Adelante!

Tras unos instantes de silencio pensativo, John cambió de opinión y ahora me daba un uno por ciento de posibilidades de éxito. Era un verdadero amigo y siempre fue brutalmente honesto. Sabía a lo que me enfrentaba.

En el trabajo, Jay Stratton y yo hicimos un plan que iría contra todo pronóstico. Un plan para lograr la divulgación. Yo dimitiría y lo haría público con el objetivo de atraer toda la atención y credibilidad posibles sobre el asunto. Jay se quedaría en el Gobierno y utilizaría el impulso ganado por la atención pública para hacer avanzar la pelota en el interior del Gobierno e informar a todos y cada uno de los funcionarios que sin duda se interesarían de repente. Tenían que saber la verdad, y Jay estaría en posición de informarles a un nivel clasificado. Además, estaría posicionado para dirigir cualquier versión del AATIP que viniera después. También ayudaría a educar al Congreso y facilitaría la presentación de miembros creíbles del ejército y de la comunidad de inteligencia que hubieran tenido encuentros con FANI. Seguiríamos trabajando juntos, desde distintos lados de la valla para lograr la divulgación y velar por los intereses del pueblo estadounidense y, francamente, de la humanidad en general. Me vino a la mente el viejo dicho: «El trabajo en equipo hace que los sueños se cumplan».

Unos días más tarde, Chris Mellon se dirigió a un aparcamiento, en algún lugar dentro de la circunvalación, donde se reunió con un periodista al que conocía. Su conversación fue breve, porque todo lo que tenían que decirse ya se lo habían dicho por teléfono móvil. Mellon le entregó un sobre acolchado, lleno de CD codificados con datos. Había utilizado sus contactos en el Pentágono para conseguir copias de los tres vídeos no clasificados de FANI. Cada paso de esta marcha hacia la divulgación era completamente legal, pero alguien haría todo lo posible por pintar un cuadro diferente. Según la letra de la ley, los vídeos se habían puesto a disposición del pueblo estadounidense en el momento en que el Pentágono aprobó mi formulario 1910. Gracias a los muchos años de servicio de Mellon en la comunidad de inteligencia, sabía exactamente dónde se habían almacenado los vídeos y cómo extraerlos.

El futuro era incierto, pero se habían puesto en marcha planes para todos nosotros.

CAPÍTULO 21

EN EL EXTERIOR

Mi dimisión fue posiblemente el secreto más aireado de la historia del Pentágono. Las personas con las que trabajaba –mi personal, mis colegas y todos mis contratistas– sabían lo que estaba a punto de ocurrir. Muchos de ellos se reunieron conmigo aquella mañana en la cafetería del Pentágono. Disfrutamos de un largo desayuno –como muestra de mi agradecimiento– y nos despedimos. Varios de mis contratistas derramaron lágrimas. Les daría a todos una última lección: cómo marcharse con dignidad.

Lo admito, todo era un poco surrealista. Me sentía como si estuviera a punto de atravesar una esclusa de aire hacia la inmensidad y el vacío de lo desconocido para no volver jamás. Todo lo que conocía, por lo que había trabajado y lo que atesoraba quedaba atrás.

Redacté dos cartas de dimisión, una para mi cadena de mando y otra para el propio secretario. La primera carta era a partir de una *proforma*. Mi cadena de mando directa no estaba al corriente de nuestro programa, así que solo escribí lo mínimo para informarles de mi intención de marcharme. No quería ser responsable de una revelación no autorizada. La segunda carta iba dirigida directamente a Mattis y era mucho más detallada. Pensé que, puesto que su personal ya conocía el AATIP, él también debía saberlo.

Aquella tarde presenté mi carta formal de dimisión, confiando una copia en papel dentro de un sobre a un compañero para que la entregara en la secretaría. El texto de la carta era mordaz, pero no me pareció tampoco escandaloso. Apuntaba a la larga tradición de silencio y secretismo que había llegado a despreciar.

Sr. Secretario,

Ha sido para mí un honor y un placer haber servido con algunos de los mejores hombres y mujeres de los Estados Unidos, tanto en tiempos de paz como de guerra. Durante más de 22 años, he tenido la suerte de aprender de líderes de talla mundial y de trabajar con ellos.

Teniendo esto en cuenta, los retos burocráticos y las mentalidades inflexibles siguen asolando el Departamento a todos los niveles. Esto es especialmente cierto en el controvertido tema de las amenazas aeroespaciales anómalas. A pesar de las abrumadoras pruebas existentes tanto a nivel no clasificado como clasificado, algunas personas del Departamento siguen oponiéndose firmemente a que se siga investigando lo que podría ser una amenaza táctica para nuestros pilotos, marinos y soldados, y quizás incluso una amenaza existencial para nuestra seguridad nacional. En muchos casos, parece existir una correlación directa entre el fenómeno y nuestras capacidades nucleares y militares. El Departamento debe tomarse en serio los numerosos relatos de la Marina y otros Servicios sobre sistemas aéreos inusuales que interfieren con plataformas de armamento militar y muestran capacidades que van más allá de la próxima generación. Subestimar o ignorar estas amenazas potenciales no redunda en beneficio del Departamento, independientemente del nivel de contención política. Sigue existiendo una necesidad vital de determinar la capacidad y la intención de estos fenómenos en beneficio de las fuerzas armadas y de la nación.

Por este motivo, con efecto a partir del 4 de octubre de 2017, presento humildemente mi dimisión con la esperanza de que les anime a plantearse las preguntas difíciles: «¿quién más lo sabe?», «¿cuáles son sus capacidades?» y «¿por qué no estamos dedicando más tiempo y esfuerzo a esta cuestión?». *Mientras paso a un nuevo capítulo de mi vida, sepan que ha sido un honor y un privilegio de toda una vida servir con ustedes. Tengan la seguridad de que, independientemente de a dónde me lleve el camino de la vida, siempre tendré como principio rector el interés superior del Departamento y del pueblo estadounidense.*

Entregué mis credenciales y abandoné para siempre el monolítico edificio que había dado forma a mi carrera durante más de veintidós años. No valía la pena que me quedase, ni para mí ni para nadie. Esa misma tarde tenía una cita cerca de la zona comercial y de ocio de Pentagon Row, así que disponía de algo de tiempo. Me dirigí al centro comercial adyacente al Pentágono para despejarme.

Aproximadamente una hora después, recibí la llamada. Al otro lado del aparato oí la voz sombría de John Garrity, mi supervisor inmediato en la *cartera* de Guantánamo.

—Oye, Lue —dijo—. Garry Reid quiere verte inmediatamente.

Había mantenido a nuestro jefe Garry Reid al margen de todo lo relacionado con el AATIP, por las razones antes mencionadas.

Se me encogió el corazón. Cuando su ayudante me pasó con él, Reid me preguntó como por casualidad:

—¿Qué se supone que debo hacer con esta carta, Lue?

Había dirigido, deliberadamente. mi carta de dimisión al secretario de Defensa Mattis para que nadie en el Pentágono pudiera ocultársela.

—Señor, le sugiero que se la entregue a quien va dirigida.

—¿Y decir *qué*? ¿Qué digo exactamente, Lue?

—Señor, lo que haga con esa carta es cosa suya. Yo hice lo que tenía que hacer, y usted hará lo que quiera. Aun así, espero que entregue mi carta a quien iba dirigida.

Ahora, enojado más allá de toda medida, Reid me echó en cara mi dimisión. Solo podía suponer que su rabia provenía del hecho de que no quería tener que decirle a Mattis lo que había estado pasando.

—Tienes que venir a verme enseguida —me dijo.

—Señor, respeto su posición, pero no estoy seguro de que sea lo mejor en este momento.

Yo sabía que era una trampa. Si ponía un pie en las instalaciones del Pentágono, me preocupaba que intentara arrestarme o detenerme, solo para hostigarme. Dirigía la seguridad y la aplicación de la ley para el Departamento de Defensa. Sería como un juguete arrojado a una manada de lobos.

Como no mordí el anzuelo, me dijo:

—Lue, te das cuenta de que si haces esto, no tendré más remedio que decirle a la gente que estás actuando como un loco. No querrás que esto afecte a tu pase de seguridad, ¿verdad? Todavía quieres conseguir un trabajo en algún sitio, ¿no?

Reid también controlaba los pases de seguridad para todo el Departamento de Defensa, y eso incluía el mío. Tanto si pretendía darme un consejo amistoso como si no, lo interpreté como una amenaza contra mi reputación, mi carrera y mi capacidad para aceptar un trabajo que requiriera un pase de seguridad.

—Señor, con el debido respeto, no estoy loco, pero si usted considera que necesita tomar medidas de ese tipo, es algo que sin duda entra dentro de sus atribuciones. No busco pelea. Busco una solución.

Colgó, insistiendo en que hablara con su asistente para concertar una cita en el calendario.

No iba a acordar esa cita. Ya no trabajaba para él; era un civil. No le debía nada a Reid. Si entraba en aquel edificio, estaba seguro de que encontraría la manera de sacarme una declaración que más tarde podría utilizar en mi contra. No entraría en el juego de Reid. Tenía cosas más importantes que hacer.

Varias personas que todavía me eran leales y que aún estaban en la OUSD(I), me avisaron de que Reid planeaba iniciar una investigación criminal con la Oficina de Investigaciones Especiales de la Fuerza Aérea (AFOSI). Dentro del Pentágono, la AFOSI investiga asuntos internos relacionados con la contrainteligencia.

Reid ya se había incautado de los ordenadores y archivos de mi despacho, e interrogado a todos mis empleados. Cuando eso dio pocos frutos, Reid extendió la red e interrogó a mis amigos y colegas. Una amiga me telefoneó para decirme que había sido acorralada por un subordinado de Reid, y que este le confió: «Vamos a crucificar a Lue».

Reid se había embarcado en una política de tierra quemada.

Me quedaba una tarea más en la agenda, y ya estaba en modo ¡Adelante! Chris Mellon y Jim Semivan me esperaban en el vestíbulo de un hotel, no muy lejos del Pentágono. Hal Puthoff llegó poco después, al igual que la persona por la que todos nos habíamos reunido: una periodista de investigación independiente llamada Leslie Kean, con la que Chris había concertado una cita.

Leslie había sido durante mucho tiempo reportera para importantes periódicos metropolitanos y estaba muy interesada en el tema de los FANI. Años antes, había escrito un libro sobre encuentros militares con FANI que había tenido muy buen acogida. Asimismo, había conseguido una importante victoria judicial contra la NASA, en el tema de la publicación de documentos relativos a un incidente con FANI que tuvo lugar en 1965, en Kecksburg, Pensilvania. Conocía a Hal desde hacía años; él era quien había hecho una reseña sobre su libro, antes de su publicación.

Yo estaba aterrorizado. Siempre me habían enseñado a evitar a los medios de comunicación. Nunca contarles nada. De hecho, me pasé los últimos años reforzando esa idea dentro de la *cartera* de Guantánamo. Ahora, estaba a punto de hablar con una periodista sobre mi *otro trabajo*. Esperaba que no me preguntara nada importante. Ya había trazado los límites en mi mente.

Bajo ninguna circunstancia hablaré de nada clasificado. Y en ningún momento facilitaré nombres de otras personas sin su permiso, a menos que ya sean de dominio público.

La reunión con Kean duró cuatro agotadoras horas. Estar sentado entre Mellon, Puthoff y Semivan mientras todos hablaban de su deseo de derribar el muro de secretos y mentiras me llenó de energía, pero seguía muy preocupado acerca de si podría lograrlo.

Estoy convencido de que aquella fue la primera vez que Kean se enteró de la existencia del AATIP. Eso significaba que yo era el *hombre que renunció al Pentágono* debido a los FANI. Kean se mostró tenaz en sus preguntas, pero también respetuosa. Respondí a las preguntas que no infringían ninguna de mis normas y rechacé educadamente las pocas que sí lo hacían.

Kean se mostró fascinada por el hecho de que tantos antiguos altos cargos del Gobierno hubieran accedido a dar la cara. Se preguntaba si esto anunciaría una nueva era de apertura sobre el tema.

«Señora —pensé—, no se haga ilusiones. Será un proceso largo e interminable, semejante a sacarle los dientes a un caimán hambriento». No obstante, le dije que estaba dispuesto hablar con el público y que solo necesitaba las plataformas adecuadas. Recuerdo haber visto un brillo en sus ojos cuando empezó a darle vueltas a esa idea en la cabeza.

La misma semana que me fui, mantuve varias conversaciones con amigos sobre trabajos que podría aceptar para pagar las facturas mientras me dedicaba al público. Numerosos colegas me habían sugerido hablar con empresas tecnológicas y contratistas militares de la región que querían hablar conmigo.

Chris Mellon, Hal y Semivan me instaron a considerar la opción de tomar un camino diferente. «Si quieres llegar al pueblo estadounidense en este tema —me dijeron—, tienes que contactar con los medios de comunicación». Tenían una idea para un trabajo que me proporcionaría ingresos y una plataforma para educar al público. Se habían aliado con la organización que la estrella del rock Tom DeLonge y Jim Semivan habían creado, llamada To The Stars Academy (TTSA), y planeaban seguir una triple directiva para la divulgación de los FANI: nuevos enfoques de la ciencia y la ingeniería sobre los FANI, educar a profanos y periodistas, y generar contenidos de cine, televisión y publicaciones sobre el fenómeno de los FANI, basados en historias reales, todo ello para educar al público y acabar con el estigma que les mancha. Eso me atraía. Necesitamos un debate público lo más serio posible. Los legisladores nunca cederían, a menos que les presionase el pueblo estadounidense. Jim dijo que a TTSA le vendrían bien mis conocimientos sobre el tema de los FANI, así como mi ayuda para asegurar la seguridad del proyecto, y me animó a reunirme con Tom.

Me fui a casa, me serví un par de copas de vino y tuve una larga charla con Jenn. Cuando nos quedamos solos, sin las niñas, le dije que había un nuevo trabajo que me interesaba.

—¿Te acuerdas de la banda Blink-182?

Pareció confusa.

—¿Vas a trabajar de pipa?

Me reí y le expliqué la oportunidad que me ofrecía TTSA.

Un par de días después, llevé el Cadillac a la ciudad, a un hotel Hilton situado frente al Pentágono. Mientras cruzaba el vestíbulo, mi posible empleador se levantó para tenderme la mano.

Tom DeLonge, el líder de Blink-182, solo tenía unos años menos que yo, pero parecía décadas más joven, gracias a su melena oscura y su aspecto juvenil. De estatura descomunal, parecía fuera de lugar con su traje de negocios. Era el tipo de hombre que se sentía más cómodo con una camiseta raída y unos vaqueros. Había viajado desde California para conocerme.

Francamente, no tenía ni idea de hacia dónde iba todo esto. De todos los escenarios que imaginaba en esta etapa de mi vida, quedar con una estrella del rock en un hotel de lujo no era uno de ellos.

Tom era el artista por excelencia y cada vez que aplicaba sus instintos creativos a un proyecto encontraba oro. Desde que dejó la música en 2015, se había volcado en una pasión que le obsesionaba desde la infancia. Creía de corazón que la Tierra recibía visitas periódicas de los FANI. Quería utilizar su fama para exponer esa verdad al mundo.

Como todos los aficionados al tema de los FANI, suponía que el Gobierno sabía más de lo que contaban. Por supuesto, tenía razón. Por eso había reunido a un grupo de exfuncionarios bien informados para que se unieran a su causa y crearan el mejor grupo de expertos en FANI jamás reunido en el sector privado. Su organización sería una corporación de *interés* público, estructurada exactamente como prescribe la Comisión del Mercado de Valores. Los inversores aportarían dinero para financiar la parte lúdica y de publicaciones que, de tener éxito, financiaría el componente de investigación. Para que quede claro, yo nunca formé parte del consejo de administración, por lo que no conocía los matices del plan de estructura corporativa. Yo era tan solo un empleado de la empresa.

Tom había recorrido previamente el país en una gira de aprendizaje, reuniéndose con varios exfuncionarios simpatizantes. Además de Hal, Mellon y Semivan, participó en todo aquello John Podesta, que había sido jefe de gabinete del presidente Clinton, consejero del presidente Barack Obama y director de campaña de Hillary Clinton. Podesta ha estado afirmando, desde hace tiempo, que una de las cuestiones que le remuerde es no haber insistido en la divulgación de las pruebas sobre FANI cuando estaba en la Casa Blanca. El consejo asesor de DeLonge incluía a Steve Justice, un ingeniero aeroespacial muy respetado, que había pasado treinta y un años trabajando para la altamente secreta Skunk Works de Lockheed Martin; mi amigo y colega de la Universidad de Stanford, el Dr. Garry Nolan; y el Dr. Norm Kahn, antiguo experto de la CIA en armas biológicas.

Tom era un hombre apasionado, firme en sus creencias, amable y sincero. Todo lo que decía era música para mis oídos. Su operación parecía poder llegar a ser el altavoz perfecto para llegar a la gente que no sabía que los FANI eran reales, y me hizo una oferta para unirme a TTSA, como jefe de seguridad y programas especiales. Gracias a la gente con la que contaba, TTSA, inevitablemente, desarrollaría tecnología que habría que proteger; obviamente, yo ya había hecho algo así en el pasado. Y, por supuesto, trabajaría con ellos para hacer llegar el tema de los FANI al público. El sueldo que me ofrecían era muy inferior al que ganaba en el Pentágono. Tom insistió en que me trasladara a trabajar a California. Tenía preparada una rueda de prensa y planeaba anunciar su equipo, así que quería una respuesta rápida.

Me lo pensé. Todas las mañanas salía a ver qué otras ofertas de trabajo podía conseguir. No contaba con mucho tiempo para concretar algo porque Jenn y yo solo disponíamos de reservas de efectivo para salir a flote. Necesitaba ingresos para mantenernos a flote, mientras trazaba mi plan de compromiso público. Al final, llegué a la conclusión de que trabajar con TTSA era la mejor manera de lograr mi objetivo y obtener ingresos al mismo tiempo.

Cuando Jenn llegó a casa, serví un par de copas de vino para compartir mis noticias. Ella fue al grano:

—¿Cuánto te pagan?

Le di la cifra. Tom también se ofreció a aportar algo. Jenn me recordó que nuestras facturas iban a aumentar cuando las niñas fueran a la universidad.

—¿De verdad tienes que estar en California?

—Es una condición del trabajo.

—¿Dónde en concreto?

DeLonge era un orgulloso hijo de Poway, cerca de San Diego. La ubicación prevista de TTSA era Encinitas, a unos treinta minutos al norte de la ciudad, junto a la costa.

Nunca es fácil pedirle a quien amas que haga un sacrificio por ti, pero eso es exactamente lo que acababa de hacer. Jenn y yo permanecimos juntos. No iba a trasladarme solo. Si aceptaba el trabajo, eso significaría que Jenn renunciaría a su trabajo a cambio de... ¿de qué, exactamente? ¿De mi sueño de transparencia y divulgación? Esa era mi *causa*, no la suya. Durante veintitantos años, nunca habíamos hablado de nuestros trabajos, sino solo de lo que los sueldos podían hacer por nuestra familia. Con su cariñoso apoyo habitual, acepté el trabajo y, poco después, se anunció oficialmente el lanzamiento de TTSA, y conmigo a bordo.

A finales de ese mes, salí de casa para hacer un breve viaje a Filadelfia y reunirme de nuevo con Leslie Kean, esta vez también con su viejo colega y amigo Ralph Blumenthal. Tras nuestra conversación anterior en DC, Kean había dedicado dos de sus columnas del *Huffington Post* a los FANI, centrándose principalmente en el *extraordinario* desarrollo que suponía TTSA.

Ahora era el momento de la gran historia que quería contar. Tras nuestra primera reunión de cuatro horas, se había puesto sin dilación en contacto con Blumenthal, colaborador y antiguo reportero de plantilla del *New York Times*, para ver si le interesaba. Ralph era un periodista veterano que sentía curiosidad por el fenómeno. Llevaba varios años trabajando discretamente en una biografía del difunto Dr. John Mack, un psiquiatra de Harvard que trató y entrevistó ampliamente a personas con experiencias con FANI, que a menudo eran personas traumatizadas que afirmaban haber sido abducidas por extraterrestres, o al menos haberse encontrado con extraterrestres en persona.

Los dos reporteros me entrevistaron en detalle sobre los FANI (que entonces aún llamaban ovnis) y el AATIP para un reportaje en el *Times*. Aquella iba a ser una oportunidad histórica y sin precedentes para llegar y educar al público.

Los principales medios de comunicación, como el *Times*, se obstinaban en evitar las historias sobre FANI. Mientras el estigma hiciera pensar a los científicos y expertos *de verdad* que los FANI eran cosa de chiflados, el tema sería pasto del *National Enquirer*. El hecho de que el *Times* se tomara en serio la historia supuso un cambio tectónico.

Quedé con Leslie en un bar frente a la estación de tren para luego ir caminando juntos hasta encontrarnos con Ralph en la calle. Mientras paseábamos, me fijé en dos individuos con cortes de pelo semejantes al estilo militar, en distintas partes de la calle. Estaba seguro de que nos observaban. Mostraban los signos clásicos. Lo más probable era que se tratara de un equipo de vigilancia de la AFOSI, pero no de su Equipo A.

Tras unos cuantos rodeos más (algo que aprendí en la escuela de contravigilancia), dimos con el vestíbulo de un hotel que ofrecía una gran ventana para ver la calle.

—Entremos aquí —sugerí.

Uno de los que nos seguían entró en el vestíbulo y descubrió que le estábamos mirando de forma directa y que Leslie acababa de hacerle una foto. Se fue corriendo.

Tanto Ralph como Leslie sabían ahora que alguien en el Pentágono iba a por mí. Durante todo el mes, mis amigos me habían telefoneado para advertirme de que alguien había lanzado una campaña para dañar mi credibilidad dentro y fuera del Pentágono. Uno de mis colegas me llamó para informarme:

—Lue, están diciendo que mentiste sobre tus asignaciones a esta o aquella unidad. Tuve que recordarles que estuve allí y serví contigo.

Por suerte tengo amigos honrados y leales.

Durante los meses siguientes, el traslado a la costa oeste consumió toda la atención de mi familia. Taylor se quedó para ir a la universidad. Alex se vendría con nosotros y terminaría su último año en un instituto de California. Estábamos ocupados, obsesionados, emocionados y un poco nerviosos.

Después de la fiesta de Navidad del Pentágono de ese año me dijeron que, durante el evento, algunos ayudantes apartaron a su jefe, el secretario de Defensa Jim Mattis, para compartir con él algunas noticias preocupantes. Me contaron que la conversación fue así:

—Señor, el *New York Times* publica una noticia en portada en el dominical, diciendo que tenemos un programa secreto que investiga los FANI. Preguntan por qué dimitió Lue.

Mattis contestó:

—¿Qué queréis decir con que Lue dimitió?

—Lue ya no está con el Departamento de Defensa, señor.

Mattis se quedó sorprendido.

—¿Cuándo dimitió Lue?

—Hace dos meses, señor.

Al parecer, Garry Reid había escondido mi dimisión bajo la alfombra, esperando no tener que revelar nunca mi marcha a Mattis.

Mattis estaba cabreado. Estoy seguro de que esto era el último dolor de cabeza que necesitaba. A decir verdad, me siento culpable, incluso ahora, de que tuviera que enterarse de mi marcha de esa manera.

El año estaba a punto de terminar y, cada vez que hablaba con Leslie Kean, me aseguraba que el reportaje del *Times* se publicaría *pronto*. Oí la palabra «pronto» tan a menudo que temí que alguien hubiera asustado a sus editores. Entonces, una de sus colegas, la periodista Helene Cooper, me telefoneó y me confió que se había reunido con el senador Harry Reid, ya retirado, quien había corroborado sin reparos su participación y la de sus colegas en la financiación del programa original que dio lugar al AATIP y a mi papel al frente del mismo. Fue un dulce momento de reivindicación en lo que a mí respecta. Iba a hacerlo público y Harry Reid me cubría las espaldas.

Un reportero llamado Bryan Bender también estaba trabajando en un reportaje para *Politic*. Chris Mellon fue el artífice de tal esfuerzo. Me encontré con Bryan una o dos veces para tomar café en Annapolis. Era un periodista muy astuto, que conocía los entresijos del Pentágono mejor que la mayoría de la gente que trabajaba allí. Tenía una enorme reserva de fuentes a las que recurrir, aunque nunca me reveló ninguna de ellas. Mientras que Leslie y compañía parecían más interesados en el tema de los FANI, Bryan parecía más interesado en el aspecto de la seguridad nacional y la amenaza potencial que representaba. Bryan hizo todas las preguntas correctas, y algunas realmente difíciles. Unas cuantas veces tuve que negarme cortésmente a responder. De un modo extraño, creo que Bryan ya conocía las respuestas a las preguntas que me hacía. Me recordaba a un agente de contraespionaje llevando a cabo un interrogatorio ligero. No obstante, Bryan tuvo la decencia de invitarme a un capuchino. Bryan no parecía un *creyente en los FANI*. Más bien parecía interesado en el hecho de que el Pentágono tuviera un programa que nunca se reveló al público ni al Congreso, pero podría estar equivocado.

El sábado 16 de diciembre de 2017, temprano por la mañana, llevé a Jenn a desayunar al popular Double T Diner, en Annapolis. Mientras contemplaba mi plato –tres huevos estrellados, tocino y patatas fritas– tuve un momento de autorreflexión.

Pensaba en lo que me depararía el día siguiente. A primera hora de la mañana, un pajarito me había dicho era cuando se publicarían las dos historias. Me sentí como en la Última Cena. Si yo solo tenía un indicio de lo que podría ocurrir, Jenn no tenía ninguno.

—Disfruta de ello —le dije.

—¿De qué? ¿Del desayuno?

—No, de esto. Nuestro anonimato. Hoy es el último día de nuestra vida tal como la conocemos.

—¿No crees que estás siendo un poco melodramático?

—No —contesté.

La noticia estalló esa misma tarde. El *New York Times* publicó la noticia en Internet, seguida segundos después por *Politic* y el *Washington*

Post. Después, todas las plataformas de noticias del mundo parecieron hacerse eco.

Los reportajes del *Times* aparecieron al día siguiente, en la portada de la edición impresa del dominical. Publicaron dos artículos, escritos por Leslie Kean, Ralph Blumenthal y Helene Cooper. Su artículo de portada revelaba la existencia del AATIP –es decir, un programa secreto que investigaba los FANI– y de mi papel. En las páginas interiores, un segundo reportaje entrevistaba a Dave Fravor y Jim Slaight, y revelaba detalles del incidente del Tic Tac en 2004. El reportaje online también incluía enlaces a dos de los vídeos no clasificados sobre los FANI, que se publicaron en la página de YouTube de TTSA: el vídeo de FLIR (alias Tic Tac) y el vídeo de GIMBAL. (Publicaron el vídeo de GoFast unos meses más tarde).

Así es, el *New York Times* publicó vídeos auténticos sobre los FANI en un artículo de portada.

Los artículos nos citaban a Chris Mellon, Hal Puthoff, a mí mismo y a algunas personas del Pentágono. Todos los artículos revelaban mi participación en el AATIP. El artículo de *Politic*, en particular, detallaba que la portavoz del Pentágono, Dana White, había confirmado mi papel en el programa. Los artículos también citaban mi carta de dimisión. Trazaban la historia de las investigaciones sobre los FANI y detallaba descripciones de extrañas aeronaves avistadas por pilotos.

Las llamadas inundaron nuestra casa desde la CBS, ABC, NBC, CNN, PBS, Fox, MSNBC, etc. Jennifer se sorprendió de que los periodistas encontraran su número de móvil, que siempre había sido privado. Incluso nuestra hija Alex empezó a recibir llamadas de periodistas que querían hablar conmigo. Luego empezaron a llamar los periodistas extranjeros. La casa de los Elizondo se convirtió en un zoo.

Aquello supuso una cantidad de información sin precedentes sobre los FANI, que llegó a todo el mundo en una sola mañana. Millones de personas de todo el mundo vieron los vídeos.

Dicho esto, he de decir que había ciertos problemas con cada uno de los artículos. Los artículos no explicaban nada acerca del AAWSAP/AATIP, lo que causaría confusión durante años. Además, todos los artículos iban demasiado sobre seguro. Por ejemplo, el artículo de Dave Fravor/Tic Tac, en el *Times*, empezaba con un descargo de responsabilidad, que decía: «Los expertos advierten que a menudo existen explicaciones terrestres para tales incidentes, y que no conocer la explicación no significa que el suceso tenga orígenes interestelares». Mis colegas y yo pensamos que era absurdo. El titular debería haber sido: ¡No estamos solos!

Yo había previsto titulares centrados en la amenaza: *Los FANI son reales y representan una amenaza para la seguridad nacional.* En lugar de eso, los editores de los medios de comunicación hicieron hincapié en el aburrido hecho de que el Gobierno estadounidense había estudiado en secreto los FANI a través del AATIP. Decir que pasaba por alto el punto más importante es quedarse corto.

Me dije a mí mismo que, cuando tienes un mensaje que compartir con el mundo, cualquier prensa, es buena prensa. Estoy seguro de que mis enemigos en el Pentágono esperaban que la historia muriera, y de paso yo mismo en el proceso. Sin embargo, a lo largo de la semana siguiente, la noticia cobró impulso y las plataformas de noticias de todo el mundo se hicieron eco de ella.

Mientras esperábamos en el camerino de la CNN, antes de una entrevista en televisión, a Jenn y a mí se nos acercó mi antiguo jefe, el legendario general James Clapper, exsubsecretario de Defensa para Inteligencia, exjefe de Inteligencia de la Fuerza Aérea y exdirector de Inteligencia Nacional. Estaba allí para hacer comentarios sobre otras noticias de última hora. Clapper había sido uno de mis supervisores de alto nivel, en lo que yo consideraba la época dorada de la OUSD(I), cuando la gente estaba contenta y la misión era su centro de atención. ¡Cómo echaba de menos a Jim y su liderazgo!

Nos saludó afectuosamente, diciendo lo sorprendido que estaba de que el Pentágono admitiera que tenía un programa sobre FANI, y que estaba orgulloso de mí. Sinceramente, que Jim Clapper me diese su reconocimiento me llenó de orgullo.

La atención mediática es un arma de doble filo, como pronto descubriría. El jefe de Jenn me preguntó si esta tenía alguna relación conmigo y empecé a llamar la atención allá donde iba. Para un antiguo agente de inteligencia, esta es la peor sensación de todas.

Como reacción a la prensa, Garry Reid inició una investigación a través de la AFOSI para determinar cómo se habían difundido los vídeos de los FANI. La investigación se prolongó hasta bien entrada la primavera. Finalmente, no encontraron ninguna irregularidad en mis acciones.

Nuestro plan estaba funcionando. El hecho de que yo hiciese público aquello hizo que el Congreso prestara atención y Jay empezó a recibir peticiones de sesiones informativas de miembros del Congreso que antes nunca habrían sido conscientes de los hechos debido al estigma y a los niveles de burocracia. Por fin el Congreso se estaba concienciando y comprometiendo. Jay, Chris y yo enviamos al Congreso a miembros creíbles de la comunidad militar y de los servicios de inteligencia que tenían conocimiento de los FANI. Los pilotos militares que se habían encontrado con FANI, y los datos que apoyaban lo que habían visto, fueron los que más impacto tuvieron en el Congreso al principio. Cuando un piloto de caza Top Gun de la Marina, con años de experiencia, un observador entrenado, alguien en quien confiamos para pilotar un avión de ochenta millones de dólares con armas reales en el espacio aéreo de EE.UU., le dice al Congreso que aquello con lo que se encontró no era obra del hombre y que no podíamos defendernos de ello, eso causa impresión.

Entretanto, Neill se había arrepentido de ocupar mi puesto en el AATIP –algo que yo no habría esperado de él– y empezó a dar marcha atrás, diciendo a la gente que no sabía nada del AATIP, de sus objetivos ni de mi participación. Me enteré por varias fuentes del Pentágono. Tal vez Neill detectó la reacción contra el AATIP y simplemente quiso evitar el fuego cruzado. O, como acababa de ser ascendido, se sintió obligado a tomar el camino seguro y pasar desapercibido. En cualquier caso, me decepcionó que mi amigo decidiera hacer lo que hizo, sobre todo teniendo en cuenta la gran cantidad de correos electrónicos y testigos que sabían que Neill iba a hacerse cargo del AATIP cuando yo me fuera. Sin embargo, a pesar de todo, Jay estaba allí para dirigir la estrategia y enviar la pelota al tejado del Gobierno. Como demuestra la historia, no había nadie que pudiera haberlo hecho mejor que él.

En algún momento poco después, alguien en la OUSD(I), supuestamente, autorizó el borrado completo de todos mis archivos electrónicos, carpetas y correos electrónicos, bajo la justificación de que no tenían *ningún valor histórico*. O eso afirmaba una respuesta a la Ley de Libertad de Información del propio Pentágono. De ser cierto, esto era preocupante, porque mis archivos habían sido seleccionados durante mucho tiempo para una cuidadosa preservación por orden judicial, no debido a los FANI, sino por el trabajo que había hecho en la bahía de Guantánamo. Esta orden de protección, firmada por un juez, estaba en vigor desde hacía algún tiempo. Mis correos electrónicos y archivos se habían marcado como pruebas en un proceso penal contra los acusados de ser los responsables del 11-S. Todo el mundo sabía que mis archivos estaban protegidos, pasara lo que pasara. Si realmente los destruyeron, debían de tener tanto miedo del contenido de esos archivos que estaban dispuestos a infringir la ley y poner en peligro todo el caso del 11-S para evitar que la gente se enterara de lo que sabíamos sobre los FANI.

En enero de 2018, Jenn y yo llevamos a nuestras hijas a California para buscar un lugar temporal donde vivir. De vuelta a casa, en Maryland, mientras hacía los preparativos para enviar nuestras posesiones, no podía quitarme la sensación de que todo lo nuevo, desafiante y fresco estaba ante nosotros.

Estaba ansioso por ponerme en ruta. En nuestra juventud, Jenn y yo habíamos sido nómadas militares, viajando a cualquier parte del mundo donde yo estuviera destinado. Mi trabajo en el Pentágono había marcado el comienzo de un inusual período de estabilidad para nosotros. Como padres de dos hijas, no podíamos haber encontrado un lugar mejor para vivir que la mágica isla de Kent. Esperábamos que nuestro traslado a California nos deparase cosas buenas.

CAPÍTULO 22

TODAS LAS PEQUEÑAS COSAS

Desde el principio, Chris Mellon y yo habíamos planeado llevar la batalla de la divulgación al Congreso. No obstante, sabíamos que esa línea de actuación nos llevaría tiempo y que todavía nos quedaba trabajo que hacer, educando al público estadounidense. Ahora, acabábamos de conseguir una gran plataforma para hacerlo.

History Channel quería hacer un programa, con el equipo de TTSA, que pusiera a investigadores experimentados sobre el terreno, entrevistando a exmilitares sobre sus encuentros con FANI. Tal vez, si teníamos suerte, llegaríamos a dar a conocer el fenómeno a un montón de gente.

Chris y yo tan solo pusimos una condición para aceptar participar en el programa: tenía que ser auténtico. Nada de dramatizaciones ni teorías conspirativas, nada de guiones; y solo testigos actuales o antiguos del Gobierno. El objetivo no podía ser montar un espectáculo. Tenía que tratarse, simplemente, de compartir con el público testimonios creíbles de testigos presenciales.

Rodar *Unidentified* me resultó algo surrealista. Menos de un año después de dejar el Pentágono, teníamos un programa de televisión sobre los FANI. ¡Qué giro tan loco de los acontecimientos!

El programa se estrenó en mayo de 2019 y tuvo una buena acogida. Sin duda, abrió muchas mentes, pero pronto me vi absorbido de nuevo por el drama de mi antigua vida. Unos amigos me llamaron para avisarme de un nuevo intento, por parte de mis detractores, de manchar mi nombre.

Los periodistas me llamaban para preguntarme por qué los portavoces del Pentágono no podían o no querían corroborar algún pequeño dato sobre mi historial laboral. Cada vez que esto ocurría, me hacían parecer un mentiroso que tenía algo que ocultar. Estaba claro que el Pentágono se retractaba de sus declaraciones anteriores sobre mí y el AATIP, e intentaba dar el proverbial gato por liebre a cualquier precio.

Un día recibí una llamada de un agente de la agencia de seguridad de contrainteligencia de defensa (DCSA), que supervisaba Garry Reid. La agente aludía a acusaciones sobre que yo había desclasificado de manera indebida los vídeos de los FANI. Tuve que recordarle a la joven agente que la doble incriminación está prohibida y que la AFOSI ya había investigado y resuelto favorablemente sobre aquel asunto. Le envié el resumen de la investigación de la AFOSI para que lo revisara. Varios días después, volvió a llamar.

—Señor Elizondo, la cuestión que se ha planteado ahora tiene que ver con la difusión de esos tres vídeos.

Fue uno de los pocos momentos en los que me permití perder los nervios.

—Señoría —le dije—, esto no va dirigido a usted, sino a quienquiera que revise mi expediente o escuche esta grabación. Permítame ser muy claro: sé exactamente de dónde viene esto y de quién. Déjeme recordarle que yo también sé algo sobre investigaciones, la ley y mis derechos constitucionales. También sé que ya he sido absuelto de esto. Si continúa con lo que está haciendo, emprenderé acciones legales y le contaré a todo el que quiera escuchar en los medios de comunicación qué es exactamente lo que está pasando aquí. Fui a la guerra para defender esta Constitución y volveré a hacerlo.

Las llamadas cesaron. Este tipo de acoso, lo que llamamos terrorismo administrativo, ocurre todo el tiempo. La mayoría de la gente no conoce sus derechos y se aprovechan de ellos.

Poco después, presenté una queja oficial ante la oficina del Inspector General (IG) del Departamento de Defensa. Me quedé estupefacto cuando representantes de la oficina del IG se pusieron en contacto conmigo poco después para comunicarme que podrían llamarme como testigo en el futuro sobre un asunto totalmente distinto. Ese mismo mes vi un pequeño dron gris sobrevolando mi casa. Vivía en medio de la nada y, sin embargo, alguien estaba obviamente interesado en saber más sobre mí. Con el paso del tiempo, otras personas con las que trabajaba también se vieron acosadas, y se utilizó el mismo tipo de dron para espiarlas.

La denuncia de una empleada del Departamento de Defensa había tardado en abrirse camino a través de los canales adecuados, pero el IG estaba investigando ahora a Garry Reid por una retahíla de cuestiones que más tarde se harían públicas. Cuando empezaron a hacer preguntas, les dije la verdad.

Sin embargo, al poco tiempo, una noticia falsa apareció en Internet. En ella se afirmaba que: «No hay pruebas demostrables de que Luis Elizondo haya trabajado alguna vez para un programa gubernamental sobre los FANI». Obviamente, esto no era cierto, pero quien puso al periodista a redactar algo así sabía que las noticias falsas se repiten independientemente de que sean eso: falsas. El momento del artículo parecía calculado para perturbar o perjudicar el lanzamiento del programa de History Channel y parecía obra de Garry Reid.

La portavoz del Pentágono, Dana White, que había confirmado mi papel de dirigente en el AATIP para el artículo de *Politic*, había abandonado el Pentágono. El portavoz del Pentágono en aquel momento, Christopher Sherwood, negó repentinamente que yo tuviera participación alguna en el AATIP. Llevaba meses oyendo, a través de amigos de dentro, rumores de que se estaban gestando maniobras contra mí, pero este artículo los hizo realidad. En nombre del Pentágono, Sherwood dijo a los periodistas: «El Sr. Elizondo no tenía ninguna responsabilidad en relación con el AATIP».

Jay recibió un correo electrónico, procedente de la oficina de asuntos públicos del Pentágono, en el que le decían que tenían previsto informar a la prensa de que yo nunca había participado en el AATIP. Jay respondió que no sería correcto que lo hicieran y dijo que no era cierto, pero ellos, de todos modos, seguían con esa historia falsa y perjudicial.

Llamé a Sherwood directamente al Pentágono. Cuanto más hablábamos, más transparente se volvía. Le presenté mi dilema. No importaba que el Pentágono hubiera respondido por mí en 2017. Mientras estuviera en la atención pública, los periodistas investigarían rutinariamente mis antecedentes y, entre otras cosas, Sherwood dijo a los periodistas que los tres vídeos sobre FANI habían sido autorizados únicamente para fines de investigación, no para su difusión pública.

Aunque no se disculpó, Sherwood dejó claro que no estaba contento con la forma en que se estaba manejando mi situación dentro del Departamento de Defensa. Admitió que sabía muy bien cuál fue mi papel en el AATIP, pero que las fuerzas del edificio le habían ordenado que no lo reconociese. Que conste que no responsabilizo a Sherwood de sus actos. Sospecho que simplemente hacía lo que le decían.

Más tarde supe que incluso Brad Byers, de la oficina del SECDEF, había llamado a Sherwood a para expresarle su preocupación por la historia que estaba haciendo circular el Pentágono. Byers le advirtió a Sherwood de que había demasiados altos cargos que conocían mi papel en el AATIP y de que el Pentágono se estaba poniendo en un aprieto.

Mattis renunció a su cargo en enero de 2019, debido a diferencias con la administración Trump y pasó a sufrir la ignominia de ser objeto de burlas en las redes sociales. Con Mattis fuera, la narrativa del AATIP se reformuló para retratarme como un cuentista. El resultado fue que el Pentágono siguió mintiendo cuando se le preguntó por mi historial laboral.

Cuando una fuente oficial le dice a un periodista que nunca trabajaste en el puesto en el que afirmas haberlo hecho, ese periodista va a pensar que ha conseguido la primicia de su vida, en lugar de preguntarse si le están dando, por las buenas, un montón de estiércol humeante.

No solo se alimentaba al público con noticias falsas, sino que los periodistas las difundían sin saberlo; incluso las webs de información al público estaban manipuladas. Poco después, me dijeron que echara un vistazo a mi página de Wikipedia, que se había actualizado erróneamente. El perfil tenía omisiones y muchos puntos inexactos declarados como hechos. Recuerdo que pensé: «Esto es absurdo, pero lo actualizaré. Al fin y al cabo, es Wikipedia». Sin embargo, de alguna manera alguien había bloqueado la página y nadie podía corregirla. Además, naturalmente, todas estas noticias falsas se difundieron en las redes sociales, y los poderes fácticos echaron gasolina al fuego.

Por desgracia, no hay que buscar mucho para encontrar pruebas de que el Pentágono desinforma intencionadamente a los medios de comunicación y al público. Siendo yo alguien que sirvió a mi país, fue desgarrador, por no decir otra cosa, saber que personas del Pentágono actuaban conscientemente de mala fe para perjudicarme, y todo porque yo decía la verdad.

Con todo esto sucediendo, tuve que defenderme. Chris Mellon y yo habíamos empezado a relacionarnos con gente del Capitolio, en un intento de lograr cambios en el Congreso. No podía permitir que la gente mintiera sobre mi historial a representantes y senadores. En un mundo ideal, conseguiría un abogado para reforzar mi defensa, pero no podía permitírmelo.

California nunca ganará ningún premio por ser un estado barato. Meses después de mudarnos al oeste, telefoneé a Tom con la noticia de que habíamos encontrado una casa que queríamos comprar, pero California era muy cara, así que le dije: «Antes de meter la mayor parte de los ahorros de toda mi vida en esta casa, necesito saber, sí o sí, si mis ingresos están seguros y a salvo...».

Tom no me dejó terminar la frase. Me juró que mi sueldo era seguro. Compramos la casa y unos meses después, sin previo aviso, TTSA redujo mi salario a la mitad. Dijeron que era temporal, debido a una «reestructuración corporativa», pero no importaba. Tuvimos una hemorragia de dinero, sacando cada vez más de nuestros ahorros para pagar la matrícula de la universidad y mantener un techo sobre nuestras cabezas. ¿Qué demonios había hecho? Por un sentimiento de indignación e injusticia, había abandonado un trabajo seguro y duradero para perseguir la causa de la divulgación sobre los FNIs. Sentía que estaba cambiando las cosas, pero mi familia y yo nos encontrábamos en una situación difícil.

Para que conste, no culpo a Tom. Creo que Tom se vio obligado a tomar algunas decisiones financieras que probablemente estaban fuera de su control.

Pensamos en vender la casa lo antes posible y buscar una más pequeña, pero también esperábamos que mi salario en TTSA se recuperara, así que en, lugar de eso, alquilamos la casa en el acto y nos mudamos a nuestra autocaravana con nuestros dos perros. Nuestra hija menor, Alex, había vuelto a Maryland para terminar su último año de instituto entre amigos. Aparcamos la autocaravana en otra propiedad: una granja de caballos cuyos propietarios disponían de un pequeño granero y un hangar agrícola. Teníamos agua de pozo oxidada para beber, electricidad enganchando a un poste y cavamos nuestra propia fosa séptica. Pensé: «Vaya, ¿realmente hemos llegado a esto?»

Jenn consiguió un trabajo en Target, reponiendo estanterías para obtener ingresos extra. El estrés y la actividad física agravaron los problemas neurológicos y el síndrome de abertura torácica que padecía desde que había sido atropellada por un coche, casi una década atrás. Los movimientos repetitivos de manos y brazos pronto se convirtieron en una tarea dolorosa para ella. Iba y venía de un médico a otro, probando varios medicamentos, sin resultado. Las facturas médicas se acumulaban.

Cuando llegó la COVID, la oficina de TTSA cerró, y trabajé desde la comodidad de nuestra casa rodante. Todas las tardes, guardaba el trabajo del día para poder cenar en la mesa de la cocina.

En julio de 2020, tras meses de esta locura, Jenn me dijo:

—¿Vas a volver a la oficina?

—No, hasta que termine la pandemia, no.

—Entonces, ¿por qué seguimos en este estado?

Tenía razón. En todo el planeta, millones de personas se replanteaban sus opciones. ¿Por qué nosotros no?

Levanté las manos y señalé la desordenada autocaravana y nuestras cosas más allá de las ventanas.

—¿Qué hacemos con todas nuestras cosas?

Se inclinó sobre la mesa del comedor.

—Luis, nuestra casa tiene ruedas.

Rápidamente desplegamos y estudiamos un mapa KOA[24]. Redujimos

[24] *Campgrounds of America.* Un mapa de campings de los Estados Unidos (*N. del T.*).

los estados posibles, utilizando los siguientes parámetros: sin impuesto estatal sobre la renta, coste de vida barato, muy poca gente, sin grandes ciudades. Decidimos tomarnos un fin de semana y conducir hasta uno de los estados montañosos. Paramos en varias ciudades, pero no nos enamoramos de ninguna. Por el camino, nos detuvimos a repostar en un precioso pueblecito cercano a una cadena montañosa.

«¡Ya está!», exclamamos los dos a la vez. Habíamos encontrado nuestro nuevo hogar. Poco después, instalamos nuestra autocaravana en un bonito camping que tenía un sistema séptico en funcionamiento y agua cristalina. La COVID hizo que los precios de las viviendas en California subieran mucho, así que agradecimos no haber vendido nuestra casa todavía. Venderla en esos momentos seria genial para nosotros. Recuperaríamos todo nuestro dinero y hasta ganaríamos algo, y luego nos mudaríamos a una casa más pequeña. Nos entusiasmamos, pero luego nos enteramos de que no podíamos decirles a nuestros inquilinos que se fueran durante la COVID.

Poco después, me llegó un desagradable regalo de Navidad. Pocos días antes de Navidad, recibí una llamada de Tom, amable pero tajante. Nuestra relación comercial había terminado. A pesar de todos nuestros éxitos, el negocio no había aportado el dinero que él esperaba o necesitaba. Tom y yo habíamos hecho un bonito trabajo juntos. La segunda temporada de *Unidentified* se había emitido y había tenido tan buena acogida como la primera. La serie intensificó el debate sobre los FANI.

Ojalá las cosas hubieran ido de otra manera, pero reconozco el mérito de Tom por su papel en el movimiento de divulgación. Nuestra conversación terminó con una mezcla de pesar y emoción. Otro capítulo cerrado.

Cuando renuncié al Pentágono en 2017, había aprovechado la oportunidad de unirme a TTSA porque pensé que necesitaba la plataforma para difundir mi mensaje y volver a unirme a Hal, Jim y Chris. Pocos días después, empecé a darme cuenta de que el trabajo que habíamos hecho ahora nos permitía ser nuestras propias plataformas. Además, yo seguía teniendo valor dentro de la Administración y acepté una consultoría en una pequeña empresa aeroespacial para conseguir ingresos.

Mientras tanto, Chris Mellon trabajaba sus relaciones en el Capitolio y preparaba el terreno para nuestro próximo movimiento, ya que nuestra batalla por la divulgación continuaba. Chris, Hal y Steve Justice también abandonaron pronto TTSA.

Un día recibí una llamada de Washington que puso en marcha mi siguiente capítulo.

—Trabajo para el congresista X —me dijo alguien—. Respetamos mucho lo que ha estado haciendo. ¿Cuándo puede volver a Washington DC?

CAPÍTULO 23
EL PLAN DE GUERRA

Me encontraba en la entrada del Longworth House Office Building de Washington, DC, una reluciente estructura de mármol y piedra caliza que se levanta justo al sur del Capitolio. Desde que dejé el Pentágono, estos viajes de vuelta me resultaban embriagadores, emocionantes y un poco angustiosos.

Estaba a punto de reunirme con personal que trabajaba para un representante del Congreso. Desde luego, a lo largo de los años me he reunido con cargos electos, como fue nuestro benefactor de siempre, el senador Harry Reid, pero esto era diferente. Estaba aquí para hablar sobre los FANI por invitación suya.

No habría llegado tan lejos sin Chris Mellon. Conocía como la palma de su mano este tramo de edificios donde nuestros legisladores tenían sus despachos.

Mellon y yo permanecimos unidos desde el día en que le informé sobre el asunto. Era la personificación de la palabra *compromiso*. Desde que supo la verdad, Chris se sintió obligado a llevar esta causa hasta el final.

Chris había crecido fascinado ante la posibilidad de vida extraterrestre, basándose en una experiencia personal que rara vez compartía. Sin embargo, pero había reprimido cuidadosamente ese asombro y entusiasmo como adulto y profesional de los servicios de inteligencia. Aun así, ahora, le complacía descubrir que los jóvenes que trabajaban en el Congreso compartían la fascinación que él había sentido en su juventud. Cuanto más se reunía con los asistentes del Congreso estos días, más interesados se mostraban estos.

Chris había reconocido el papel vital que podía desempeñar el Congreso en el avance de la cuestión de los FANI, por lo que Jay y nosotros habíamos elaborado una estrategia plurianual, una especie de plan de guerra para informar al Congreso y para, en última instancia, abordar legalmente los obstáculos a los que se enfrentaba la divulgación.

El primer paso de la estrategia consistiría en involucrar a personal profesional clave del Comité Selecto de Inteligencia del Senado (SSCI) y del Comité de Servicios Armados del Senado (SASC), así como a miembros del Congreso. Debido al estigma y al riesgo político que preocupaban a los políticos, decidimos centrarnos en los crecientes riesgos que suponían los FANI para la seguridad de los vuelos, así como en la histórica falta de transparencia del poder ejecutivo, que se remonta a la década de 1940. Si el Congreso y el personal clave conocieran los hechos, podrían sentirse motivados para lograr un cambio duradero mediante nuevas leyes y una mayor supervisión.

Chris, exdirector adjunto de personal del Comité de Inteligencia del Senado, comprendía perfectamente el valor de una estrategia legislativa y de la supervisión del Congreso. Desgraciadamente, pocos congresistas tenían conocimiento previo de la cuestión de los FANI y, en general, la consideraban una preocupación «irreal», apta para chiflados y políticamente arriesgada.

Intentábamos promover nuestra causa en ambos lados del Congreso, pero, en primer lugar, nos centramos en los altos cargos de las dos comisiones.

Con la ayuda de nuestra creciente base de apoyo, nos esforzamos por cambiar el debate sobre los FANI en el Congreso. Trabajamos sin descanso para encontrar testigos presenciales creíbles de los FANI, en concreto, agentes de información y militares a los que pudiéramos invitar a compartir su testimonio con senadores, representantes y diversos comités del Congreso. Por cada testigo que presentábamos, había varios que no querían hablar ante el Congreso debido a los acuerdos de confidencialidad que habían firmado con diversas agencias de inteligencia y ramas del ejército. Los que habían querido que el tema de los FANI se mantuviera oculto al público desde la década de 1940 habían hecho un trabajo condenadamente bueno, sobreexplotando el sistema de clasificación para clasificar cosas que no deberían estar clasificadas y consiguiendo que los testigos firmaran aterradores acuerdos de confidencialidad. Los testigos con los que nos reunimos que tenían miedo de hablar ante el Congreso temían de verdad ser enviados a la cárcel o asesinados.

También necesitábamos que el Departamento de Defensa y otros departamentos y agencias aportaran más datos y análisis. Los medios de comunicación, que pueden ser temperamentales e inconstantes, tendrían que estar con nosotros sin fisuras. De algún modo, también tendríamos que conseguir la cooperación de países extranjeros amigos, ya que ellos también habían recopilado una gran cantidad de datos. Por último, pero no por ello menos importante, teníamos que implicar a la opinión pública y concienciarla, hacerla partícipe del debate. Sin su apoyo, ni los medios de comunicación ni el Congreso se sentirían motivados para hacer gran cosa.

Llamamos a nuestro plan los «Cinco Pilares del Compromiso».

Identificamos a miembros clave de los medios de comunicación que cubrían temas de seguridad nacional y estaban abiertos a la idea de la existencia de FANI y a conocer quién se interponía en un asunto de seguridad nacional.

Mientras tanto, Jay y yo trabajamos con nuestra red de amigos en las ramas militares, el FBI, la CIA e incluso el Departamento de Energía.

A medida que avanzábamos, dentro y fuera del Gobierno, los responsables de los servicios de inteligencia de la Marina, que comprendían las amenazas para la seguridad nacional relacionadas con las FANI y ahora sentían la presión pública y del Congreso para hacer algo al respecto, encargaron a Jay que creara, de forma discreta, un grupo de trabajo interinstitucional de todo el Gobierno, un programa con más competencias de las que jamás tuvo el AATIP. Así que Jay empezó a reunirlo, seleccionando a sus miembros/representantes de todas las agencias de inteligencia y agencias civiles, desde el FBI hasta la Oficina Nacional de Reconocimiento (NRO), pasando por la NASA y la Administración Federal de Aviación (FAA). Una vez reunido, se convertiría en el grupo operativo para FANI del Pentágono. Que Jay estuviera en posición de escalar y elevar el tema de esta manera era exactamente lo que esperábamos. El plan estaba funcionando.

Jay necesitaba un representante de la Fuerza Espacial de los EE.UU. (USSF), pero esa agencia aún se estaba creando en aquel momento y no tenía un programa sobre FANI, así que pensamos en una forma de superar este obstáculo. Nuestra solución fue que yo intentara ser consultor de la USSF para ayudarles a crear su programa sobre FANI y colaborar con el Grupo de Trabajo sobre FANI que Jay estaba creando. Después de que unos amigos me pusieran en contacto con los líderes de la USSF, estos expresaron su interés y preocupación por el tema FANI, aunque no estaban preparados para contárselo al mundo. Poco después, empecé a trabajar como contratista para la USSF en lo relacionado con los FANI y a obtener su ayuda, no oficial y entre bambalinas, en mis esfuerzos públicos, al tiempo que contribuía al Grupo de Trabajo FANI de Jay.

Tras un par de años en los que Jay se dedicó discretamente a crear el grupo de trabajo sobre fenómenos aéreos no identificados (*UAP Task Force*), el secretario de Defensa anunció la creación del grupo de trabajo sobre FANI, y nombró a Jay su primer director.

Fue un momento de orgullo. No podía creer lo bien que estaba funcionando nuestro plan. Aun así, acabábamos de empezar, y con cada victoria llegaba más retroceso.

Desde el momento en que el grupo de trabajo sobre FANI se hizo oficial, el Programa Legacy empezó a presionar silenciosamente a Jay entre bastidores, creando un obstáculo burocrático tras otro para él, el grupo de trabajo y todos los implicados.

Chris aprovechó la larga lista de amigos con los que solía trabajar cuando era miembro del personal del senador Bill Cohen. Muchos años antes, cuando Chris formaba parte del personal de Cohen, se encargaba de redactar y proponer leyes. Por aquel entonces, Chris fue uno de los autores fundadores y defensores del proyecto de ley SOCOM, por el que se creó el Mando de Operaciones Especiales de Estados Unidos, encargado de ejecutar aspectos clave de las misiones de las distintas ramas del ejército estadounidense.

Ahora, a todos los militares y al Congreso les encanta la idea, pero en su día Chris tuvo que luchar largo y tendido contra los detractores de la propuesta. Algunos mandos pensaban que ya lo tenían todo cubierto y no veían con buenos ojos que cambiara el *statu quo*. «No necesitamos otro Mando de Combate —vociferaban—. Nos va estupendamente así».

Sin embargo, la realidad era muy distinta. Chris, junto con algunos otros, sabía que el sistema estaba roto. Yendo a peor, alguien llamó traidor a Chris por hacer semejante propuesta e intentó utilizar los medios de comunicación en su contra. Ni que decir tiene que Chris tenía razón *y* se impuso. Aquellas experiencias le enseñaron a navegar por los pasillos del Capitolio como un telefonista, haciendo nuevas conexiones según las necesitaba.

Antes de viajar a Washington, me enseñó las reglas básicas. No éramos *un grupo de presión*. Ese término designa a alguien que cultiva relaciones políticas con la expectativa de obtener resultados favorables para su industria.

En cambio, nosotros no pediríamos nada. Chris me lo recordó:

—Tenemos un público ansioso aquí. Están hambrientos de información. Tú llevas años bebiendo de la fuente, pero esta gente vive en un desierto de información. Tu trabajo es educarlos. Deja que ellos hagan las preguntas, Lue. Cuando lo hagan, responderemos de la forma más honesta y clara posible.

Así que fuimos, y hablamos y hablamos.

Cuando ofrecimos nuestras sesiones informativas, nos preguntaron:

—¡Esto es algo muy grande! ¿Cómo podemos cambiar el *statu quo* en este tema?

—Bueno, ayudaría tener más transparencia por parte del Departamento de Defensa.

—¿Cómo podemos hacer algo así?

—Si se mencionase a los FANI en un proyecto de ley, si la transparencia fuera ley, eso les obligaría a publicar más información.

Durante este periodo, Chris y yo estuvimos trabajando en silencio y con diligencia entre bambalinas para ayudar al Congreso a comprender la complejidad de la situación e identificar un camino a seguir. Habíamos establecido una cabeza de playa en el Capitolio, pero necesitábamos una forma de mantener el impulso y ampliar nuestra base de apoyo; de lo contrario, nunca podríamos aprobar la legislación necesaria para obligar al Departamento de Defensa y al Consejo Internacional a actuar en la cuestión de los FANI. Chris, que había trabajado durante más de una década en el Capitolio, propuso una solución sencilla pero brillante: que uno de los comités de supervisión solicitara al director de Inteligencia Nacional un informe público no clasificado sobre los FANI. Lo hermoso de este planteamiento residía en que ofrecía una forma de elevar el tema de los FANI y afianzar su legitimidad sin requerir el gasto de fondos públicos ni el apoyo de los Comités de Asignaciones. Chris defendió la necesidad de esta medida en artículos de opinión y reuniones personales con miembros del Senado, e incluso redactó una versión del preámbulo del informe, que publicó en Internet para que todos pudiéramos verla.

Sin embargo, el Congreso estaba empezando a familiarizarse con la realidad de los FANI. Chris tendría que detallar exactamente qué información contendría dicho informe, e incluso dónde encontrarla, o, de lo contrario, el Departamento de Defensa encontraría la forma de escabullirse de esa obligación.

Para entonces, la pandemia de COVID estaba en pleno apogeo. Chris y yo hicimos nuestros deberes, mientras el resto del país se atrincheraba. Mientras Chris retocaba el borrador, no se nos iba de la cabeza la idea de que, si íbamos demasiado lejos, era posible que los legisladores –o el propio presidente– se opusieran. Teníamos que tener cuidado. Cada palabra del discurso era como un grano de arena en una escala minúscula. Cada germen de una idea se medía minuciosamente antes de insertarlo en un párrafo. ¿Era absolutamente necesaria esa palabra o idea? No teníamos ni idea de cuántos mordiscos a la manzana iban a permitirnos. El hecho de que nos ofrecieran siquiera un bocado era histórico.

La acogida que tuvimos en los pasillos del Congreso fue de lo más gratificante. El Comité de Inteligencia de la Cámara de Representantes y del Senado, por ejemplo, es fuertemente bipartidista, y está formado por representantes de ambos lados de la cámara. Normalmente, los dos partidos políticos estadounidenses se pelean pero, como estaba a punto de descubrir, en este tema concreto, los políticos se movían al unísono.

¿Por qué? En mi opinión, a medida que se iban enterando de la inquietante verdad, los miembros del Comité se habían ido viendo embargados por un creciente sentimiento de injusticia. Durante décadas, el Congreso había canalizado obedientemente los créditos al Pentágono. El Departamento de Defensa recibía todo el dinero que quería, *y más*. Sin embargo, por alguna razón, los mismos líderes del Congreso de alto rango a los que la ley permite participar en sesiones informativas clasificadas rara vez oían hablar de los FANI. Si preguntaban sobre el tema, recibían el mismo mensaje que Chris Mellon había recibido durante años cuando se movía en los círculos de inteligencia de alto nivel: «No hay pruebas que sugieran que los FANI sean reales». Pero ahora, hablando conmigo, con Mellon y con nuestros amigos testigos, el Congreso estaba encendido.

Afortunadamente, el senador Marco Rubio, presidente en funciones del Comité de Inteligencia del Senado, tuvo el valor suficiente para apoyar esta importante propuesta, a pesar de las inevitables críticas sin sentido que su apoyo generaría entre los reacios a la idea de la transparencia.

En los momentos de intimidad, los líderes electos o sus colaboradores no pudieron evitar compartir anécdotas extraídas de su vida personal o de la vida de familiares que habían tenido sus propios encuentros con FANI. Si se trata el tema como algo que se puede debatir, la gente se abre de forma sorprendente. En una época marcada por la falta de compromiso, descubrimos que los políticos de ambos bandos acogían con agrado el diálogo sobre el tema y compartían abiertamente con nosotros sus historias personales.

Kirsten Gillibrand, la senadora demócrata por el estado de Nueva York que formó parte de los subcomités de servicios armados, relató a su equipo cómo se enteró de la cuestión de los FANI, y cómo pasaba tiempo de calidad con sus dos hijos viendo el programa que Mellon y yo habíamos hecho para History Channel. Tim Burchett, representante republicano de Tennessee, también lo había visto. Casualmente, su distrito estaba cerca de Oak Ridge, sede de las reservas de uranio del país y antigua *ciudad secreta* del Proyecto Manhattan durante la Segunda Guerra Mundial, y lugar de innumerables avistamientos de FANI. Le alarmaba especialmente la conexión de todo esto con las capacidades nucleares de los Estados Unidos. Siendo alguien formado en la fe cristiana, Burchett no podía evitar sentirse intrigado por la posible conexión de los FANI con las visiones de otro mundo de Ezequiel y Elías, sobre las que se nos habla en la Biblia. Burchett era un hombre con una misión, completamente entregado a sus electores y a su fe; no era un político de Washington, sino un obrero que tenía un taller de reparación de remolques. Respetaba a los militares y perseguía la verdad.

Cada vez que el Pentágono decía «aquí no hay nada, señores», aparecía en público un piloto o militar valiente diciendo lo contrario. Al final, el Congreso decidió creer a nuestros hombres y mujeres de uniforme antes que a los burócratas.

De vez en cuando, algún dirigente de Washington me preguntaba por qué nos habíamos tomado tantas molestias para sacar este tema a la luz. ¿Acaso no teníamos otros problemas en los que centrarnos? Así es como yo respondía:

En general, he llegado a creer que los secretos de larga duración acaban siendo desastrosos para todas las naciones. Los secretos son como los alimentos perecederos que no se tocan durante demasiado tiempo. Con el tiempo se pudren y apestan, obligándote a limpiar todo el frigorífico. Uno guarda secretos, en primer lugar, para asegurarse de que el enemigo no se entere de algo que queremos proteger. No obstante, una vez que un secreto se hace ampliamente conocido, se pierde más credibilidad cuanto más tiempo nos aferremos a él. Los secretos guardados demasiado tiempo impiden el progreso científico. En este caso, afecta a todos los habitantes del planeta, por lo que es mejor que toda la humanidad conozca la verdad.

En una ocasión, una persona muy bien situada en el Gobierno estadounidense –una persona que conocía la verdad que el Gobierno había ocultado todos estos años– me dijo que me había embarcado en una misión imprudente.

—¿Se da cuenta —dijo— de que, al hablar de este tema de manera tan abierta, está acelerando las posibilidades de que nos invadan?

Esto implica suponer que nuestros *amigos de fuera* tienen malas intenciones.

—Todavía no lo sabemos con certeza —respondí.

Y me mantuve firme en mi postura: es mejor que todos los seres humanos conozcamos la verdad de lo que está ocurriendo que permitir que nuestros gobiernos nos sigan mintiendo.

Le pregunté a esta persona:

—Si tuviera cáncer, ¿querría que tu médico se lo dijera? ¿*Sobre todo* si existe la posibilidad de que se mejore? Con eso, todo queda dicho.

Cada vez que conducía de vuelta a la zona de Washington DC, poniéndome mi traje y mi mascarilla contra el Covid, antes de dirigirme al Capitolio, me sentía alentado por los progresos que estaba haciendo el plan que Chris y yo habíamos puesto en marcha. Estábamos haciendo suficiente ruido en la prensa como para que Jay recibiera peticiones de sesiones informativas por parte de miembros del Consejo de Seguridad Nacional de la Casa Blanca, que luego informaron a Trump a cierto nivel, pero no estoy seguro de cuánta información compartieron realmente.

Desde que el Programa Legacy y la cuestión de los FANI empezaron en serio en 1947, solo algunos presidentes han sido informados por los implicados sobre los hechos básicos de la situación, pero no se les proporcionan todos los detalles. Tal y como Hal mencionó una vez, y según algunos implicados en el Legacy FANI, sencillamente, los presidentes no tienen necesidad de saberlo todo, ya que solo van a ocupar su cargo de forma temporal.

Que yo sepa, los siguientes presidentes de EE.UU. fueron informados de alguna manera: Truman, Eisenhower, JFK, LBJ, Carter, Reagan, George H. W. Bush y Trump.

Carter dio la impresión de ser un líder de mente abierta y curiosidad intelectual, que reveló a los medios de comunicación la existencia del programa psíquico Stargate. Nixon era considerado un bala perdida, por lo que no se le consideró de completa confianza. Aun así, tengo razones para creer que se le mostraron imágenes de cuerpos no humanos.

Me dijeron que Gerald Ford no fue informado, probablemente porque tenía demasiado trabajo recogiendo los pedazos de la debacle del Watergate. Quizá el Programa Legacy pensó que se lo contaría a todo el mundo. Sin embargo, Ford no era un neófito en el tema, ya que se había ocupado del mismo en los comienzos de su carrera en el Congreso, durante los famosos avistamientos de 1966 en Michigan. La Biblioteca Presidencial Ford ha publicado, desde entonces, al menos quince documentos relacionados con el notorio hallazgo del *gas de los pantanos* del Libro Azul, del que Ford se mantuvo siempre escéptico.

En cuanto a Reagan, tengo razones para creer que la Iniciativa de Defensa Estratégica (IDE), apodada el programa de la Guerra de las Galaxias, que Reagan defendió, tenía que ver también con los FANI y no solo con las armas nucleares. Los biógrafos de Reagan también lo describen como fascinado por el tema, y sabemos que una vez sugirió a su homólogo de la URSS, Mijaíl Gorbachov, que Estados Unidos y la URSS deberían trabajar juntos en caso de una invasión alienígena. En un discurso ante las Naciones Unidas, dijo:

> ¿No podemos nosotros y todas las naciones vivir en paz? En nuestra obsesión por los antagonismos del momento, a menudo olvidamos lo mucho que une a todos los miembros de la humanidad. Quizá necesitemos alguna amenaza exterior y universal que nos haga reconocer este vínculo común. A veces pienso en lo rápido que se desvanecerían nuestras diferencias en todo el mundo si nos enfrentáramos a una amenaza ajena a este mundo.

> Y sin embargo, les pregunto, ¿no hay ya una fuerza alienígena entre nosotros?

De hecho, conseguimos incluir, en el segundo proyecto de ley Covid, una disposición que obligaba al Departamento de Defensa a publicar un informe sobre los FANI antes del verano siguiente. Dicho informe no requeriría gastar más dólares; el Departamento de Defensa ya disponía de los datos. El senador Marco Rubio de Florida, entonces presidente del Comité de Inteligencia del Senado, fue el principal patrocinador del proyecto de ley. Si nos fijamos en lo que aparece en el Informe 116-233 del Senado, veremos que gran parte de la redacción salió directamente de la pluma de Chris Mellon:

Al Comité le sigue preocupando que no exista un proceso unificado y exhaustivo dentro del Gobierno Federal para recopilar y analizar información de inteligencia sobre fenómenos aéreos no identificados, a pesar de la amenaza potencial. El Comité entiende que cierta información de inteligencia relevante puede ser confidencial; sin embargo, el Comité considera que el intercambio de información y la coordinación en toda la Comunidad de Inteligencia ha sido insuficiente [...].

> Por lo tanto, el Comité ordena al DNI, en comunicación con el Secretario de Defensa y los jefes de los demás organismos que el Director y el Secretario consideren conjuntamente pertinentes, que presente un informe, en el plazo de 180 días a partir de la fecha de promulgación de la Ley, a los comités de inteligencia y de servicios armados del Congreso sobre fenómenos aéreos no identificados (también conocidos como «vehículos aéreos anómalos»), incluidos los objetos aéreos observados que no han sido identificados [...].

El informe se presentará sin clasificar, pero podrá incluir un anexo clasificado. El texto completo del proyecto de ley tenía cuatrocientas veintidós palabras y carecía de precedentes. Desde la década de 1960, el

Congreso no había ordenado al Departamento de Defensa que tomara ninguna medida en relación con los FANI, y mucho menos que emitiera un informe no clasificado que pudiera compartirse con el pueblo estadounidense y con el mundo.

El presidente Trump firmó la ley Covid a finales de diciembre de 2020. Yo diría que la mayoría de los estadounidenses nunca supo que ese proyecto de ley incluía legislación histórica sobre los FANI.

Recibí con júbilo la aprobación de la legislación. También sabía que no podíamos quedarnos de brazos cruzados. Desde el momento en que el proyecto se convirtiera en ley, el Departamento de Defensa dispondría de seis meses para elaborar un informe sobre un tema que había ignorado durante setenta y cinco años. En tiempos del Pentágono, seis meses no son nada.

Mellon y yo íbamos a toda máquina en lo tocante a nuestro compromiso público. Habíamos aparecido muchas veces en plataformas de noticias como *CNN* y *Fox News*, y, ahora, uno de los programas de noticias más influyentes de la historia de la televisión decidía que quería cubrir el tema de los FANI por primera vez en sus décadas de periodismo de investigación. Nos quedamos estupefactos. Era un programa premiado que todo el mundo veía: todos los políticos, los funcionarios del Departamento de Defensa, los funcionarios de la comunidad de inteligencia y sus familias. Lo siguiente que supe fue que Mellon, el senador Rubio, el comandante Fravor, el capitán de corbeta Dietrich, yo y algunos otros participamos en lo que acabaría siendo un reportaje histórico de *60 Minutes*[25].

Se emitió en mayo de 2021 y se convirtió en una de las piezas más vistas en la historia del programa. Me dijeron que lo vieron más de veinte millones de personas y que la cifra sigue subiendo. Fue una gran victoria para la divulgación, que aumentó nuestra participación pública y cambió el tono del debate; y ocurrió exactamente en el momento oportuno.

El resultado de todo el arduo y estratégico trabajo para conseguir un informe público fue el más que publicitado *Informe Preliminar* elaborado por el director de la inteligencia nacional (DNI) y entregado en junio de

---

[25] Programa de la *CBS News*, famoso por sus reportajes de investigación (*N. del T.*).

2021. En muchos aspectos era inadecuado, pero identificaba 144 incidentes militares con FANI desde 2004 hasta junio de 2021. Y, a medida que mejoraba el clima en torno al tema de las FANI, el estigma empezaba a desvanecerse y los militares empezaban a darse cuenta de que podían y debían informar de los incidentes con FANI, el número de informes aumentó rápidamente. Este informe oficial del Gobierno sobre los FANI resultó ser tan importante y de tanto interés público que el Congreso exigió que se realizase anualmente. Se está demostrando que es un medio de vital importancia para garantizar que el público y el Congreso sean conscientes de lo extenso y grave que sigue siendo el problema de los FANI.

Lo considero una de las mayores contribuciones de Chris a nuestros esfuerzos globales y a la historia en general. Fue idea suya, él la hizo realidad y fue un movimiento estratégico clave en un momento crítico. Digo «una de» porque, desde el día en que conocí a Chris, hemos colaborado extraordinariamente en todos nuestros esfuerzos.

Sin Chris y Jay, los planes que pusimos en marcha nunca habrían funcionado. Además, son más que colaboradores; son amigos.

Al más puro estilo del Departamento de Defensa, lo que presentaron al Congreso fue una versión suavizada de los últimos incidentes, empezando por el caso Nimitz de 2004, pero hizo avanzar mucho las cosas. Además, estábamos cobrando impulso.

El informe concluía que estos FANI, probablemente, no eran anomalías meteorológicas y representaban algo... *tangible*. Todos los casos del informe se remontaban a un año y medio atrás, siendo el del USS Nimitz la excepción declarada. El informe se centraba sobre todo en los informes de la Marina y afirmaba que la información de las Fuerzas Aéreas aún no estaba disponible y que solo se había informado del diez por ciento de todos los encuentros de ese período. Según esa evaluación, la asombrosa cifra de mil cuatrocientos incidentes entre 2019 y 2021 seguía sin explicarse. Creo que esto, por sí solo, llamó la atención y convenció a los legisladores para que prestaran atención.

Setenta y cinco años después de Roswell, la Fuerza Aérea seguía ocultando información al pueblo estadounidense. El entonces secretario de la Fuerza

Aérea, Frank Kendall, dijo a los periodistas que no estaba seguro de que los FANI mereciera su atención. Aunque no negaba que tales objetos fueran reales, pedía pruebas de que fuesen una amenaza antes de que él y los suyos movieran un dedo. Como ya he mencionado, eso me pareció una falacia lógica. Si no sabes qué es algo, ¿cómo puedes descartarlo como amenaza?

Las palabras de Jenn «¡Adelante!» resonaron en mi corazón una vez más. Uno o dos días después, me preguntaron por la respuesta del secretario Kendall al informe sobre los FANI. Mi respuesta fue algo así como: «Sr. Secretario, ¿me permite recordarle para quién trabaja? Usted no decide qué es prioritario y qué no lo es. Lo decide el pueblo estadounidense».

Piense en lo absurdo que resulta que casi todos los informes sobre fenómenos anómalos no identificados procedan de la Marina y no del Ejército del Aire.

Entusiasmado, me puse en contacto con el público en las redes sociales y en la prensa. Publiqué una declaración que decía:

> El pueblo estadounidense conoce ahora una pequeña parte de lo que yo y mis colegas del Pentágono hemos estado sabiendo: que estos FANI no son tecnología secreta estadounidense, que no parecen pertenecer a ningún aliado o adversario conocido, y que nuestros servicios de inteligencia aún no han identificado una explicación terrestre para estos extraordinarios vehículos. De 144 incidentes, el grupo de trabajo sobre FANI solo pudo identificar uno. Este debate no ha hecho más que empezar.

En julio de 2021, recibí una llamada de un amigo diciéndome que la revista *People* me había nombrado una de las «cien razones para amar América». Me clasificaron en el número sesenta y dos. Chris y Jay deberían haber estado en esa lista conmigo, pero lo agradecí porque era una señal de que nuestro compromiso público estaba funcionando.

Incluso antes de la publicación del informe sobre los FANI, Chris y yo estábamos trabajando con nuestros amigos del Capitolio para incluir un texto en el próximo gran proyecto de ley que se presentará en el Congreso.

Cada año, el Congreso autoriza el presupuesto de defensa estadounidense en lo que se denomina Ley de Autorización de la Defensa Nacional (NDAA). El Gobierno de EE.UU. gasta más en el ejército que cualquier otra nación. Últimamente ronda los ochocientos mil millones de dólares anuales.

A los senadores, los representantes y su personal, a los que considerábamos amigos, les pareció justo que el Departamento de Defensa dijera la verdad sobre los FANI. Los senadores republicanos Roy Blunt, de Misuri; Lindsey Graham, de Carolina del Sur; y Marco Rubio, de Florida; los senadores demócratas Kirsten Gillibrand, de Nueva York; y Martin Heinrich, de Arizona; y el representante demócrata Rubén Gallego, de Arizona, trabajaron juntos para elaborar una declaración contundente, con algo de ayuda de Chris y mía. De algún modo, Chris les convenció de que más es mejor cuando se trata de prescribir lo que debe hacer el Departamento de Defensa.

Por aquel entonces, el Programa Legacy y los asociados a él, los poderes fácticos, llevaron su ofensiva al siguiente nivel y, de alguna manera, consiguieron bloquear la financiación que el Congreso había asignado al Grupo de Trabajo sobre los FANI. En ese momento, tras dieciséis años investigando los FANI para el Gobierno estadounidense, más tiempo que nadie que yo conozca, Jay decidió que había llegado el momento de jubilarse y pasar al sector privado, donde podría continuar su trabajo con más libertad. Nuestro plan ya había logrado mucho, pero aún nos quedaba otro capítulo por delante.

Antes de que Jay se jubilara, trabajamos con el Congreso para que se propusiera una nueva legislación que creara un programa permanente sobre los FANI, financiado directamente por el Congreso, de modo que nadie pudiera bloquear o hacer un mal uso de la financiación. Este nuevo programa tendría que informar directamente al Congreso de todos los asuntos relacionados con los FANI.

Dos días antes del Día de Acción de Gracias de 2021, el Departamento de Defensa anunció la creación de una nueva oficina de investigación sobre FANI llamada Grupo de Sincronización de Identificación y Gestión de Objetos Aerotransportados. AOIMSG para abreviar. (No, no sé cómo se pronuncia este ridículo acrónimo). La nueva oficina estaría bajo los auspicios de la OUSD(I). El Departamento de Defensa atrajo una gran atención de la prensa gracias esta medida. Los titulares sobre la nueva «oficina sobre FANI del Pentágono» aparecieron en sitios web de noticias de todo el mundo.

Sospecho que mucha gente se habría tragado el gesto del Departamento de Defensa si Chris Mellon y yo no hubiéramos hecho correr la voz de que era un engaño. Mi antigua oficina, la OUSD(I), era precisamente la misma organización que había infravalorado e intentado acabar con el AATIP y luego con el Grupo de Trabajo sobre los FANI. Como dije en las redes sociales, esto es como darle a un alcohólico la llave del armario de las bebidas alcohólicas.

El libro de estrategia del Pentágono, realmente controlado por los que mueven los hilos en el Programa Legacy, es hilarantemente predecible. Cada vez que piensan que la verdad puede emerger, tratan de cambiar y controlar la narrativa.

El Congreso intuyó que el Departamento de Defensa quería dirigir la oficina hacia el estudio de la basura y el desorden aéreos provocados por el hombre y alejarla de los FANI, utilizando el término «Objetos Temporalmente No Atribuibles» en lugar de FANI. Viendo lo que pretendía el Departamento de Defensa, unos días después, el Congreso revisó los próximos proyectos de ley, declarando que el Departamento de Defensa no podía tratar los objetos artificiales como parte de sus investigaciones sobre los FANI. Si se descubría que un FANI había sido fabricado por el hombre, la nueva oficina permanente sobre FANI que quería el Congreso tendría que delegar el caso en otro departamento del Departamento de Defensa. Solo los objetos que no tuvieran un origen humano conocido podrían definirse como FANI. Esta redacción, de aprobarse, impediría que el Departamento de Defensa se limitara a atribuirlo todo a globos y bolsas de plástico en la atmósfera. Además, el Congreso ha incluido ahora las anomalías espaciales *y* submarinas en la definición de «FANI», y ha cambiado *fenómenos aéreos no identificados* por *fenómenos anómalos no identificados* para abarcar todos los ámbitos.

Nos enfureció el intento del Departamento de Defensa de eludir los designios del Congreso. Fue un débil intento de volver a meter al genio en la botella. El Departamento de Defensa estaba seguro de que los legisladores abandonarían el lenguaje cuidadosamente elaborado sobre los FANI en favor del torpe lenguaje del AOIMSG. Suponía que todos los legisladores dirían: «¿Para qué necesitamos este lenguaje si el DoD ya tiene una oficina FANI?». De modo que nos aseguramos de que el Congreso estuviera más decidido todavía a provocar el cambio.

Mellon, yo y nuestros amigos trabajamos con los teléfonos y generamos más ruido en Internet, incluso durante ese largo fin de semana festivo.

Si se aprobaba este texto, el Departamento de Defensa ya no podría esconder el fenómeno bajo la alfombra. El Congreso crearía una oficina permanente sobre FANI que tendría que informar periódicamente al Congreso y al pueblo estadounidense. Tenían que investigar las implicaciones aeroespaciales y biológicas de los FANI. Y debían emplear lo que se conoce como la «doctrina del uno por ciento» en toda su metodología. Si existe un uno por ciento de posibilidades de que un encuentro sea una amenaza para el ejército o el pueblo estadounidense, deben investigarlo. Ya no tendrían vía libre para desestimar un informe simplemente porque *no saben lo que es.*

Doy un enorme crédito en todo esto a los seis legisladores que he mencionado y a sus equipos. Nos permitieron pacientemente a Mellon y a mí facilitar información y organizar que testigos presenciales informaran a los cargos electos que tuvieran alguna duda. Construimos una proverbial cinta transportadora por la que el Congreso podía recibir la información sin filtros. También me aseguré de no estar presente en muchas de las reuniones y entrevistas porque quería garantizar que esos encuentros entre los legisladores y nuestros testigos presenciales siguieran siendo justos e imparciales. No quería ser una distracción.

Desde fuera probablemente parecía fácil, pero, en realidad, todo el proceso estuvo pendiente de un hilo. Los enemigos de la transparencia estaban en nuestra contra. El Departamento de Defensa no quería que se incluyera este texto en el proyecto de ley. No querían que el Congreso y el pueblo estadounidense miraran por encima de su hombro la cuestión de los FANI. Querían hacer lo de siempre: enterrarlo.

En septiembre de 2021, la Cámara aprobó el proyecto de ley y lo remitió al Senado.

Mellon y yo no cejamos en nuestro empeño de implicar al público y al mismo tiempo instruir a los cargos electos y a su personal, proporcionándoles contacto directo con testigos presenciales y datos irrefutables.

En noviembre de 2021 tuve el honor de saber que la revista *GQ* del Reino Unido me nombraba uno de los héroes de 2021 por mi impacto en la cultura, al ser la voz del esfuerzo de divulgación. Era un claro indicador de que dos de nuestros pilares estratégicos, el compromiso internacional y el compromiso con los medios de comunicación, estaban dando sus frutos. Sin embargo, que conste que siempre me he sentido incómodo con la atención pública y los elogios porque sé que hay mucha más gente que merece el mérito antes que yo.

El Senado finalmente aprobó el proyecto de ley el 15 de diciembre de 2021 –sin modificar el lenguaje sobre FANI– y lo envió al presidente Biden para que lo firmara.

El exsenador Harry Reid –que fue nuestro aliado y defensor en el AATIP, que me defendió en los dolorosos meses posteriores a mi dimisión, cuando el Departamento de Defensa intentaba borrarme y desprestigiarme– siguió siendo un gran apoyo durante todo este proceso. Desde validarnos ante otros funcionarios electos hasta responder por nosotros ante los productores de *60 Minutes* para cualquier ayuda que necesitáramos, él estaba allí. Mientras tanto, él se encontraba en los últimos días de una batalla de tres años contra el cáncer de páncreas. Algunos de sus críticos se burlaron de su apoyo a la cuestión FANI, pero él se adelantó realmente a los acontecimientos.

Todos sabíamos que estaba a punto de morir. Se podía ver el daño que le estaba causando la enfermedad. De manera conmovedora, el senador Reid dijo que seguiría luchando contra su cáncer hasta que Biden firmara el acta. En honor a su apoyo durante tanto tiempo, mantuvimos al senador Reid informado de la situación hasta el final. Su esposa, Landra, y su leal ayudante, Katie, fueron ángeles de misericordia durante este tiempo.

Dos días después de las Navidades de 2021, Biden firmó la segunda ley sobre los FANI. Fue otro momento histórico para los libros de historia. Un día después, mi viejo amigo Harry Reid murió plácidamente mientras dormía. Fue fiel a su palabra. Que descanse en paz.

En mayo de 2022, uno de los requisitos de la nueva ley se llevó a cabo. El Congreso celebró una audiencia pública histórica sobre los FANI. La audiencia duró noventa minutos. El mero hecho de que ocurriera fue algo monumental, y dejó claro a muchos civiles y líderes electos que necesitaban presionar para que el tema de los FANI siguiera adelante, así como el hecho de que el Departamento de Defensa estaba encubriendo el tema. A diferencia del informe de ciento ochenta días, que abarcaba 143 casos sin resolver, los testigos del Departamento de Defensa revelaron que ya tenían más de cuatrocientos registrados en el último año. La audiencia confirmó que los FANI son reales y no un fallo de los sistemas tecnológicos o una anomalía meteorológica. Confirmó que los FANI no son parte de nuestra tecnología y constituyen una amenaza potencial para la seguridad aérea y nacional. Y, cuando se le preguntó acerca de cualquier investigación sobre otros programas sobre FANI, el jefe operativo de inteligencia del Pentágono, Ronald Moultrue, respondió: «Aparte del AATIP y el Libro Azul, no».

Aquello fue para mí fue una victoria silenciosa. Al menos ahora el Pentágono reconocía la existencia de mi antiguo programa, AATIP, y sus esfuerzos centrados en los FANI. Todo esto bajo juramento. Asimismo, el congresista Mike Gallagher introdujo el memorándum Wilson/Davis, mencionado anteriormente, en el Registro del Congreso durante una audiencia emitida por la televisión nacional. Otra admisión chocante, que me cogió completamente por sorpresa, fue la de que el Pentágono desconocía las incursiones de los FANI cerca de instalaciones nucleares secretas. El Pentágono admitió que desconocía sus propios informes, que se remontaban a casos en los que se habían desconectado misiles balísticos intercontinentales. Si el Pentágono hubiera hecho siquiera una revisión superficial de sus propios registros, se habría dado cuenta de que el propio

Pentágono había escrito informes sobre estas incursiones. Estos son solo algunos de los aspectos más destacados, y os animo a que veáis toda la audiencia *online*. Huelga decir que fue un momento embarazoso para mi antigua oficina, la OUSD(I).

En julio de 2022 se anunció la creación de la AARO (la oficina de resolución de anomalías en todos los ámbito, según sus siglas en inglés). Esta nueva oficina permanente sobre FANI debía informar al Congreso. Al menos, su nuevo nombre era más fácil de pronunciar.

El verano de 2022 siguió demostrando que nuestras tácticas estaban dando fruto. El Congreso y el Departamento de Defensa se enzarzaron en un falsario juego de poder en torno al tema de los FANI. En muchos sentidos, el drama fue una repetición del que se vivió el verano anterior. Cada vez que el Congreso insertaba provisionalmente un texto sobre los FANI en futuros proyectos de ley, los observadores del Departamento de Defensa intentaban evitarlo.

El Congreso incluyó la legislación propuesta en la Ley Anual de Autorización de Defensa Nacional de ese año, que es el presupuesto que determina el dinero que el Congreso destinará al Departamento de Defensa el año siguiente (en ese caso, 2023). Yo contribuí a la elaboración del lenguaje empleado y trabajé duro para conseguir que los miembros del Congreso ayudaran a apoyarlo, pero debo decir que, en verdad, aquello fue la obra magna de Chris. Chris perfeccionó el lenguaje con el que se presentó el Congreso y trabajó magistralmente sus relaciones para conseguir todo el apoyo que necesitaba la legislación propuesta.

La redacción no dejaría lugar a dudas sobre la veracidad de la cuestión de los FANI. Por ejemplo, describía cómo esta nueva oficina informaría al Congreso sobre todos los casos relacionados con FANI *a partir del 1 de enero de 1945*. Esa fecha era crítica. Mil novecientos cuarenta y cinco fue el año que marcó el despliegue de la bomba atómica y, poco después, el accidente de Roswell.

El documento detallaba cómo la comunidad de inteligencia apoyaría esta nueva oficina FANI. Por ejemplo, se crearía una base de datos en la que el personal militar podría denunciar casos de FANI. También protegía de represalias a quienes contaran lo que les había ocurrido. Esto significaba que cualquier persona –civil o militar– que hubiera firmado alguna vez un acuerdo de confidencialidad en relación con las FANI tendría libertad para hablar ante el Congreso en un entorno clasificado. Los ingenieros que analizaron los materiales del accidente podrían hablar por fin. Los pilotos y operadores de radio podrían hablar por fin. Los miembros de los altamente secretos equipos de recuperación de accidentes podrían hablar por fin. Y sería ilegal despedirlos, castigarlos o tomar medidas para arruinar sus pensiones, carreras o autorizaciones de seguridad como respuesta. De hecho, los denunciantes podrían interponer una demanda por daños y perjuicios.

El día que este detalle saltó a las noticias, el piloto naval Ryan Graves –un testigo ocular clave en los avistamientos del USS Roosevelt– utilizó Twitter para resumir el cambio de opinión del Congreso.

«Este es un momento decisivo —escribió—. El Senado está declarando explícitamente... tenemos suficientes pruebas de objetos no fabricados por el hombre para ordenar su estudio por ley. ¿Me entienden?»

¿Cómo sabía que el trabajo que habíamos estado haciendo estaba dando sus frutos? De dos maneras:

Por un lado, el estigma estaba desapareciendo. El público, los medios de comunicación, el mundo académico y el Congreso empezaban a hablar abiertamente de los FANI. La cobertura sobre el tema en los medios de comunicación estaba en su punto más alto. Además, hay varios momentos que me gustaría destacar: en una ocasión, me reuní con estudiantes de la Universidad de Harvard que participaban en seminarios del Proyecto Galileo, encargado de buscar formas de investigar la vida en el universo. Su interés y entusiasmo eran contagiosos. En la Universidad Nacional de Inteligencia de Washington hablé ante una audiencia de élite formada por jóvenes analistas y generales de dos estrellas que representan el futuro de la comunidad de inteligencia estadounidense. No podían estar más comprometidos. Garry Nolan y Jacques Vallée publicaron su artículo académico sobre los misteriosos materiales del FANI de Iowa, en una revista científica revisada por expertos, *Progress in Aerospace Sciences.*

Era la primera vez que Nolan, profesor de la facultad de medicina de Stanford, publicaba en una revista aeroespacial, y la primera vez también que esta revista académica publicaba un artículo serio sobre los FANI. La larga repulsa académica a los FANI se estaba debilitando poco a poco.

Ni una sola de estas cosas habría sido posible, o siquiera imaginable, hace siete años. Solo están ocurriendo ahora porque nuestra defensa y visibilidad conjuntas han acabado con el estigma asociado durante mucho tiempo al tema de los FANI. ¿Qué ocurrirá cuando una nueva generación de líderes –militares, ingenieros, investigadores, agentes especiales– se abra paso a través del sistema? ¿Cuánto tiempo puede permanecer oculta la verdad?

Empecé a ver que nos dirigíamos hacia una era de creatividad y optimismo renovados. ¿Cuántos jóvenes se animarán a entrar en los campos de la física, la ingeniería, el ejército y la tecnología cuando sepan con certeza que la humanidad no es la única vida inteligente del universo y que los humanos podemos ir mucho más allá de los límites de la realidad tal como la conocemos?

La otra forma en que supe que nuestros esfuerzos estaban funcionando fue que nuestros avances se encontraron con una oposición feroz. A lo largo de ese año, varios elementos del Gobierno pidieron encarecidamente reuniones cara a cara con los legisladores para poder quejarse enérgicamente y pedir represalias contra los que aireaban el tema de los FANI. «*Debemos* poder procesar a los denunciantes —decían—. Debemos poder enviar al FBI a los antiguos empleados que se pasen de la raya».

Querían que el Congreso diera marcha atrás en esa redacción. Evidentemente, cuanto mayor era lo que estaba en juego, más nerviosos se ponían los responsables del encubrimiento.

¿Y qué fue de mi eterno némesis en el Departamento de Defensa, Garry Reid? Fue reasignado a la DIA como *asesor especial*. La larga investigación del inspector general sobre presunto acoso sexual y otras denuncias contra él había concluido. No me gusta la desgracia de nadie, aunque esa persona me haya causado dolor a mí y a mi familia. Hubo un tiempo en que Garry fue un héroe de guerra e hizo grandes cosas por su país. Le estoy agradecido por el servicio que prestó en el pasado y por su liderazgo militar, y prefiero recordarle desde ese punto de vista. Sin embargo, ahora que ya no estaba, podía empezar el proceso curación; se podía avanzar.

Poco después de la reasignación de Garry, el IG me informó de que también habían desestimado mi denuncia por represalias contra el Departamento de Defensa. Argumentaron que el hecho de que hubiera podido conservar mis autorizaciones de seguridad era prueba de que no se habían producido consecuencias negativas. Un buen ejemplo de la mejor lógica del Departamento de Defensa. Aun así, me lo tomé como una victoria. En cuanto a las represalias injustas y el abuso de poder, habían sacado a Garry Reid de la OUSD(I) y quizá pensaron que habían cumplido con su deber de indemnizarme. Más tarde, durante una conversación en persona con el IG, reconocieron que lo que me habían hecho estaba increíblemente mal. De nuevo, me explicaron que mi autorización permanecía intacta y que, por tanto, no había repercusiones negativas.

Por esas fechas, el Pentágono también hizo lo impensable: decirle al mundo que yo, Luis D. Elizondo, existo. Un portavoz confirmó a los medios de comunicación: «El Sr. Elizondo proporciona asesoramiento técnico sobre una variedad de temas clasificados para la Fuerza Espacial de los EE.UU».

Baste decir que la Fuerza Espacial sigue siendo una empresa fascinante para llevar la tecnología aeroespacial de vanguardia al ámbito del espacio y que, por supuesto, se ocupa de los FANI. Son gente increíble con un liderazgo increíble.

Cuando oí aquello, me invadió un sentimiento de sombría satisfacción. Por fin, después de cinco años, el Pentágono había hecho la única declaración verdadera sobre mí.

En julio de 2022, el Congreso votó unánimemente a favor de la inclusión de la legislación sobre FANI más importante de las redactadas hasta ese momento en la Ley de Autorización de Defensa Nacional para el año fiscal 2023.

Nuestros esfuerzos continuaron mientras el Senado estudiaba la NDAA y su lenguaje sobre FANI, al tiempo que poderosas fuerzas trabajaban en nuestra contra. El año pasaba volando y muchos pensaban que el lenguaje sobre los FANI acabaría recortado o suavizado.

El 15 de diciembre de 2022, el Senado aprobó la NDAA, con el léxico sobre los FANI, y se la envió a Biden para que la firmara. Estábamos muy cerca de lograr un cambio que era inimaginable hace poco tiempo. Sin embargo, las fuerzas poderosas eran implacables, al igual que nosotros, y estábamos en vilo cada día hasta que…

El 23 de diciembre de 2022, el presidente Biden promulgó la histórica legislación sobre FANI al firmar la NDAA.

El texto legislativo sobre FANI tiene quince páginas y está disponible en Internet. Os sugiero encarecidamente que lo leáis todo con atención, pues no os dejará ninguna duda sobre la verdad. Recuerdad que el Congreso, el Senado y el presidente de los Estados Unidos firmaron esta ley por una razón determinada. Mientras tanto, me enorgullece decir que esa ley incluye la protección de los denunciantes para que puedan romper legalmente sus acuerdos de confidencialidad, así como permitirles hablar en privado con miembros selectos del Congreso en un entorno clasificado y sin consecuencias para ellos; el reconocimiento de la captura, recuperación e ingeniería inversa de FANI, e intervenir para llevar a cabo la presentación de informes sobre estos asuntos al Congreso; el reconocimiento de los problemas de salud causados por los FANI y los cauces para la presentación de informes sobre estos asuntos al Congreso; el reconocimiento de la carrera de la Guerra Fría con otras naciones y los cauces para la presentación de informes sobre esto al Congreso; la creación de la AARO y la presentación de informes al Congreso sobre todas las actividades relacionadas con los FANI desde el 1 de enero de 1945, incluida una recopilación y un desglose de los principales registros históricos sobre la participación de la comunidad de inteligencia en fenómenos anómalos no identificados; cualquier programa o actividad que estuviera protegido por un acceso restringido del que no se haya informado explícita y claramente al Congreso; los esfuerzos exitosos o infructuosos para identificar y rastrear fenómenos anómalos no identificados; y cualquier acción para engañar, manipular a la opinión pública, ocultar o proporcionar de cualquier otro modo información incorrecta no clasificada o clasificada sobre fenómenos anómalos no identificados o actividades relacionadas con los mismos. Y eso no es ni de lejos todo lo que abarca.

Espero que hayáis leído atentamente los detalles en Internet o, mejor aún, varias veces. Es algo realmente histórico y revelador. El Congreso incluyó el lenguaje a usar en la Ley de Autorización de la Defensa Nacional, y el presidente Biden lo convirtió en ley.

Durante los últimos siete años, me he preguntado si hice lo correcto al hacerlo público. Si podía contribuir a un cambio real. Si todas las tonterías hirientes con las que he tenido que lidiar merecían la pena. La firma de la histórica ley sobre los FANI me dio una respuesta sencilla: por supuesto que ha merecido la pena.

Habíamos avanzado más de lo que creía posible, pero no tenía ni idea de lo rápido que se calentarían las cosas a partir de ahí.

CAPÍTULO 24

EL SIGUIENTE NIVEL DE DIVULGACIÓN

El año 2023 fue algo grande. Me trajo momentos históricos de éxito y una pérdida que me afectará todos los días del resto de mi vida.

El año comenzó con un nuevo informe público sobre la actividad de los FANI, publicado por el Pentágono, en el que se informaba de más de trescientos incidentes de FANI solo desde 2021, decenas de incidentes registrados por múltiples sistemas de sensores y con múltiples testigos. Y eso eran solo los sucesos no clasificados.

Entretanto, la nueva legislación sobre la denuncia de irregularidades relacionadas con los FANI ha permitido que un número aún mayor de testigos creíbles, del ejército y los servicios de inteligencia den la cara y cuenten al mundo lo que sabían sobre el programa profundamente oculto de captura, ingeniería inversa y explotación de los FANI.

Uno de esos denunciantes fue mi amigo y colega David Grusch. David era empleado de la Oficina Nacional de Reconocimiento y trabajaba para la Agencia Nacional de Inteligencia Geoespacial (NGA). Era el representante de esas agencias en el Grupo de Trabajo sobre FANI. Dave también trabajó conmigo en la USSF y contribuyó al grupo de trabajo sobre los FANI. Dave no solo informó al Congreso y al inspector general de lo que sabía acerca del Programa Legacy, sino que también lo hizo público e hizo una serie de entrevistas en las que contó al mundo lo que sabía. Entre otros puntos, Dave declaró:

> Al grupo de trabajo sobre FANI se le negó el acceso a un extenso programa de recuperación de accidentes que recobró vehículos de origen no humano, ya saben, llámenlo nave espacial, si quieren, vehículos de origen exótico no humano que han aterrizado o se han estrellado [...]. Existe una estudiada campaña de desinformación enfocada a la población de EE.UU., lo cuas es extremadamente poco ético e inmoral.

Lamentablemente, a este momento increíble le siguió rápidamente una pérdida inconmensurable. Poco después de saber que David iba a hacerlo público, recibí la desgarradora noticia de que mi padre había fallecido mientras dormía. Fue el Día del Padre, la víspera de mi cumpleaños. En mi última conversación con él, me hizo saber lo mucho que me quería y lo orgulloso que estaba de todo lo que yo había hecho para defender lo que sabía que era justo. Mi padre vivió una vida increíble y le agradezco que pudiera llegar a ver cómo algunos de mis esfuerzos habían empezado a conducir a un cambio real en nuestro Gobierno. Me consuela creer que él y mi madre me están ayudando a proceder bien; hasta que los vuelva a ver.

Un mes después, en julio de 2023, los miembros del Congreso celebraron otra histórica audiencia sobre los FANI con miembros de ambos partidos. En esta ocasión, la audiencia contó con testigos militares de gran credibilidad, como el comandante Fravor, el teniente Graves y Dave Grusch, que ahora testificaban bajo juramento en el Congreso ante el pueblo estadounidense. Fue un momento de tremendo orgullo ver a mis amigos y colegas testificar con valentía ante el Congreso, el pueblo estadounidense y el mundo entero. Se vieron obligados a compartir la verdad y son héroes por haberlo hecho. El mundo entero vio cómo estos hombres hablaban de la recuperación de cuerpos y tecnología no humanos, del programa profundamente escondido para recuperar y aplicar ingeniería inversa a la tecnología no humana, y de vehículos transmedios anómalos que violan nuestro espacio aéreo, desafían nuestra comprensión de la física y contra los que sería imposible defenderse.

Mi esperanza era que estas personas que se habían presentado con tanto valor a testificar envalentonarían y animarían a su vez más gente, más testigos, más miembros del Departamento de Defensa y de la comunidad de inteligencia, a hacer lo mismo.

La triste realidad, sin embargo, era que todavía había quienes en el Pentágono no apoyaban estos avances. Se proporcionó información a un periodista que trató de presentar a David como alguien poco fiable, creando una historia que utilizaba fuentes anónimas para difamar a un veterano de combate condecorado con acusaciones que no me dignaré a repetir. En esencia, la prensa y el Pentágono castigaron a David por hacer lo mismo que nos habían pedido a todos nosotros.

Como nota positiva, tras esa audiencia, el Congreso se mostró más decidido que nunca a llegar al fondo de la cuestión de los FANI y descubrir la verdad sobre el programa oculto.

En el verano de 2023, el líder de la mayoría del Senado, Chuck Schumer, de Nueva York, el senador Mike Rounds, de Dakota del Sur, el senador Rubio y la senadora Gillibrand patrocinaron la legislación sobre FANI más histórica hasta la fecha: la Ley de Divulgación de FANI.

Esta legislación histórica demuestra que el Congreso es consciente de que el Programa Legacy posee cuerpos no humanos y tecnología avanzada no fabricada aquí en la Tierra ni por seres humanos. Demuestra que el Congreso conoce ahora la verdad y quiere que el pueblo estadounidense también esté informado de la realidad de este tema.

Proponía que el Gobierno estadounidense pudiera ejercer el control efectivo sobre pruebas biológicas de inteligencia no humana y cualquier tipo de tecnología recuperada de origen no humano que esté en posesión de cualquier elemento del Gobierno o de contratistas de defensa.

Otro aspecto de esta legislación es que crea una junta de revisión que responde directamente ante el presidente, con el fin de crear una hoja de ruta para la divulgación controlada al pueblo estadounidense.

El lenguaje de esta histórica ley es el resultado directo de las informaciones que los denunciantes entregaron a los miembros del Congreso y a su personal, a nivel confidencial e incluso bajo juramento, sobre la existencia de inteligencia no humana y los esfuerzos del Programa Legacy para capturar, recoger y aplicar ingeniería inversa a estos vehículos de origen no humano y, en algunos casos, recoger especímenes no humanos.

Pensad en ello por un momento. Dejad que cale. Se trata de individuos que informaban al Congreso, que tenían conocimiento directo de la existencia del Programa Legacy y trabajaban con él para recobrar y aplicar ingeniería inversa a vehículos fabricados por inteligencia no humana.

El senador Schumer hizo esta declaración:

> El público estadounidense tiene derecho a conocer tecnologías de origen desconocido, inteligencia no humana y fenómenos inexplicables. No solo estamos trabajando para desclasificar lo que el Gobierno ha conocido previamente sobre estos fenómenos, sino para crear una vía para que las futuras investigaciones se hagan públicas. Es un honor para mí continuar el legado de mi mentor y querido amigo, Harry Reid, y luchar por la transparencia que el público lleva tiempo exigiendo en torno a estos fenómenos inexplicables.

¡Ah, qué lejos hemos llegado!

A lo largo del otoño de 2023, los líderes del Senado solicitaron mi ayuda para aclarar los hechos, mientras luchaban y afinaban el lenguaje de la Ley de Divulgación de los FANI. Hice, con discreción, varios viajes desde mi casa a Washington DC, donde pasé muchas horas a solas en un SCIF con los líderes de nuestra nación. Otros, que estaban al corriente de los hechos, también pusieron de su parte para ayudar al Senado. Consciente de lo mucho que todo ha cambiado desde 2017, no podía estar más orgulloso de nuestros líderes en el Senado. Estaban dando un paso al frente como nunca antes para llegar al fondo de este asunto y sacar la verdad a la luz pública.

Por desgracia, algunos miembros de la Cámara de Representantes, en concreto el congresista Mike Turner, muy apoyado por los contratistas de defensa implicados en el Programa Legacy, lucharon contra la Ley de Divulgación de los FANI y acabaron con gran parte de lo que el acta pretendía convertir en ley.

Aun así, los senadores Schumer y Rounds lucharon para que se aprobara la ley, con algunas victorias históricas y, a finales de diciembre de 2023, Biden la convirtió en ley.

En concreto, la nueva ley suprime la financiación de cualquier actividad relacionada con los FANI que no haya sido aprobada por los comités correspondientes. En esencia, hace que sea ilegal que el Programa Legacy o cualquier otra persona utilice el dinero de los contribuyentes para asuntos relacionados con los FANI, a menos que haya sido aprobado por el Congreso, lo que esperemos que conduzca a que el Congreso tenga al fin capacidad de supervisión sobre el asunto.

La nueva ley también ordena a los Archivos Nacionales que recopilen documentos gubernamentales sobre *fenómenos anómalos no identificados, tecnologías de origen desconocido e inteligencia no humana*. Todos los registros relacionados con los FANI que aún no se hayan divulgado deberán hacerse públicos en un plazo de veinticinco años desde su creación, a menos que el presidente determine que deben permanecer clasificados por razones de seguridad nacional. No obstante, la propuesta de un comité de revisión presidencial fue rechazada, por lo que, como dijo públicamente el senador Schumer:

> Es realmente un escándalo que la Cámara no haya trabajado con nosotros para adoptar nuestra propuesta de un comité de revisión. Esto significa que la desclasificación de los expedientes sobre FANI dependerá, en gran medida, de las mismas entidades que han bloqueado y oscurecido su divulgación durante décadas.

Dicho esto, el rechazo solo ha hecho que los líderes del Senado se comprometan todavía más a sacar a la luz la verdad. El Congreso ya está haciendo planes para volver a intentarlo. Y lo volveremos a intentar. Una y otra vez hasta que superemos el último obstáculo.

Hace siete años, si alguien me hubiera dicho que esta ley se aprobaría y que habríamos cambiado toda la mentalidad dentro del Gobierno y en la opinión pública en torno a este tema, probablemente, le habría dicho que estaba loco. Sin embargo, aquí estamos.

CAPÍTULO 25

NUEVOS HORIZONTES

Cuando los visitantes acuden hasta mi remoto rincón del mundo, me gusta llevarles de excursión a las cercanías de la Torre del Diablo, la maravilla natural que desempeñó un papel tan importante en la película *Encuentros en la tercera fase.* Todos los árboles que rodean la torre están llenos de hilos espirituales, señales dejadas por los nativos americanos modernos en memoria de sus antepasados. Esta zona es profundamente espiritual y, a menudo, pido a mis visitantes que se detengan, hagan una pausa y escuchen. Lo que oyen es el sonido de la naturaleza, tal y como debe oírse.

Donde yo vivo, el cielo nocturno es increíblemente vasto. Algunos indígenas dicen que las estrellas son la otra cara de nuestra realidad, hogueras en el cielo que marcan los campamentos de sus antepasados.

No tengo que ir muy lejos para recordar mis propios orígenes. De niño, sentado al aire libre con mi padre, le escuchaba hablar de las constelaciones y las maravillas del universo. Tenía el don de utilizar un lenguaje sencillo para explicar conceptos difíciles. Mi madre me dio el don de la empatía y el amor y de estar abierto a nuevas ideas. Me enviaron a la edad adulta precisamente con el conjunto de habilidades y talentos que necesitaba para la vida en la que me embarqué.

Estaban lejos de ser perfectos, pero quizá por eso eran padres perfectos. Después de todo, a partir de los restos de cada supernova que se derrumba hay una nueva estrella que lucha por su supervivencia. Entre los escombros del matrimonio de mis padres estaba yo.

No puedo dejar de pensar que los pueblos que nos precedieron estaban más cerca de una verdad que hoy solo percibimos como misterios, pero no creo que siga siendo así por mucho tiempo.

Estamos más cerca que nunca de que se nos imponga una nueva verdad, quizá como a los incas cuando los conquistadores españoles desembarcaron por primera vez en las playas de sus costas. Sin embargo, no va a ser fácil. Todavía hay fuerzas tremendas trabajando contra nosotros, y tienen la ventaja de contar con el apoyo de instituciones extremadamente poderosas.

Mis colegas y yo hemos contribuido al movimiento moderno a favor de la divulgación y seguiremos trabajando diariamente por nuestra causa, pero, ahora que ha saltado la liebre, la verdadera amenaza para quienes quieren mantener oculta la verdad sois vosotros, el público; constituís una fuerza poderosa, que puede utilizarse para garantizar que la divulgación sea completa al cien por cien. Es importante que hagan oír su voz con fuerza. Hagan su parte para ayudar a marcar el comienzo de una nueva era para la humanidad. Una nueva era en la que cada ser humano sepa que probablemente compartimos este planeta y todo el universo con otra vida inteligente mucho más avanzada que nosotros. Una nueva era en la que toda la humanidad esté unida por el profundo vínculo común de ser humanos.

Los que estamos luchando por ello necesitamos vuestra ayuda. Necesitamos vuestra pasión y vuestro apoyo. Por eso, os pido que mantengáis conversaciones sinceras con sus familiares y amigos. Compartid lo que habéis aprendido y leído en las páginas de este libro. Hacedles saber lo importante que es hablar de forma franca y seria sobre el tema. Si hay jóvenes en vuestra familia, hacedles saber que el mundo de la ciencia y la tecnología aguarda ansioso su imaginación, creatividad e intelecto. Sus manos y sus mentes construirán las naves que llevarán a nuestra especie a una nueva frontera y resolverán los numerosos problemas que nos esperan.

Ponte en contacto con tus representantes electos. Cada día son más a bordo, pero no podemos dejar que se relajen ni que controlen la narrativa. Tú, como ciudadano de este planeta, tienes tanto que decir sobre este asunto como ellos. No permitas que nunca lo olviden. Si no sabes quiénes son, visita https://www.house.gov/representatives/find-your-representative.

Esta lucha exige valor. Hay que empezar a hablar. Ya no podemos meter la cabeza en la arena y fingir que estamos solos en el universo. Sabemos que no estamos solos.

¿Nos uniremos como especie para comunicarnos con estos nuevos amigos potenciales, o nos condenaremos a nosotros mismos con políticas imprudentes y violencia?

La humanidad nunca ha estado en esta tesitura ni ha experimentado lo que nos espera. Si tomamos las decisiones equivocadas a partir de ahora, podemos borrar a la humanidad del universo. Si nos unimos y triunfamos, prosperaremos y marcharemos hacia un futuro que ninguna generación de humanos ha imaginado realmente.

Si tenemos éxito, el último capítulo de este libro será un día el principio de otro que, con suerte, escribirán nuestros hijos.

¿Estamos preparados? Esa es una de las preguntas que no puedo responder. Solo tú puedes hacerlo.

AGRADECIMIENTOS

Este libro no habría sido posible sin la amistad, el apoyo, la tutoría, la orientación y la ayuda de un gran número de personas.

En primer lugar, quiero dar las gracias a mi mujer, Jennifer, y a nuestras dos hijas, Taylor y Alex: la vida no tendría sentido sin vosotras. Sois los mayores logros de mi vida. En las buenas y en las malas, hemos permanecido juntos y somos más fuertes que nunca. Gracias por vuestro continuo amor y apoyo incondicionales. Sé que no ha sido un viaje fácil desde que os pedí que lo hicierais conmigo. También me gustaría dar las gracias a mis padres, Luis y Janise, por quererme como soy e inculcarme los valores que tengo; sin su amor y paciencia, este viaje no se habría producido.

Gracias a Dan Farah, de Farah Films, que ayudó a hacer realidad este libro. También le estoy agradecido por haber aparecido en el innovador documental de Dan sobre la divulgación de los FANI, que creo que hará cambiar de opinión a muchas personas sobre este tema. Gracias también a mi agente literaria, Yfat Reiss Gendell, y a su equipo de YRG Partners in Literary & Media.

Gracias a mi amigo Joe D'Agnese, por toda su ayuda y apoyo.

Gracias a Mauro DiPreta, de William Morrow; a su ayudante, Allie Johnston; y a todo el equipo editorial por defender esta historia y trabajar para que este libro sea un éxito.

Me gustaría reconocer y darle las gracias a mi amigo y colega Christopher Mellon, quien ya hace muchos años entró por casualidad en mi despacho del Pentágono. Aquel día no podía imaginar el viaje que haríamos juntos, y no lo habría hecho de otra manera. Gracias por tus consejos, tu fortaleza, tu fuerza, tu sabiduría, tu servicio a nuestra gran nación y, sobre todo, por tu amistad. Gracias a mi amigo y colega Jay Stratton. Sin su trabajo sobre el tema de los FANI para el Gobierno estadounidense, la divulgación nunca habría sido posible. Su servicio ha tenido un impacto sin precedentes en la forma en que nuestro Gobierno trata el tema de los FANI.

Gracias a mi querido amigo John Robert, que ha estado ahí en las buenas y en las malas, desde los despliegues en guerra hasta los paseos en barco por Chesapeake, viajando todos los días conmigo durante años desde la costa este hasta Washington DC, siempre aconsejándome, diciéndome lo que necesito oír, no necesariamente lo que quiero oír. Gracias, hermano, por tu honestidad, tu amistad, tu papel en el AATIP y por cubrirme siempre las espaldas. Gracias, James Farabee, por ser mi amigo y lanzar un salvavidas a mi familia cuando más lo necesitábamos. No hay dos personas a las que prefiera más en mi trinchera que a ti y a John.

Quiero darle las gracias a todos los que han trabajado y apoyado al AAWSAP/AATIP, especialmente al Dr. Hal Puthoff, al Dr. Eric Davis, al Dr. Christopher *Kit* Green, al Dr. Garry Nolan, a Jessica, a Bob Bigelow, al Dr. Colm Kelleher, al Dr. James Lacatski y a Jacques Vallée. Gracias a todos por su valentía para provocar un cambio en una maquinaria que, de otro modo, estaría atascada.

Gracias a mi difunto amigo, el legendario senador Harry Reid, por tener el valor y la curiosidad de apoyar al AAWSAP/AATIP y el esfuerzo de divulgación. Su amistad, apoyo y tutoría significaron mucho para mí. Creo que estaría orgulloso de todo lo que hemos conseguido.

He tenido el privilegio de trabajar con muchos periodistas que comparten mi campaña por la verdad y la transparencia. Mi más sincero agradecimiento a los periodistas Leslie Kean, Ralph Blumenthal y Helene Cooper, del *New York Times*, por tener el valor de informar sobre el tema de los FANI, allá por 2017. Gracias, Christopher Sharp, periodista de investigación de *Liberation Times*, por tener la tenacidad de seguir indagando cuando las cosas se ponían difíciles. A mi amigo Ross Coulthart, excelente periodista de investigación/autor, por confiar en mí y ayudar en la lucha por llevar la divulgación al mundo. Un agradecimiento muy especial a Graham Messick y Bill Whitaker del programa *60 Minutes* de la CBS. Para ser el primer reportaje sobre ovnis de *60 Minutes*, resultó ser su episodio número uno; ¡enhorabuena por su valentía al informar! Gracias a Marik Von Rennenkampff de *The Hill*, al periodista de investigación George Knapp por su perspicacia, al director de cine Jeremy Corbell por ceñirse a la realidad, a James Fox por su continua tenacidad, a Tucker Carlson por tener las agallas de llevar esto a los medios principales antes que nadie, a Sara Carter, que sigue luchando por la verdad, y a su marido, el héroe americano «Marty», que estaba dispuesto a dejarlo todo, y casi lo hizo, para que podamos ser libres, y a CNN, MSNBC, *CBS 60 Minutes*, *Fox News* y tantos otros medios de noticias que ahora ven la credibilidad del tema y se dan cuenta de que este esfuerzo es verdaderamente bipartidista y debería seguir siéndolo. Gracias a Matt Ford de *The Good Trouble Show*, Chris Sharp de *Liberation Times*, Josh Boswell del *Daily Mail* y Jonathan Davies. Nunca os rindáis y nunca dejéis de preguntar. Un agradecimiento especial a mi reportero local Billy Cox. También me gustaría agradecer el asesoramiento jurídico de Danny Sheehan, alias *The People's Advocate*, a su mujer, Sara, a Todd McMurty y a David Cotter. Un agradecimiento especial a Tim McMillan, de *Debrief*, por utilizar sus dotes de investigador policial para separar la realidad de la ficción.

Quiero dar las gracias a los muchos informantes y militares, incluidos nuestros camaradas internacionales, que lo han arriesgado todo al compartir sus historias para exponer la verdad. Gracias, a mi amigo Dave Grusch, por haber tenido el valor de sacar a la luz tu historia y por haberme apoyado siempre. A los hombres y mujeres de nuestro Ejército, que tan valientemente han salido a la luz para compartir sus experiencias, entre ellos Dave Fravor, Alex Dietrich, Ryan Graves, Jim Slaight, Sean Cahill, Kevin Day y otros, innumerables, que permanecen en el anonimato y ocultos en las sombras.

Gracias a todos mis amigos del Reino Unido, incluidos Vinnie Adams, Graeme Rendell, Rob Sheridan, James Gaffney, Callaghan Corkery, David Pearce, Dan Zetterström y tantos otros de UAPTwitter, por llevar este tema al otro lado del charco y mostrar vuestro apoyo. Gracias, Mark y Ben Kovic, que pasaron por delante de mi mujer y de mí, en una esquina de Tower Hill, en 2023, y se pararon a saludarnos, por toda vuestra ayuda y apoyo.

Un agradecimiento especial a James Mattis, Jim Clapper, John Podesta, Mark Sanders, Michael Seage, Michael Higgins, Karl Nell, Mike Flaherty, Kirk McConnell, John Estridge, Brennan McKearnan, Chris Miller, Bradly Byers, Yasir Kureshi, CW3 Michael Halter, sargento de primera clase Randall Nooner, la sargento primero Sharron Dowd, el coronel Thomas Matthew (sí, el de *Black Hawk derribado*), Scott Sweedler, Matt McCloud, y muchos otros en el mundo de Defensa que han influido en mi carrera profesional y me han orientado a lo largo de los años.

Gracias a los numerosos e intrépidos líderes del Congreso y a su personal; por favor, sigan presionando. Y gracias a Yuan Fung por su ayuda para navegar por el panorama político.

Gracias a Tim Gallaudet, Avi Loeb, el Proyecto Galileo, la Fundación SOL y tantos otros miembros de la comunidad científica que no temen desafiar el *statu quo* y buscar respuestas y decir la verdad, cueste lo que cueste.

Un agradecimiento especial a mis amigos internacionales, entre ellos Paolo Guizzardi, Roberto Pinotti, Vladimiro Bibolotti, Daniele Mariutto, Su Alteza Real el Rey Mohammed bin Rashid Al Maktoum, Su Alteza el príncipe heredero Hamdan bin Mohammed Al Maktoum. «La verdad nos hará libres, *inshallah*».

A las miríadas de personas UFOX (antes UFO Twitter) que han mostrado tanto apoyo a este tema y a mí, no puedo agradecérselo lo suficiente. Shannon Scott, Rob Heatherly, Matt Ford, Lynda Thompson, y tantos otros, ya sabéis quiénes sois el resto, ¡gracias!

A Tom y Kari DeLonge, de To The Stars Academy, que tuvieron la tenacidad y la visión de llevar este tema a los medios de comunicación en plan estrella del rock, gracias por la oportunidad y el viaje. Gracias a Lisa Clifford y su marido, Paul; Steve Justice; Jim Semivan; y AC.

Un enorme agradecimiento a mis amigos del Gobierno en nuestro grupo de chat UAP Sidebar. Cada uno de vosotros merece un agradecimiento y espero que algún día podáis salir de las sombras y obtener el reconocimiento que merecéis. Tenéis mi corazón y mi lealtad.

A los que recorrieron el camino antes que yo y allanaron la senda de nuestro éxito. Gracias, Lee Speigel, Eugene Lessman, J. Allen Hynek y los muchos otros que me precedieron.

Gracias a mis amigos en casa, cerca de mí, que siempre me han respaldado; gracias al jefe de policía Sean Bissett, Tucker Alger y su increíble esposa, Haley, el sheriff adjunto Dylan Josephson, John Boender, y Timm Gilkison y sus familias.

Gracias a aquellos que en mi juventud vieron algo en mí que yo no vi y que no se rindieron conmigo cuando otros sí lo hicieron: El entrenador Jones, la señora Heamstead, la señora Vance, el señor Easton, el teniente coronel Don Christensen y el sargento mayor Sweeney. Su recuerdo perdura.

Gracias, Sabrina Rob, por mantenerlo real. Eres la caña.

Gracias a Ernie Cline por su imaginación y por mantener vivos los sueños de nuestra juventud.

Y, por último, gracias de antemano a todos aquellos que en el futuro se atrevan a compartir la verdad con el mundo.

Por favor, buscadme en luiselizondo-official.com.

APÉNDICES

DOCUMENTOS

Para leer el histórico lenguaje sobre FANI, que está en la Ley de Autorización de Defensa Nacional de 2023, firmada por el presidente Joe Biden en diciembre de 2022, vayan a: https://uscode.house.gov/view.xhtml?req=granuleid:USC-prelim-title50-section3373b&num=0&edition=prelim.

Para leer la petición del Senador Harry Reid para poner el programa avanzado de identificación de amenazas aeroespaciales (AAITP) bajo protección de acceso especial, vayan a: https://www.dia.mil/FOIA/FOIA-Electronic-Reading-Room/FileId/170015/.
Para leer el lenguaje sobre FANI, en el proyecto de ley Covid firmado por el presidente Trump, vayan a: https://www.intelligence.senate.gov/publications/intelligence-authorization-act-fiscal-year-2021.

Para leer la nota de Wilson/Davis, visiten: https://www.congress.gov/117/meeting/house/114761/documents/HHRG-117-IG05-20220517-SD001.pdf.

Para leer el reciente informe público sobre FANI del Pentágono, visiten: https://media.defense.gov/2024/Mar/08/2003409233/-1/-1/0/DOPSR-CLEARED-508-COMPLIANT-HRRV1-08-MAR-2024-FINAL.PDF.

Para leer lo más destacado de la histórica redacción sobre FANI en la Ley de Autorización de Defensa Nacional de 2024, promulgada por Biden en diciembre de 2023, visiten: https://www.govinfo.gov/content/pkg/PLAW-118publ31/uslm/PLAW-118publ31.xml#d7546e80896; https://www.govinfo.gov/content/pkg/PLAW-118publ31/uslm/PLAW-118publ31.xml#d7546e68608; https://www.govinfo.gov/content/pkg/PLAW-118publ31/uslm/PLAW-118publ31.xml#d7546e170428.

Para leer el artículo de Hal sobre modelos ultraterrestres, visiten: https://www.researchgate.net/profile/Harold-Puthoff/publication/363346030_ULTRATERRESTRIAL_MODELS/links/6318a625873eca0c006c4d4e/ULTRATERRESTRIAL-MODELS.pdf?origin=publication_detail.

Correo electrónico entre Neill Tipton y yo mismo, transfiriendo mis responsabilidades del AATIP a Neill en 2017, varios años después de cuando el Pentágono afirmara que el AATIP había concluido y que yo no tenía ninguna participación en el mismo. Hasta mayo de 2024, el Pentágono había afirmado que todos mis correos electrónicos habían sido borrados, pero este correo electrónico fue finalmente liberado, después de que se ganara una apelación FOIA

Elizondo, Luis D CIV (US)

From: Tipton, Neill T SES OSD OUSD INTEL (US)
Sent: Tuesday, October 3, 2017 8:19 AM
To: Elizondo, Luis D CIV (US)
Cc:
Subject: RE: DRAFT DepSECDEF letter (UNCLASSIFIED)
Signed By: neill.t.tipton.civ@mail.mil

Classification: UNCLASSIFIED

CLASSIFICATION: UNCLASSIFIED

Getting spun back up. Will read and get thoughts back today or tomorrow (at Ft Meade half the day today).

-----Original Message-----
From: Elizondo, Luis D CIV (US)
Sent: Monday, September 25, 2017 11:23 AM
To: Tipton, Neill T SES OSD OUSD INTEL (US) <neill.t.tipton.civ@mail.mil>
Cc:
Subject: DRAFT DepSECDEF letter (UNCLASSIFIED)

CLASSIFICATION: UNCLASSIFIED

Greetings Neil,
Per SECDEF's Front Office guidance to you and me, I took the liberty of drafting a memo at the Unclassified level that helps you better assume the new responsibilities for AATIP. At your convenience, please review (it's very short on purpose) and let me know if you want me to put more meet on it.
same with you please...No pride in authorship, just want to make sure we answer the mail for the front office.

Standing by...

V/R
Lue

CLASSIFICATION: UNCLASSIFIED
CLASSIFICATION: UNCLASSIFIED

Classified By:
Derived From:
Declassify On:
==

Thanks Lue. I'm around next week, but then gone week of the 25th on a/l. For specific date/time, just work with Catherine - I'm not allowed to muck around with my calendar... (but I am in the building all day the 20th).

Yep, have a discussion with Stean tomorrow.
Thanks
Neill

-----Original Message-----
From: Elizondo, Luis, D., Mr., OSD OUSDI
Sent: Monday, September 11, 2017 3:41 PM
To: Tipton, Neill, T., Mr., OSD OUSDI
Subject: Update

Greetings Neil,
A couple quick items for you...

1) Front office is aware that you are now part of this endeavor and they are happy with the decision. We will plan on you meeting Brad and Kate next week.

2) How does this Wednesday look for an hour discussion?

3) Lastly, Stean Maas is a friend of the program. I believe you may be speaking with him tomorrow. He is a good man. Just thought you should know...

Correo electrónico entre Neill y yo, indicando el conocimiento y la aprobación del gabinete del secretario de Defensa para la transferencia de mi autoridad en AATIP a Neill.

Elizondo, Luis, D., Mr., OSD OUSDI

From:	Tipton, Neill, T., Mr., OSD OUSDI
Sent:	Friday, August 25, 2017 11:17 AM
To:	Elizondo, Luis, D., Mr., OSD OUSDI
Subject:	RE: Program Meeting

Classification: UNCLASSIFIED
==

Thanks Lue. All good - although, at some point I need to know what this actually "is"....
Thanks
Neill

-----Original Message-----
From: Elizondo, Luis, D., Mr., OSD OUSDI
Sent: Friday, August 25, 2017 10:35 AM
To: Tipton, Neill, T., Mr., OSD OUSDI
Subject: RE: Program Meeting

Classification: UNCLASSIFIED
==

Neil, as discussed, thanks for your time with this. As the principal SES in your Directorate, I think you are certainly the appropriate representative to help take our effort to a new level.

I think by now you probably already know I have been managing another "nuanced" effort within the Department for some time. In fact, even when I worked for you years ago your probably guessed I was also working another effort for the Department given some of our discussion and raw video.

I can't overstate how important I believe this portfolio is with respect to our collective National Security. So you are aware, I have already laid the foundations with SECDEF's front office (and they support it) to transfer the portfolio under you given your new focus on Special Projects for the Department and USD(I). The front office will also brief up the new USD(I) once he arrives but id hesitant to brief anyone else at this point so please keep this at our level for now. Initially, I was going to approach John Pede but when he handed over the reigns to you, I figured you would be the perfect fit.

In the coming weeks, I ask you to attend a few meetings with me at the front office in order that you can meet the rest of the players within the building. Later, I will also introduce you to some of our partners in industry and other agencies who are helping lead the charge. Ultimately, I will need your help analyzing and exploiting material (this was the area Mark Sanders was particularly helpful with). I have a facility I need to show you that you will be able to use.

As always, I sincerely appreciate your help with this and look forward to working with/for you once again. I can't think of a better guy to be involved with this.

Best,
Lue

P.S. let me know when you want to go kill some fish! I have access to an awesome 35 Trojan that is a serious fishing machine in the Bay! I'll buy the bait!

Correo electrónico entre otra persona del AATIP y yo, coordinando una reunión con Neill para discutir el traspaso de las responsabilidades en el AATIP.

-----Original Message-----
From: Tipton, Neill, T., Mr., OSD OUSDI
Sent: Wednesday, August 23, 2017 8:05 AM
To: Elizondo, Luis, D., Mr., OSD OUSDI; [redacted]
Cc: Arter, Harry, E., Mr., OSD OUSDI
Subject: RE: Program Meeting

Classification: UNCLASSIFIED//FOUO
==

Thanks Lue.

Added Harry (TCSP CoS) to help with scheduling.
Thanks
Neill

-----Original Message-----
From: Elizondo, Luis, D., Mr., OSD OUSDI
Sent: Tuesday, August 22, 2017 3:17 PM
To: [redacted]
Cc: Tipton, Neill, T., Mr., OSD OUSDI
Subject: Program Meeting

Classification: UNCLASSIFIED//FOUO
==

Greetings [redacted],
I briefly spoke to Mr. Neil Tipton (CC'd above) about our collective efforts and the interest expressed by the front office. Upon your return, I recommend we meet with Mr. Tipton briefly in person. He is amicable for a discussion and is aware of Mark Sander's previous portfolio. Mr. Tipton is now the Acting Director, Defense Intelligence for Technical Collection and Special Programs.

Neil, as soon as [redacted] returns from leave, we will schedule a quick meeting as promised. [redacted] [redacted]

Very Best/Very Respectfully,
Lue
==
Classification: UNCLASSIFIED//FOUO

==

Classification: UNCLASSIFIED//FOUO

==

Classification: UNCLASSIFIED

==

Classification: UNCLASSIFIED

Mi memorándum oficial de dimisión dirigido al secretario de Defensa, en el que destaco la urgente necesidad de abordar la cuestión de los FANI, en lo que respecta a la seguridad nacional estadounidense y a nuestras armas y tecnología nucleares.

OFFICE OF THE UNDER SECRETARY OF DEFENSE
5000 DEFENSE PENTAGON
WASHINGTON, DC 20301-5000

INTELLIGENCE

MEMORANDUM FOR: RECORD

SUBJECT: Letter of Resignation & Differed Retirement

Mr. Secretary;

It has been my sincere honor and pleasure to have served with some of America's finest men and women in both peace time and in war. For over 22 years, I have been blessed to learn from, and work with world-class leadership, you certainly being among the very best.

With that in mind, bureaucratic challenges and inflexible mindsets continue to plague the Department at all levels. This is particularly true regarding the controversial topic of anomalous aerospace threats. Despite overwhelming evidence at both the unclassified and classified levels, certain individuals in the Department remain staunchly opposed to further research on what could be a tactical threat to our pilots, sailors, and soldiers, and perhaps even an existential threat to our national security. In many instances, there seems to be a direct correlation the phenomena exhibits with respect to our nuclear and military capabilities. The Department must take serious the many accounts by the Navy and other Services of unusual aerial systems interfering with military weapon platforms and displaying beyond next generation capabilities. Underestimating or ignoring these potential threats is not in the best interest of the Department no matter the level of political contention. There remains a vital need to ascertain capability and intent of these phenomena for the benefit of the armed forces and the nation.

For this reason, effective 4 October 2017, I humbly submit my resignation in hopes it will encourage you to ask the hard questions: "who else knows?", what are their capabilities?", and "why aren't we spending more time and effort on the issue?". As I transition to a new chapter of my life, please know it has been an honor and privilege of a lifetime to serve with you. Rest assure, no matter where the path of life may lead me, I will always have the best interest of the Department and the American people as my guiding principle.

Luis D. Elizondo
Director
National Programs Special Management Staff
OUSD(I)

Carta oficial del antiguo líder de la mayoría del Senado y patrocinador del AATIP, Harry Reid. Esta carta refuta las afirmaciones posteriores del Pentágono sobre que yo no participé en el AATIP.

HARRY REID

Senate Majority Leader, 2007-2015
Senate Democratic Leader, 2005-2017

United States Senate, 1987-2017
United States House of Representatives, 1983-1987

April 26, 2021

To whom it may concern:

As the United States Senate Majority Leader, I worked with Republican Senator Ted Stevens of Alaska and Democratic Senator Dan Inouye of Hawaii to secure $22 million of funding for what would become known as the Advanced Aerospace Threat Identification Program (AATIP), an unclassified but unpublicized investigatory effort dedicated to studying Unidentified Aerial Phenomena.

As one of the original sponsors of AATIP, I can state as a matter of record Lue Elizondo's involvement and leadership role in this program. Mr. Elizondo is a former intelligence officer who has spent his career working tirelessly in the shadows on sensitive national security matters, including investigating UAPs as the head of AATIP. He performed these duties admirably.

Sincerely,

HARRY REID

DECLARACIONES DE FUNCIONARIOS Y EXFUNCIONARIOS DEL GOBIERNO EN RELACIÓN CON LOS FANI:

—Hay muchas cosas que aún no sabemos sobre estos FANI y eso es un gran problema. Hemos dado algunos pasos importantes en los últimos años para aumentar la transparencia y reducir el estigma, pero hay que hacer más.

Senador Marco Rubio

—Comprender los FANI es fundamental para nuestra seguridad nacional y para estar al tanto a todos los niveles. Desclasificar los registros anteriores relacionados con los FANI forma parte de esa misión y me enorgullece apoyar esta importante enmienda.

Senadora Kirsten Gillibrand

—El pueblo estadounidense merece transparencia en todas las cuestiones relacionadas con los FANI. Nuestro esfuerzo bipartidista protegerá y organizará mejor los materiales gubernamentales relacionados con los FANI y promoverá la divulgación de esta información.

Senador Todd Young

—Siempre queda la pregunta de si hay algo más que simplemente no entendemos y que podría venir de fuera de la Tierra.

Avril Haines, directora de la inteligencia nacional

—Hay grabaciones y registros de objetos en los cielos que no sabemos exactamente qué son. No podemos explicar cómo se mueven, su trayectoria... No mostraban un patrón fácilmente explicable. Y por eso creo que la gente se toma en serio intentar investigar y averiguar qué es.

Presidente Barack Obama

—Cuando yo era presidente, hicimos todo lo posible para averiguar todo sobre Roswell... Hay muchos misterios por ahí... Eso debería mantenernos humildes. Hay muchas cosas que no sabemos.

Presidente Bill Clinton

—He visto algunos de los vídeos... y son bastante impresionantes... Creo que sería presuntuoso y arrogante por nuestra parte creer que no existe ninguna otra forma de vida en todo el universo... Creo que algunos de los fenómenos que vamos a presenciar siguen sin tener una explicación y podrían, de hecho, ser el resultado de algo que aún no entendemos y que podría implicar algún tipo de actividad que algunos podrían decir que constituye una forma diferente de vida.

John Brennan, exdirector de la Agencia Central de Inteligencia

—Hay una inteligencia no humana que coexisten con nosotros en este planeta... No estamos solos y nunca lo hemos estado.

Jim Semivan, exalto funcionario de la CIA

—Si los FANI representan de verdad una amenaza potencial para nuestra seguridad, entonces las capacidades, sistemas, procesos y fuentes que utilizamos para observar y estudiar o analizar estos fenómenos deben clasificarse en los niveles adecuados.

Scott Bray, subsecretario general de inteligencia y seguridad de la OTAN

—No pudimos crearlos nosotros... Los vehículos de fuera del mundo no se fabrican en esta tierra.

Eric Davis, antiguo miembro del AATIP, actual empleado de la Aerospace Corporation

—Después de investigar esto, llegué a la conclusión de que había informes... de que había materiales ciertos que el Gobierno y el sector privado tenían en su poder. Es extremadamente importante que la información sobre el descubrimiento de materiales físicos o naves recuperadas salga a la luz.

Senador Harry Reid

—Hay muchos más avistamientos de los que se han hecho públicos. Algunos de ellos han sido desclasificados. Cuando hablamos de avistamientos, nos referimos a objetos que han sido vistos por pilotos de la Marina o del Ejército del Aire o que han sido captados por imágenes de satélite y que, francamente, realizan acciones difíciles de explicar... Se han producido avistamientos en todo el mundo... Y, en realidad, hay bastantes más de los que se han hecho públicos. Así que creo que sería saludable que toda esta información saliera a la luz, en la medida de lo posible, para que el pueblo estadounidense pueda ver algunas de las cosas con las que nos hemos estado enfrentando.

John Ratcliffe, exdirector de inteligencia nacional

ÍNDICE TEMÁTICO

RELACIÓN DE ABREVIATURAS Y SIGLAS*

AARO (Oficina de Resolución de Anomalías en Todos los Dominios)

AAWSAP/AATIP. Programa Avanzado de Aplicación de Sistemas de Armamento Aeroespacial / Programa Avanzado de Identificación de Amenazas Aeroespaciales. Departamento de Defensa

AK-47

AOIMSG. Grupo de Sincronización de Identificación y Gestión de Objetos Aerotranspoprtados

AR-15

BAASS. Estudios Espaciales Avanzados de Bigelow Aerospace

BAE Systems

CAP. Programas de Acceso Controlado

CIA. Agencia Central de Inteligencia

COVID-19, pandemia

CSN. Consejo de Seguridad Nacional

DARPA. Agencia de Proyectos de Investigación Avanzada de Defensa

DCSA. Agencia de Seguridad de Contrainteligencia de Defensa

DIA. Agencia de Inteligencia de Defensa

DHS. Departamento de Seguridad Nacional

DIRD. Documentos de Investigación de Inteligencia de Defensa

DNI. Director de iteligencia nacional

---

* Hemos utilizado las siglas en inglés de organismos, instituciones y aspectos esenciales relacionados con el tema del libro, con la traducción o como la conocemos en castellano. (*N. del T.*)

DoD. Departamento de Defensa

DoDOPSR.Oficina de Revisión Previa a la Publicación y de Seguridad del Departamento de Defensa

EoD. Desactivación de Explosivos

EMP. Pulso electromagnético

ET,

FAA. Administración Federal de Aviación

FANI. Fenómenos Anómalos No Identificados

FARC, 31

FBI. Oficina Federal de Investigación

FDA. Administración de Alimentos y Medicamentos

FLIR. Radar infrarrojo de puntería avanzada

FOIA. Ley de Libertad de Información

FOUO. Para uso oficial

GQ (revista),

GS-15, escala salarial

HIPAA. Ley de Portabilidad y Responsabilidad de los Seguros Sanitarios de 1996

ICBM (misiles balísticos intercontinentales

IDE. Iniciativa de Defensa Estratégica

IIR. Informes de Información de Inteligencia

ISIS. Estado islámico

JORTC o Junior ROTC. Cuerpo de entrenamiento de oficiales de la reserva juvenil

KCIA. CIA coreana

KGB. Servicio de Inteligencia ruso

KNP. Policía Nacional Coreana

LAV. Venículos anfibios blindados ligeros

MCA. Medidas alternativas de control

MASINT. Inteligencia de Medidas y Firmas

MI 902, Fort Meade (Maryland)

MICACP. Programa de Carrera Civil Aceptada de Inteligencia Militar

MIT. Instituto Tecnológico de Massachusetts

NASA. Administración Nacional de Aeronáutica y del Espacio
NCIS. Servicio Naval de Investigación Criminal
NCIX. Ejecutivo Nacional de Contrainteligencia
NDA. Acuerdos de confidencialidad
NDAA. Ley de Autorización de la Defensa Nacional
NGA. Agencia Nacional de Inteligencia Geoespacial
NIDS. Instituto Nacional para el Descubrimiento de la Ciencia
NORAD. Mando Norteamericano de Defensa Aeroespacial
NRO. Oficina Nacional de Reconocimiento
NSA. Agencia de Seguridad Nacional
NSC. Consejo de Seguridad Nacional, 31

ODNI. Oficina del Director de Inteligencia Nacional
ONCIX. Oficina Ejecutiva Nacional de Contrainteligencia
ONI. Oficina de Inteligencia Naval
OPLAN Interloper. Plan de Operaciones
OSD. Oficina del Secretario de Defensa
OSI. Oficina de Investigaciones Especiales
OSM. Gestión de sistemas a bordo
OUSD(I). Oficina del Subsecretario de Defensa para Inteligencia
OVNI. Objetos voladores no identificados, cambio de nombre a FANI

PDB. Sumario Presidencial Diario
PEM. Energía de pulso electromagnético

RDI. Entrega, detención e interrogatorio
ROTC o Junior ROTC. Cuerpo de entrenamiento de oficiales de la reserva juvenil

SAP. Programas de Acceso Especial
SASC. Comité o Comisiones de Servicios Armados del Senado
SCIF. Instalación de Información Confidencial Compartimentada
SES. Servicio Ejecutivo Superior, o cuadro ejecutivo Superior
SOG. Grupo de Operaciones Especiales
SSCI. Comité Selecto de Inteligencia del Senado (SSCI)
STO. Operaciones Técnicas Especiales

TRW Inc., contratista estadounidense
TTSA. *To The Stars Academy*

UAV. Vehículo aéreo no tripulado
USDI. Subsecretario de Defensa para Inteligencia
USSF. Fuerza Espacial

WSO, Oficial de Sistemas de Armas

OTROS TITULOS

50
ANIVERSARIO
RECUERDOS
DEL FUTURO
ENIGMAS DEL PASADO
SIN RESOLVER
ERICH VON DÄNIKEN
edaf

50
ANIVERSARIO
ERICH VON DÄNIKEN
REGRESO A LAS ESTRELLAS
ARGUMENTOS PARA LO IMPOSIBLE
edaf

Edición ilustrada
@IkerJim
IKER
JIMÉNEZ
LA NOCHE
DEL
MIEDO
edaf